Henrik Gustaf Söderbaum

Berzelius' Werden und Wachsen

1779-1821

Henrik Gustaf Söderbaum

Berzelius' Werden und Wachsen
1779-1821

ISBN/EAN: 9783743337787

Hergestellt in Europa, USA, Kanada, Australien, Japan

Cover: Foto ©ninafisch / pixelio.de

Manufactured and distributed by brebook publishing software
(www.brebook.com)

Henrik Gustaf Söderbaum

Berzelius' Werden und Wachsen

MONOGRAPHIEEN

AUS DER

GESCHICHTE DER CHEMIE.

HERAUSGEGEBEN

VON

DR. GEORG W. A. KAHLBAUM

PROFESSOR AN DER UNIVERSITÄT BASEL.

„Historische Studien gehören sehr wesentlich
mit zur wissenschaftlichen Erziehung."
MACH, Prinzipien der Wärmelehre.

DRITTES HEFT.

LEIPZIG.
JOHANN AMBROSIUS BARTH.

BERZELIUS'

WERDEN UND WACHSEN

1779—1821.

VON

H. G. SÖDERBAUM

MITGLIED DER KGL. AKADEMIE DER WISSENSCHAFTEN IN STOCKHOLM,

MIT EINEM TITELBILD.

LEIPZIG.

JOHANN AMBROSIUS BARTH

1899.

Vorbemerkung des Herausgebers.

Ausser Roses akademischer Rede von 1851 besassen wir in Deutschland noch immer keine Biographie des Mannes, der durch seine Schüler, die beiden Rose's, Mitscherlich, Christian Gottlob Gmelin, Friedrich Wöhler, wenn wir nur einige nennen und von seiner andern Thätigkeit ganz schweigen wollen, wie wenige zur Entwicklung der Chemie in unserem Lande beigetragen hat. Das war ein Mangel, dem abgeholfen werden musste. Da nahte der 7. August 1898, Berzelius' 50. Todestag, und mit ihm ein geeigneter Anlass, des grossen Forschers besonders zu gedenken.

Dass des Berzelius Biographie nur von einem Schweden recht geschrieben werden konnte, da doch das ganze Material in Schweden sich befindet, stand mir fest. So wandte ich mich deshalb zunächst an Prof. Blomstrand in Lund, der, ganz noch in der Tradition des Berzelius aufgewachsen, dafür wie wenige berufen schien. Jedoch bevor er noch ans Werk schreiten konnte, ward er von uns genommen. Das verzögerte die Ausführung des Planes; denn als dann in der Person des Hrn. Dr. H. G. Söderbaum, der schon mehrfach auf dem Gebiet der Geschichte der Chemie in ausgezeichneter Weise sich bethätigt hatte, der beste Ersatz gefunden war, war so viel Zeit ins Land gegangen, dass es nicht mehr möglich, den gestellten Termin inne zu halten.

Und noch ein anderes Hindernis trat ein. Wer eine Berzelius-Biographie schreiben wollte, durfte nicht auf die Benutzung des Briefwechsels zwischen Wöhler und Berzelius verzichten; der aber war, wenn auch im Besitz der Kgl. Akademie in Stockholm, doch unzugänglich. Bis zu dem Termin seines 100. Geburtstages, bis zum Jahre 1900, hat Wöhler die Benutzung gesperrt, und damit die Möglichkeit, die Geschichte der letzten 25 Jahre von Berzelius' Leben zu schreiben, für jetzt verhindert. Das heisst für jene Zeit, in der Berzelius, in sich selbst gefestigt, fertig da stand, die Zeit, in der er, mit seinem Jahresbericht, der 1821 zum erstenmal erschien, sich zum Mittelpunkt des ganzen damaligen chemischen Lebens machte.

So war denn für jetzt nur die Zeit des Wachsens und Werdens, seine Entwicklungsgeschichte, zu schreiben; mag die Darstellung des Gewordenen einem 2. Teile vorbehalten bleiben.

Das dem Büchlein mitgegebene Bild von Berzelius ist nach einem Biskuit-Medaillon ausgeführt, das in der Kgl. Porzellanmanufaktur zu Sèvres bei Paris, während Berzelius' Anwesenheit, 1820 hergestellt, und von Berzelius an Wöhler geschenkt wurde. Von diesem kam es an Prof. Joy in New-York, und, auf dem Wege der Erbschaft, von da in den Besitz von dessen Neffen, Hrn. Privatdocenten Dr. H. Rupe in Basel, der mir die Reproduktion gütigst gestattete. Das Bild ist bisher meines Wissens nicht veröffentlicht.

Das Manuskript wurde von Herrn Dr. Söderbaum in deutscher Sprache niedergeschrieben, und zwar so fehlerlos, dass ich nur an ganz wenigen Stellen zu glätten und zu ebnen nötig hatte.

Basel, am 25. Juli 1899.

GEORG W. A. KAHLBAUM.

Vorwort.

Vergangenen Herbst waren gerade fünf Jahrzehnte verflossen, seitdem BERZELIUS sein thatenreiches Leben beschloss. Die schwedische Akademie der Wissenschaften, welcher der berühmte Forscher während 40 Jahren (wovon 30 Jahre als deren ständiger Sekretär) angehört hatte, veranstaltete deshalb in Stockholm, der Stadt, wo er 46 Jahre gelebt und gewirkt, zum Andenken an die 50. Wiederkehr des bedeutungsvollen Tages eine stimmungsvolle Feier (am 7. Oktober 1898), welcher zahlreiche Delegierten gelehrter Gesellschaften inner- und ausserhalb Schwedens, deren Mitglied BERZELIUS bei seinen Lebzeiten gewesen, beiwohnten.

Als der Verfasser vorliegender Schrift den ehrenvollen Auftrag seitens des Herausgebers der „Monographieen aus der Geschichte der Chemie" erhielt, für dieses Sammelwerk einen dem BERZELIUS gewidmeten Teil auszuarbeiten, hegten beide die Hoffnung, diese Arbeit zur obenerwähnten Gedächtnisfeier als einen Huldigungsakt vorlegen zu können, was in diesem Falle um so mehr am Platz gewesen wäre, als eine ausführliche BERZELIUS-Monographie bisher nur schwedisch existiert. Nicht vorherzusehende Umstände hatten jedoch den Beginn der Arbeit schon damals wesentlich verzögert, so dass dieselbe erst jetzt, ungefähr ein Jahr später als ursprünglich beabsichtigt, der Öffentlichkeit übergeben werden kann.

Während des Fortgangs der Arbeit zeigte es sich übrigens gar bald, dass in ihrer Anlage recht bedeutende Einschränkungen zu machen waren, sollte sie nicht einen Umfang annehmen, der mit dem Plane dieser Monographieen unvereinbar wäre. Denn so vielseitiger und dabei durchgreifender Art ist in der That die wissenschaftliche Bedeutung Berzelius', dass eine, auch nur annähernd erschöpfende Schilderung derselben beinahe mit der Entwicklungsgeschichte der Chemie während der ersten Hälfte des neunzehnten Jahrhunderts zusammenfallen würde.

Hierzu kommt noch ein anderer Umstand. Eine besonders wichtige Quelle für eine künftige, vollständige Berzelius-Biographie ist heute noch der Forschung unzugänglich, nämlich Berzelius' Briefe an seinen Lieblingsschüler und vieljährigen Vertrauten, Friedrich Wöhler. Diese Briefsammlung, welche im Besitze der schwedischen Akademie der Wissenschaften ist, wird laut der letztwilligen Verfügung Wöhlers versiegelt aufbewahrt und darf nicht vor dem Jahre 1900 geöffnet werden. Sie dürfte allem Anscheine nach, in hohem Grade wertvolle Beiträge zur Beurteilung Berzelius' als Mensch und Forscher enthalten.

Schon aus diesem Grunde schien es angemessen, die Schilderung einstweilen nicht weiter auszudehnen als bis zu der Periode, wo der erwähnte Briefwechsel seinen Anfang nimmt, d. h. bis zur ersten Hälfte der zwanziger Jahre. Ein eigentümlicher Zufall hat es gewollt, dass diese durch einen rein äusseren Umstand beendigte Grenzlinie, weit entfernt davon, eine künstlich konstruierte zu sein, im Gegenteil eine höchst natürliche ist; ja noch mehr, dass sie, falls es sich von vornherein darum gehandelt hätte, Berzelius' Wirken in zwei getrennte Abschnitte einzuteilen, thatsächlich als die natürlichste Grenzlinie hätte gezogen werden müssen.

Gerade der Anfang der zwanziger Jahre bildet nach mehr als einer Richtung hin einen Wendepunkt in Berzelius' Leben und Wirken, sofern man überhaupt von Wendepunkten sprechen kann in einem Leben, das so ruhig und arm an äussern Ereignissen verlief wie das seinige. Kurz zuvor (1818) war er zum ständigen Sekretär der schwedischen Akademie der Wissenschaften ernannt worden, eine Auszeichnung, die er selbst sehr hoch anschlug, die seiner bürgerlichen Stellung teilweise ein anderes Gepräge verlieh, und die ihm offenbar weit mehr zusagte als der ermüdende und wenig Abwechslung darbietende elementare Unterricht an der medizinischen Hochschule. Auch seine private, für die Wissenschaft ungleich bedeutungsvollere Lehrthätigkeit als Wegweiser für jüngere Adepten der Chemie tritt Anfang der zwanziger Jahre in ein neues Stadium, das als das europäische bezeichnet werden könnte, während seine diesbezügliche Wirksamkeit vorher vorzugsweise auf sein engeres Vaterland beschränkt war. Gleichzeitig kann in seinem stets lebhaft unterhaltenen Verkehr mit ausländischen Fachgenossen eine immer deutlicher hervortretende Verschiebung von der gelehrten Welt Frankreichs und Englands nach derjenigen Deutschlands wahrgenommen werden.

Was ferner sein wissenschaftliches Wirken als Schriftsteller angeht, so stand sein theoretisches System gerade um diese Zeit in seinen wesentlichen Teilen fertig da und wurde auch einem ausgedehnteren Leserkreis zugänglich (Essai sur la cause des proportions Chimiques, 1819; Versuch über die Theorie der chemischen Proportionen, 1820); ebenso wie auch die Resultate seiner grossen Experimentaluntersuchung über die chemischen Gewichtsverhältnisse erst jetzt in einigermassen abgerundeter Form vorlagen (Atomgewichtstafel von 1818). Seine wissenschaftliche Thätigkeit, die bis dahin wesentlich eine neuschaffende gewesen war, lief von nun an, wenigstens in ihren grossen Hauptzügen, mehr darauf hinaus, früher gewonnene Resultate und Anschauungsweisen zu vervollständigen und zu befestigen. Hierzu kommt noch als ein neues Moment die 1821 begonnene und bis zu seinem Tode fortgesetzte Herausgabe der berühmten Jahresberichte. Endlich möge nicht unerwähnt bleiben, dass die bedeutungsvollste Umgestaltung, welche die theoretische Auffassung Berzelius' im Laufe seiner fünfzigjährigen Autorschaft erfahren hat, eben in die fragliche Periode fällt. Man hat nämlich vielen Grund, sein endgültiges Aufgeben der bis dahin mit grosser Ausdauer verfochtenen Ansicht von der zusammengesetzten Natur der Salzbildner und des Stickstoffs in den Anfang der zwanziger Jahre zu verlegen, eine Bekehrung, die eine, wenn auch nur teilweise, doch immerhin durchgreifende Änderung in seiner Salztheorie zur Folge hatte.

Aber auch innerhalb des so erheblich begrenzten Rahmens der beiden ersten Jahrzehnte dieses Jahrhunderts war es im Interesse grösserer Übersichtlichkeit geboten, eine gewisse Auswahl zu treffen: daher beschäftigt sich vorliegende Arbeit im wesentlichen mit vieren der für die Entwicklung der Chemie wichtigsten Momente der früheren Thätigkeit BERZELIUS', nämlich a) mit den elektrochemischen Untersuchungen, die vor allen andern dem Anfang der wissenschaftlichen Produktion BERZELIUS' ihr Gepräge verleihen; b) seiner sogen. dualistischen Theorie oder der LAVOISIER-BERZELIUS'schen Sauerstofftheorie, wie sie mit Rücksicht auf ihren eigentlichen Kern und ihren unmittelbaren genetischen Zusammenhang mit dem Lehrgebäude LAVOISIERS richtiger genannt werden könnte; ferner c) mit der für die exakte, zahlenmässige Behandlung der Chemie so überaus bedeutungsvollen Riesenarbeit über die bestimmten Proportionen und endlich d) mit der für die formelle Entwicklung unserer Wissenschaft nicht weniger grundlegenden Einführung der chemischen Zeichensprache.

Diesen vier Abteilungen, welche jede für sich, der Darstellung nach, ein abgeschlossenes Ganzes bilden, ist eine Skizze der Kindheits- und Jugendschicksale BERZELIUS', die für seine spätere Entwicklung keineswegs ohne Bedeutung waren, als Einleitung hinzugefügt worden, und dies u. a. mit besonderer Rücksicht darauf, dass eine solche Schilderung in deutscher Sprache bisher fehlte.

Als Quellen sind bei der Darstellung der wissenschaftlichen Thätigkeit BERZELIUS' in erster Linie seine eigenen, in schwedischer Sprache herausgegebenen Originalarbeiten benutzt worden, was hier besonders hervorgehoben sei, da mehrere Abweichungen von bisherigen Angaben, vor allem was die chronologischen Daten anbetrifft, hierdurch ihre Erklärung finden. Da aber diese Originalschriften dem deutschen Leser in der Regel verhältnismässig schwer zugänglich sein dürften, sind an vielen Stellen Hinweisungen an die betreffenden deutschen Übersetzungen oder Bearbeitungen hinzugefügt worden, wo solche überhaupt vorhanden waren. An wenigen Stellen, wo das schwedische Original einer englischen oder französischen Übersetzung an Ausführlichkeit oder Vollständigkeit nachstand, sind auch letztere der Darstellung zu Grunde gelegt worden.

Für die persönlichen Angaben sind die ültesten schwedischen BERZELIUS-Nekrologe von der Mitte des Jahrhunderts kritisch benutzt worden, wobei demjenigen, welcher M. M. AF PONTIN zum Verfasser hat, eine besondere Bedeutung beigemessen wurde, teils weil PONTIN schon von seinen Studienjahren an BERZELIUS' Freund und Vertrauter war, der somit viele der geschilderten Ereignisse selbst mit erlebt hat, teils weil seine Gedächtnisrede unter Zugrundelegung der eigenhändigen selbstbiographischen Aufzeichnungen BERZELIUS' ausgearbeitet worden ist.

Endlich war es in vielen Fällen möglich, ergänzende oder berichtigende Angaben durch das Studium der von BERZELIUS nachgelassenen Briefsammlung zu erhalten, die zum grossen Teil in der Bibliothek der königl. schwedischen Akademie der Wissenschaften in Stockholm aufbewahrt wird.

Gothenburg im Mai 1899.

Der Verfasser.

Inhalt.

I.

BERZELIUS' Jugend- und Studienjahre.

BERZELIUS entstammt einem ostgothischen Geschlechte, dessen Ursprung man bis in den Anfang des siebzehnten Jahrhunderts verfolgen kann. Das älteste uns bekannte Familienhaupt, der Bauer JÖNS HÅKANSSON [1]), geboren 1612, pachtete das steuerfreie adlige Gehöft Bergsäter [2]) im Kirchspiel Motala in der Statthalterschaft Linköping. Sein Sohn BENKT, später Prediger, legte sich nach dem Pachtgut seines Vaters den Namen BERZELIUS bei [3]). Auch sein Enkel JÖNS (JOANNES BENEDICTI) widmete sich dem Priesterstande und wurde zuletzt Pfarrer in den Gemeinden Rök und Heda im Linköpinger Stift. Dieser JÖNS BERZELIUS hatte acht Kinder, darunter einen Sohn SAMUEL, supremus collega scholae in Linköping, der sich mit ELISABETH DOROTHEA, einer Tochter des Advokaten JACOB SJÖSTEEN, verheiratete. Der Ehe entspross 1779 ein Knabe, der nach seinen Grossvätern väter- und mütterlicherseits die Namen JÖNS JACOB [4]) erhielt. Durch ihn sollte der bis dahin wenig bekannte Name der Priesterfamilie einen Weltruf erlangen.

Über den Tag der Geburt BERZELIUS' gehen sonderbarer-

[1]) Von PONTIN unrichtig JAKOBSSON genannt; Biografi öfver J. J. BERZELIUS, K. Vetenskaps Akademiens Handlingar för år 1848. S. 195.

[2]) wird auch Bergsätra geschrieben, l. c.

[3]) ursprünglich BERESELIUS, PONTIN S. 195; RYDQVIST, Intriädes-tal. Svenska Akademiens Handlingar ifrån år 1796, Bd. 25. S. 16.

[4]) Siehe Beilage I.

weise die Ansichten auseinander. Pontin[1]) giebt den 29. August
an; dagegen verzeichnen so gut wie alle späteren schwedischen
Biographen z. B. J. E. Rydquist[2]), P. A. Siljeström[3]), C. G.
Mosander[4]), P. T. Cleve[5]) u. a. den 20.; während man in den
meisten ausländischen historischen und biographischen Arbeiten
selbst bis in die Gegenwart die Pontin'sche Angabe wieder-
findet[6]). Berzelius selbst nennt ausdrücklich den 20. August
seinen Geburtstag[7]), und dass dieses Datum in der That das
richtige ist, wird zum Überfluss noch durch das Kirchenbuch
der Wäfversundaer Gemeinde bezeugt[8]).

Die Gegend, wo Berzelius' Wiege stand, liegt anmutig
an dem östlichen Abhang des Omberges zwischen den Seen
Täkern und Wettern in der Provinz Ostgothland. Hier und
zwar im Wäfversundaer Kirchspiel besassen seine Eltern ein
kleines Gehöft, das den Namen Wäfversundaer Sörgård (Süd-
hof) führte; hier scheinen sie gewohnheitsmässig die Sommer-
ferien verbracht zu haben, und hier erblickte der junge Jöns
Jacob das Licht der Welt.

Die Natur dieser Gegend ist ebenso mild und freundlich
wie einfach und schmucklos; man könnte versucht sein, sie
mit der Gemütsart des Mannes zu vergleichen, der hier geboren wurde, mit dem Gleichgewicht seiner Seele, wie es sich
nach den harten Prüfungen seiner Jugend entwickelt hatte. Denn
zahlreich waren die Unbilden, die sich Berzelius schon in

---

[1]) Biografi S. 196.

[2]) Inträdes-tal S. 16.

[3]) Minnestal S. 7 (1849).

[4]) Tal vid svenska läkare-sällskapets minnesfest 1850 S. 2.

[5]) Nordisk Familjebok II S. 366.

[6]) wie z. B. J. C. Poggendorff, Biograph. liter. Handwörterbuch I,
S. 172; E. v. Meyer, Geschichte d. Chemie, Lpz. 1889, S. 165; C. Schaedler.
Biogr.-litterar. Handwörterbuch der wissenschaftl. bedeutenden Chemiker
S. 11 u. a. m.

[7]) Brief von Berzelius an Heinrich Rose 20. 8. 1838; Handschr.-
Sammlung d. schwed. Akad. d. Wissenschaften.

[8]) Siehe Beilage I. Vgl. auch F(riedrich) W(öhler) Jugenderinnerungen eines Chemikers. Deutsch. chem. Gesell. Berichte Bd. 8. 1875.
846: „In dem Dorfe Roklösa (soll wohl Rogslösa sein) verweilten wir
einige Stunden bei dem ehrwürdigen Pfarrer Ek, ... der mir das Kirch-
buch zeigte, in dem Berzelius' Geburt eingetragen war (20. August 1779)."

seinen Jünglingsjahren hemmend entgegenstellten. Eine freud-
lose Kindheit, eine durch Armut, Missgeschick und Verkennung
seiner Anlagen getrübte Jugend hatte er durchzumachen, bevor sein Genius sich zu vollem Glanze entfalten konnte.

Sein Vater, der Magister Samuel Berzelius, starb schon
im Jahre 1783 [1]) und liess seine Gattin mit zwei noch zarten
Kindern — dem vierjährigen Jacob und einem Mädchen
Flora — in ziemlich dürftigen Verhältnissen zurück. Die
Mutter ging 1785 eine neue Ehe ein mit dem damaligen Pastor
an der deutschen Gemeinde in Norrköping Andreas Ekmarck,
dem späteren Pfarrer in Ekeby und Rinna. Diese Ehe währte
indessen nur kurze Zeit, denn die Gattin starb schon nach
zwei Jahren (1787) [2]), und der kleine Berzelius stand im
Alter von acht Jahren vater- und mutterlos in der Welt, ver-
sehen obendrein mit nur sehr spärlichen Mitteln, denn sein
Erbteil bestand aus 200 Reichsthalern und einem sehr kleinen
Anteil an dem Wäfversundaer Sörgård [3]).

Während der nächstfolgenden Jahre durfte der Knabe
in dem Ekmarck'schen Hause verbleiben, wo seine Tante
Flora Sjösteen [4]) eine Zeitlang die mütterliche Aufsicht über
die grosse Kinderschar führte. Hier genoss das elternlose
Kind eines notdürftigen Unterrichts, teils bei den Hauslehrern
seiner Stiefbrüder, teils und mit grösserem Erfolge bei seinem
Stiefvater selbst. Dieser wird als ein achtungswerter und
gottesfürchtiger Mann geschildert, als ein Mann „von exempla-
rischer Tugend und ungewöhnlicher Gelehrsamkeit, ausgestattet
mit einer glücklichen Fähigkeit und einem grossen Hang,
Kinder zu erziehen und zu unterrichten" [5]). Neben dem
Religionsunterrichte versäumte er nie, in den Kindern Neigung
zum Studium der Natur zu erwecken und durch tägliche Aus-
flüge ins Freie ihre Wissbegier nach dieser Richtung hin an-
zufachen. Damals wie heute nahm im Vaterlande Linné's
beim naturhistorischen Unterricht die Pflanzenkenntnis eine

[1]) Pontin. Biografi S. 195; Anrep, Svenska adelns ättartaflor I, S. 174.
[2]) Svenska Ättartal (5) Stockholm 1889 S. 146.
[3]) Pontin, Biografi S. 197.
[4]) Später mit dem Kaufmanne Bromander verheiratet; siehe unten.
[5]) Mosander. Tal etc. S. 3.

dominierende Stellung ein, und für den jungen BERZELIUS, wie für so manchen anderen schwedischen Knaben, wurde das Sammeln und die Bestimmung der auf der heimatlichen Flur blühenden Gewächse die erste Leseübung in dem grossen Buche der Natur. Die geradezu ungewöhnliche Beobachtungsgabe des Kindes entging hierbei dem pädagogischen Scharfblick des Pflegevaters nicht, und man erzählt sich, dass er den prophetischen Ausspruch gethan habe: „JACOB, du hast Anlage, in LINNÉ's Fusstapfen zu treten"! — — EKMARCK wurde alt genug [2]), um zu sehen, in wie kaum geahnter Weise seine Prophezeiung in Erfüllung ging. Er hatte noch die Freude zu erleben, dass der Name seines Stiefsohnes demjenigen des „Blumenkönigs" LINNÉ an Ruhm nichts nachgab.

Die verhältnissmässig sorglose Zeit im EKMARCK'schen Hause war indessen nur von kurzer Dauer. Im Jahre 1791 ging EKMARCK eine dritte Ehe ein und durch den Familienzuwachs wurde das Haus zu eng: die beiden Waisenkinder, JACOB und seine Schwester FLORA, wurden nun von einem andern Verwandten, ihrem Onkel und Vormund, dem Lieutenant SJÖSTEEN in Wäfversunda, welcher selbst sieben eigene Kinder zu versorgen hatte, aufgenommen [3]). Dieser meinte es mit seinen Pflegekindern zwar sehr gut, konnte aber nicht verhindern, dass BERZELIUS von den übrigen Mitgliedern der Familie mehr als ein beschwerlicher Kostgänger denn als Verwandter betrachtet und behandelt wurde. Das war eine Zeit bitterer Demütigung und peinvoller Abhängigkeit, die in dem zarten Gemüte des Kindes lange einen bitteren Stachel zurückliess. BERZELIUS spricht sich selbst darüber aus: „Meine Lage während dieser Jahre hinterliess einen so lebhaften Eindruck, dass ich, so oft von der Kindheit die Rede war, niemals die Freude anderer teilen konnte". [4])

Die einzige Zuflucht des Jünglings während seines nichts weniger als angenehmen Aufenthaltes im Hause seines Ver-

[1]) SILJESTRÖM, Minnestal S. 8; MOSANDER Tal etc. S. 3.

[2]) Er starb im Jahre 1822; siehe Brief von BERZELIUS an H. ROSE 24. 9. 1822, Handschr.-Sammlung d. schwed. Akademie d. Wissenschaften.

[3]) PONTIN, Biografi S. 196; SILJESTRÖM, Minnestal S. 9.

[4]) PONTIN, Biografi S. 197.

wandten waren seine Studien. Er lag ihnen auch weiterhin
unter der Leitung mehrerer Lehrer ob[1]) und wurde im Frühling 1793 ins Gymnasium zu Linköping aufgenommen. Bald
kam die Zeit heran, wo er sich für einen Lebensberuf entscheiden sollte und BERZELIUS entschloss sich ohne langes Be-
sinnen Prediger zu werden[2]), wobei ihn augenscheinlich mehr
die Familientradition als ein ihm inne wohnender Drang bestimmte.

Am Gymnasium warteten seiner indessen neue Ent-
täuschungen. Niemals war er ein besonderes „Licht", weder
hier noch später auf der Universität. Der Vorrat an Kennt-
nissen, die er von Haus aus mitgebracht, und die er sich
unter der Leitung von oft wechselnden, bisweilen vielleicht un-
tauglichen Privatlehrern angeeignet hatte, dürfte, wenn auch
nicht geradezu unzureichend, so doch ziemlich lückenhaft gewesen sein. Auch lag es nicht in seiner Natur, Zeit und
Mühe für die ihn nicht besonders interessierenden Fächer auf-
zuwenden und so seinen Mängeln abzuhelfen. Die klassischen
Sprachen, die unberührt von allen neumodischen Forderungen
nach Reform den Gymnasialunterricht noch unbestritten be-
herrschten, fanden in ihm nur einen sehr lauen Anhänger:
und da seine Gleichgültigkeit bisweilen sogar in Nachlässigkeit
ausartete, war es ihm trotz seiner Überlegenheit auf anderen
Gebieten nicht möglich, sich die Gewogenheit des Lehrerkollegiums zu erringen. Nur ein Mitglied desselben hatte von
dem jungen BERZELIUS eine bessere Meinung; dies war der
Lehrer der Naturgeschichte HORNSTEDT[3]). Als ob er für die
Verkennung von Seiten der andern Lehrer entschädigt werden
sollte, wurde er dessen erklärter Günstling.

Eine kurze Unterbrechung erlitten seine Studien 1794—1795.
Die Notwendigkeit, sich zwecks weiteren Fortkommens neue

---

[1]) Unter diesen wird insbesondere ein gewisser HAGLUND alias HAGERT
erwähnt; SILJESTRÖM, Minnestal S. 11.

[2]) ANREP, Svenska Adelns ättartaflor I, S. 174.

[3]) CLAS FREDRIK HORNSTEDT, Lektor der Naturgeschichte am Linkö-
pinger Gymnasium, schliesslich Feldarzt in Finnland. Mitglied der schwed.
Akademie der Wissenschaften, geb. 1758, gest. 1809. Kongl. Svenska
Vetenskaps Akademiens inländska ledamöter 1739—1872, Nr. 250, S. XXX.

Mittel zu erwerben einerseits, und der Wunsch, sich den drückenden Verhältnissen im Hause seiner Pflegeeltern zu entziehen andrerseits, mögen hierzu Anlass gegeben haben; genug, er suchte und fand Stellung bei einem Gutsbesitzer Borre in Wrinneved (nicht weit von Norrköping), dessen halberwachsene Söhne er in allen Wissenschaften unterweisen sollte. Daraus wurde jedoch sehr wenig. Der Sinn der Schüler war mehr auf die Landwirtschaft als aufs Studium gerichtet und ihr an Jahren jüngerer Informator wurde bald ihr Gefährte und Helfer bei allen Arbeiten auf Feld und Wiese, in Scheune und Tenne, in der Holzkammer und bei allen sonstigen Verrichtungen. Verzogen wurde er jedenfalls nicht: seine Kammer diente gleichzeitig als Aufbewahrungsplatz für den Kartoffelvorrat des Hauses und wenn überhaupt jemals geheizt wurde, geschah es mehr aus Fürsorge für die nützlichen Erdfrüchte als des jungen Gymnasiasten wegen. Damit soll jedoch nicht gesagt werden, dass er von seinen Wirtsleuten schlecht behandelt wurde; im Gegenteil hatte er sich von Seiten des zwar ökonomischen, im übrigen aber redlichen und im Grunde wohlmeinenden, Borreschen Ehepaares eines herzlichen Entgegenkommens zu erfreuen. Der Aufenthalt auf Wrinneved blieb übrigens nicht ohne Einfluss auf die körperliche sowohl wie geistige Entwickelung des jungen Berzelius. Das viele Leben in Gottes freier Natur und die körperlichen Arbeiten stählten seinen vorher schwächlichen Körper. Andrerseits trugen die wieder angeknüpften Verbindungen mit einem jungen Schullehrer aus dem nahen Norrköping, dem oben genannten Hagert, der sich für das entomologische Studium interessierte, dazu bei, seine schon früher geweckte Vorliebe für die naturwissenschaftliche Forschung mehr und mehr zu befestigen. Der materielle Gewinn seiner ersten Stellung war dagegen höchst unbedeutend. „Vier Reichsthaler und ein Paar hellblaue Wollstrümpfe" — das hatte er erübrigt, als er im Frühling 1795 nach Linköping zurückkehrte [1].

Unter dem Einflusse Hornstedt's reifte hier in ihm allmälich der Entschluss, der Theologie zu entsagen. Es wurde

[1] Mosander, Tal etc. S. 4; Pontin, Biografi S. 198—199; Siljeström, Minnestal S. 10.

ihm klar, dass diese ihm wenig Gelegenheit bieten würde, seine immer deutlicher hervortretenden Anlagen auszubilden. Weit besser schien sich dazu das Studium der Medizin zu eignen, denn hatte er auch für den ärztlichen Beruf keine ausgeprägte Vorliebe, so war ihm hier doch wenigstens reichlich Gelegenheit geboten, sich in den Teil der Wissenschaft, welcher ihm am meisten zusagte, zu vertiefen. Dieser Entschluss war jedoch wenig geeignet, der Einseitigkeit seiner Studien entgegenzuwirken, die schon früher den Unwillen der Mehrzahl des Lehrerkollegiums erregt hatte. Die zoologischen und botanischen Exkursionen nahmen im Gegenteil eine Ausdehnung und Häufigkeit an wie nie zuvor. LINNÉ's Fauna suecica schrieb er mit eigner Hand beinahe in extenso ab [1]), da seine Börse ihm unbarmherzig den Ankauf des Buches verbot; und nachdem er sich mit HORNSTEDT's freundlicher Hilfe Schiesswaffen und Munition angeschafft hatte, gab er sich den ornithologischen Studien mit nicht weniger Eifer als vorher den entomologischen hin.

Dass unter solchen Umständen den ordnungsmässigen Lektionen am Gymnasium nicht immer die ihnen gebührende Aufmerksamkeit geschenkt wurde, darf daher nicht Wunder nehmen. Da trat ein Ereignis ein, das die lang erprobte Geduld der gelehrten Herren vollständig erschöpfte und ihnen einen vielleicht nicht so ganz unwillkommenen Anlass gab, mit der ganzen Strenge des Schulgesetzes gegen den Schwänzer vorzugehen. Von einem Jagdausflug heimgekehrt, war dieser beim Hantieren mit seinem Schiessgewehr sehr unvorsichtig gewesen und dadurch beinahe zum Mörder geworden. Glücklicherweise aber hatte das Ganze nur die Folge, dass die Nachbarn von dem Schusse aufgeschreckt wurden; nichtsdestoweniger erregte die Affaire grosses, dem Attentäter höchst peinliches Aufsehen. Auf eine Anzeige bei seiner vorgesetzten Behörde trat das Concilium gymnasticum unverzüglich zusammen, um über den Unbedachtsamen, der es gewagt hatte, die idyllische Ruhe der kleinen Stadt zu stören, zu Gericht zu sitzen. Die Schulparagraphen waren streng — das Verhätscheln der Schüler kannte man damals nicht — und das Urteil lautete „von

[1]) PONTIN, Biografi S. 199; SILJESTRÖM. Minnestal S. 12.

Rechts wegen" auf öffentliche Züchtigung in Gegenwart des
ganzen Gymnasiums mit darauf folgender Verweisung von der
Lehranstalt. Dahin sollte es indessen nicht kommen. Der
Tag der Strafvollstreckung brach an, alle Vorbereitungen zur
Ceremonie waren getroffen — aber es fehlte der Delinquent! —
Dieser hielt sich mit einem Unglücksgefährten zusammen auf
den Rat teilnahmsvoller Kameraden wohlweislich verborgen,
bis sich der erste Sturm gelegt hatte. Unterdessen entwickelte
sein Gönner HORNSTEDT, der bei der Rechtsprechung nicht
zugegen gewesen und darum anfangs in Unkenntnis über den
Urteilsspruch geblieben war, eine eifrige Wirksamkeit zu seinen
Gunsten — vielleicht im Bewusstsein seiner eignen Verantwortung für das Geschehene — und es gelang ihm durch Vorstellungen, die er dem höchsten Leiter der Schule, dem Bischof
LINDBLOM [1]), machte, mildernde Umstände geltend zu machen,
wodurch das Urteil aufgehoben wurde. [2])

Gleichwohl konnte diese Nachsicht den Schatten, welchen
dies Geschehnis auf seine folgende Schulzeit warf, nicht ver-
wischen; und als er im Sommer 1796 das Gymnasium verliess,
um die Universität zu beziehen, wurde ihm das Zeugnis ausge-
stellt, dass er „mit glücklichen Naturanlagen weniger gute
Sitten verbände, und dass er ein Jüngling wäre, der nur zu
zweifelhaften Hoffnungen berechtigte". Die Härte dieses Ur-
teils wurde allerdings in gewissem Masse durch die mündliche
Äusserung des Bischofs gelegentlich seines Abschieds von dem
jungen Studiosus gemildert, der sagte: „Du hast zwar sehr
viel am Gymnasium versäumt, doch weiss ich, dass du die
Zeit nicht vergeudet hast; fahr' fort, wie du begonnen, und du
wirst eines Tages ein nützlicher Bürger werden!" [3])

Übrigens darf man der Beurteilung von BERZELIUS' Moral
von Seiten der guten Schulmeister nicht viel Gewicht beilegen:
wenigstens bezeugt einer seiner Jugendfreunde, der aller Wahrscheinlichkeit nach in die Verhältnisse viel mehr eingeweiht

---

[1]) JACOB AXELSSON LINDBLOM (1746—1819), später Erzbischof in
Upsala.

[2]) MOSANDER. Tal etc. S. 4; PONTIN, Biografi S. 201; SILJESTRÖM, Minnestal S. 13.

[3]) SILJESTRÖM, Minnestal S. 14.

war, „dass hinsichtlich der Verirrungen, denen ein junger Mann seines Alters ausgesetzt ist, ein tugendhafterer Jüngling als BERZELIUS wohl kaum jemals eine Lehranstalt verlassen habe"[1]).

Im Herbst 1796 langte der mit seinem wenig empfehlenden Zeugnis ausgestattete siebzehnjährige BERZELIUS in Upsala an und liess sich nach einiger Zeit auf der Universität bei der medizinischen Fakultät einschreiben[2]). In Ermangelung hinreichender Mittel sah er sich aber schon nach Verlauf eines Jahres gezwungen, seine Studien zu unterbrechen und sich durch Privatunterricht ein Auskommen zu verschaffen. So weilte er eine Zeit lang in seiner Heimatsprovinz beim Rittmeister VON YHLEN auf Eggeby als Informator von dessen beiden Söhnen[3]). Hier blieb er, bis er im Herbste 1798 das STRANDBERG'sche Stipendium erhielt und dadurch in den Stand gesetzt wurde, seine Studien an der Universität wieder aufzunehmen. Dieselben nahmen eigentlich erst jetzt ihren wirklichen Anfang, ebenso begann er nun zum ersten Male sich mit der Wissenschaft zu befassen, die später sein Leben ausfüllen sollte. Auch hier erhielt er den ersten Impuls von aussen. Nach Upsala zurückgekehrt traf er nämlich mit seinem Halbbruder CHRISTOFFER EKMARCK[4]) zusammen, der sich damals ebenfalls dort aufhielt und sich fleissig mit elektrischen Versuchen beschäftigte. BERZELIUS wurde ein eifriger Teilnehmer an denselben und bald gingen die beiden Brüder gemeinsam von elektrischen zu chemischen Studien über[5]).

Die chemische Forschung in Upsala zeichnete sich um diese Zeit nicht gerade durch grosse Lebhaftigkeit aus und den Anfängern bot sich nur wenig Gelegenheit, von kundiger Hand sachliche Unterweisungen zu erhalten. Die Blütezeit der Chemie war längst vorüber, die von JOHAN GOTTSCHALK WALLERIUS[6]), mit dem Beinamen „Vater der Agrikulturchemie", eingeleitet

---

[1]) PONTIN, Biografi S. 202.

[2]) am 15. März 1797; Protokoll der medizinischen Fakultät Upsala. 1797.

[3]) PONTIN, Biografi S. 203; SILJESTRÖM, Minnestal S. 14.

[4]) Später Docent an der Universität.

[5]) MOSANDER, Tal etc. S. 5; PONTIN, Biografi S. 204.

[6]) Geb. 1709, gest. 1785; erster Professor der Chemie an der Universität Upsala 1750–1767.

wurde und die unter seinem Nachfolger, dem rühmlichst bekannten TORBERN BERGMAN[1]) ihren Höhepunkt erreicht hatte
zu derselben Zeit, wo auch CARL WILHELM SCHEELE, obschon
der Universität nicht angehörig, in Upsala mehrere seiner
schönsten Untersuchungen ausführte. Als BERZELIUS im
Herbste 1798 (oder Frühling 1799?) um Zutritt zum Laboratorium nachsuchte, war der Lehrstuhl BERGMAN's von
AFZELIUS[2]) besetzt, einem Manne, der in den Annalen der
Wissenschaft wenig bekannt ist, trotzdem ihm ein langes Leben
beschieden war und ihm ein grosser Wirkungskreis früh zur
Verfügung stand. Selbst weniger für die Chemie als für deren
Schwesterwissenschaft, die Mineralogie interessiert, wählte er
mit Vorliebe aus der letzteren die Themata für seine öffentlichen
Vorlesungen. Regelmässige praktische Übungen im Laboratorium, wie sie heutzutage betrieben werden, scheinen nicht
üblich gewesen zu sein, solche wurden erst ums Jahr 1822
in Upsala eingeführt. Die Wirksamkeit des Professors beschränkte sich darauf, dass er an zwei Tagen der Woche den

---

[1]) Geb. 1735. gest. 1784. Seit 1767 Professor der Chemie.

[2]) JOHAN AFZELIUS, Sohn des Pfarrers ARVID A. und seiner Gattin
CATHARINA BRISMAN, war am 13. Juni 1753 in der Gemeinde Larf in
Westergothland geboren, wurde 1769 Student in Upsala und 1777 ebendaselbst Docent der Chemie. In seiner Habilitationsschrift „de acido
formicarum" hat er zuerst die Verschiedenheit zwischen Ameisensäure und
Essigsäure bestimmt nachgewiesen. 1780 wurde er zum Chemie-Adjunkt
und Laborator (Specimen: de Baroselenite in Succia reperto) und 1784
zum Professor der Chemie, Metallurgie und Pharmacie an der Universität
Upsala ernannt. Mitglied der Akademie der Wissenschaften 1801, pen-
sioniert 1820, gestorben am 20. Mai 1837. Siehe K. Vetenskaps Akademiens Handlingar 1837 S. 263. Er hinterliess nur eine geringe Anzahl
chemischer Originalarbeiten, von denen die obengenannte über die Ameisensäure die bedeutendste ist. Auf dem Titelblatte dieser Arbeit schrieb er
sich JOH. AFZELIUS ARVIDSON, was zu einer eigentümlichen Verwechselung
zwischen ihm und JOHAN AUGUST ARFVEDSON, dem Schüler BERZELIUS' und
Entdecker des Lithiums, Anlass gegeben hat. Siehe SCHAEDLER. Biogr. litte-
rarisches Handwörterbuch S. 3. Wenn dort angegeben wird, dass ARFVEDSON
1792 geboren ist, und es bald darauf heisst: „untersuchte Nickel und
Nickelerze" 1775 (!), so ist es klar, dass letztere sich nur auf AFZELIUS
beziehen kann, dessen Abhandlung pro exercitio „de Niccolo" gerade in
diesem Jahre erschien.

Studierenden der Metallurgie und Pharmacie, die daran teilnehmen wollten, privatim Anleitung gab[1]).

Die spärlichen Produkte von AFZELIUS' Autorschaft geben
uns keine Mittel an die Hand, seine Stellung zu den wissenschaftlichen Fragen der damaligen Zeit, und vor allem zu der
grossen antiphlogistischen Streitfrage zu beurteilen. Dass er
beim Antritt seines Amtes Phlogistiker war, steht fest, und
man dürfte ihm schwerlich Unrecht thun durch die Annahme,
dass er zu der betreffenden Zeit kein besonders warmer Anhänger des neuen Systems war. Bei dem geringen Interesse,
welches er — nach seinen Schriften zu urteilen — für die
theoretische Entwickelung seiner Wissenschaft überhaupt an
den Tag gelegt hat, ist es viel wahrscheinlicher, dass er bei
dem Kampfe ein ziemlich passiver, um nicht zu sagen gleich-
gültiger Zuschauer war, oder aber er schenkte, falls dieser
Kampf wirklich für kurze Zeit seine Aufmerksamkeit vom
Mineralienkabinett abzuziehen vermocht hat, seine Sympathie
demjenigen der Streitenden, welchem er mit seiner eigenen
wissenschaftlichen Auffassung am nächsten stand[2]). So viel ist
gewiss, dass von dem befruchtenden und belebenden Einfluss,
den die antiphlogistische Theorie überall da, wo sie als Siegerin
einzog, auszuüben pflegte, an dem der Leitung AFZELIUS'
unterstellten Institut wie auch in seinem eigenen wissenschaftlichen Wirken nichts zu verspüren ist, im Gegenteil, es lässt
sich nachweisen, dass das Aufhören seiner schriftstellerischen
Thätigkeit mit dem Auftreten der neuen Ansichten beinahe zu-
sammenfällt.

Die Auspizien unter denen BERZELIUS die chemische Laufbahn betrat, waren also wenig versprechend, und dies um so
weniger, als es sich durch eine eigentümliche Verkettung der
Umstände fügte, dass das Verhältnis zwischen ihm und seinem
Lehrer von vornherein ein ziemlich kühles war, und dass diese

---

[1]) P. T. CLEVE, Institutionerna för kemi samt mineralogi och geologi
S. 2 (Aus „Upsala Universitets festskrift" 1872—1897).

[2]) PONTIN, der 1798 nach Upsala kam und sich gleich BERZELIUS'
medizinischen und chemischen Studien widmete, giebt jedenfalls an, dass
dort der Parteistreit zwischen Phlogistikern und Anhängern der Sauerstofftheorie damals noch fortdauerte. Biografi S. 204.

Kälte später in offene Misshelligkeit ausartete. AFZELIUS wurde hierfür von BERZELIUS' Verehrern später scharf getadelt; man versuchte ihm allein die Schuld aufzubürden, man leitete seine Handlungsweise aus einer unberechtigten Antipathie her, ja man scheute sich nicht, ihm Willkür [1]) und Mangel an guten Willen, dem Anfänger die ihm zukommenden Ratschläge und Aufschlüsse zu geben, vorzuwerfen. Doch scheinen zwingende Gründe für derartige gegen einen sonst rechtschaffenen und untadeligen Mann gerichteten Beschuldigungen kaum vorzuliegen. Der scharf hervortretende Gegensatz zwischen der wissenschaftlichen Indolenz des Lehrers und dem stürmischen Eifer des Schülers dürfte eine genügende Erklärung für dieses Zerwürfnis sein, und man braucht an persönliche Abneigung von irgend einer Seite dabei wohl nicht zu denken. Da ausserdem ein Freund von BERZELIUS, der ihm sehr nahe stand, sein Temperament in den jüngeren Jahren als „leicht aufbrausend" und ihn als einen Menschen schildert, „der wenn er Recht zu haben glaubte, hartnäckiger sei, als es einem jungen Manne zukommt" [2]), so dürfte man kaum berechtigt sein, letzteren von j e d e r Schuld freizusprechen.

Hinsichtlich des Ganges der akademischen Studien BERZELIUS' weichen die Angaben der verschiedenen Biographen etwas von einander ab, besonders in Betreff der chronologischen Reihenfolge. Die öffentlich abzulegenden Prüfungen bestanden wie gewöhnlich aus drei Examina und zwei Disputationen. Das medizinisch-philosophische Examen legte er im Dezember 1798 ab, bei welcher Gelegenheit AFZELIUS die Äusserung fallen liess, er wollte, obwohl BERZELIUS es nicht verdiente, seinem Examen keine Hindernisse in den Weg legen, falls die anderen Examinatoren nichts einzuwenden hätten [3]). Selbst damals scheint BERZELIUS noch an keinerlei praktischen Übungen im chemischen Laboratorium teilgenommen zu haben, wenn anders die Angabe richtig ist, dass er erst im Frühjahre 1799 damit

[1]) So z. B. SILJESTRÖM, Minnestal S. 17.

[2]) PONTIN, Biografi S. 208.

[3]) SILJESTRÖM, Minnestal S. 17; Protokoll der philosophischen Fakultät Upsala. 1798.

begonnen [1]). Im Jahre 1801 [2]) bestand er das medicinische Kandidatexamen, dem langwierige Streitigkeiten über die Frage vorangingen, inwieweit dem Examen noch besondere Prüfungen vorhergehen sollten oder nicht. Gerade während dieser Zeit scheint die Spannung zwischen BERZELIUS und seinem Lehrer ihren Höhepunkt erreicht zu haben. Sowohl der Dekan [3]) als auch der Kanzler der Universität [4]) werden bald von der einen bald von der andern Partei angerufen und AFZELIUS fordert sogar seinen Examinanden auf, Upsala zu verlassen und sich an die Universität zu Lund zu begeben, „wo es ihm besser glücken dürfte" (!) [5]).

AFZELIUS' Handlungsweise wird aber kaum auf wirklichem Übelwollen beruht haben, wie das damals und auch später geglaubt wurde. Der eigentliche Grund dürfte vielmehr zu suchen sein in einer damals angeregten akademischen Streitfrage, ob dem Chemie Professor Sitz und Stimme in der medizinischen Fakultät zukäme [6]). Nachdem der Kanzler diese Frage zu AFZELIUS' Gunsten entschieden hatte, wurde die Ruhe allmählich wieder hergestellt, und BERZELIUS, der währenddessen seine Fähigkeit zu praktisch-chemischen Arbeiten, teils im Laboratorium, teils auch anderwärts bekunden konnte, wurde von seinem Examinator das Zeugnis laudatur in optima forma zuerkannt, obwohl es nicht in der damals gebräuchlichen akademischen Sprache, auf lateinisch, sondern — gegen die Gewohnheit — auf schwedisch abgegeben wurde. Das ordnungsmässig letzte der Examina bestand er im Jahre 1801 [7]). Von seinen beiden Disputationen wurde die eine pro exercitio [8]) am 6. Dezember 1800 unter EKEBERG's, die andere pro gradu

---

[1]) MOSANDER. Tal etc. S. 5.

[2]) den 20. Mai; Protokoll der medizinischen Fakultät Upsala, 1801.

[3]) AD. MURRAY.

[4]) Der Reichsmarschall Graf v. FERSEN.

[5]) PONTIN, Biografi S. 206.

[6]) PONTIN, Biografi S. 207.

[7]) den 11. Dezember (nicht 1802, wie PONTIN u. a. angeben); siehe Protokoll der medizinischen Fakultät 1801.

[8]) Nova Analysis Aquarum Medeviensium, Dissertatio Academica. Upsaliae MDCCC. 15 S.

medico[1]) am 1 Maj 1802 unter Pehr Afzelius' Präsidium abgehalten. Die Promovierung zum Doctor medicinae erfolgte erst 1804.

So weit die öffentlichen Protokolle. Weit schwieriger ist es herauszufinden, wie es sich mit denjenigen akademischen Leistungen Berzelius' verhält, die für seine spätere Entwickelung vorzugsweise von Bedeutung sind, nämlich mit den praktischen Arbeiten im chemischen Laboratorium. Dass diese nach Mosander im Frühjahr 1799 ihren Anfang genommen, ist bereits erwähnt[2]). Aus der Darstellung von Siljeström könnte man dagegen den Schluss ziehen, dass er schon früher, also im Herbst 1798 zum Laboratorium zugelassen worden ist[3]). Bevor ihm jedoch das Arbeiten darin gestattet wurde, soll er — nach derselben Quelle — von Afzelius veranlasst worden sein, erst zwei umfangreiche Bände eines deutschen Handbuches für Apotheker[4]) durchzulesen und darüber zu referieren. Während aber diese Episode von Siljeström[5]) in den Anfang seiner Studien verlegt wird, will es nach Pontin scheinen, als ob sie sich erst später, und zwar nach der Disputation pro exercitio abgespielt hätte, gewissermassen als Einleitung zu einem zweiten Cursus im Laboratorium[6]). Wie dem auch sein mag, so viel steht fest, dass die unter der Leitung von Afzelius betriebenen Übungen für seine Ausbildung von untergeordnetem Nutzen waren. „Was man ihm zur Ausführung übergab, war von allzu einfacher Beschaffenheit; bald wählte er seine Operationen

---

[1]) De Electricitatis Galvanicae apparatu cel. Volta excitae in corpora organica effectu — pro gradu medico examini defert Jacobus Berzelius stipendiarius Strandbergianus Ostrogothus — d 1 Maji MDCCCII. 14 S.

[2]) Seite 12.

[3]) Minnestal S. 15—17.

[4]) Lehrbuch der Apothekerkunst von Karl Gottfried Hagen, Hofapotheker, später Professor an der Universität Königsberg. Geb. 1749, gest. 1829. Seine Schriften zeigen, dass er noch am Ende der neunziger Jahre die phlogistische Nomenklatur nicht aufgegeben hatte. Da sie dennoch von Afzelius empfohlen wurden, ist man vielleicht dadurch berechtigt, auf den damaligen theoretischen Standpunkt des Letzteren einen Rückschluss zu ziehen.

[5]) Minnestal S. 15.

[6]) Biografi S. 206.

selbst und wurde so sein eigner Lehrmeister und ein fleissiger
Gast im Laboratorium. Was er nicht dort fertigbrachte, vollendete er im Studierzimmer"[1]). Hiermit stimmt auch Siljeström's Schilderung überein: „Der Unterricht im Laboratorium
gehörte nicht zu den besten. Die Übungen wurden auf eine
für die Praktikanten wenig lehrreiche Weise ausgeführt, so
dass Berzelius bald beschloss, auf eigne Faust zu arbeiten,
ohne irgend jemand um Rat zu fragen. . . . . . Auch zu Hause
arbeitete er mit Eifer."[2])

Auch aus dem mündlichen Unterricht dürfte Berzelius
ziemlich geringen Nutzen gezogen haben. Afzelius' öffentliche
Vorlesungen behandelten damals vorzugsweise die Mineralogie.
In der Chemie hielt Ekeberg[3]) allerdings Privatkollegien ab,
doch will es scheinen, als ob Berzelius seiner Mittellosigkeit
wegen im Allgemeinen verhindert war, an diesen teilzunehmen.

Durch das Zusammenwirken verschiedener Umstände wurde
er daher in Theorie und Praxis gewissermassen Autodidakt
und schon frühzeitig dazu getrieben, sich mehr auf sich selbst
als auf die Leitung anderer zu verlassen. Zweifellos musste
dies bei einem Manne mit dem Naturell und der Begabung
Berzelius' viel dazu beitragen, seine Befähigung für selbst-
ständige wissenschaftliche Forschung schneller zu entwickeln.
Schon die erste seiner im Druck erschienenen Arbeiten, die
Dissertation über die chemische Zusammensetzung des Medevi-

---

[1]) Mosander, tal etc. S. 5.

[2]) Minnestal S. 16.

[3]) Anders Gustaf Ekeberg, der im Jahre 1799 als Adjunkt und
Laborator an der Universität Upsala angestellt wurde — als Docent hatte
er ihr schon seit 1794 angehört — war ein begabter und geschickter
Chemiker, der sich später einen wissenschaftlichen Namen durch die Entdeckung des Tantals schuf. Der Altersunterschied zwischen ihm (er war
1769 geboren) und Berzelius war nicht gross genug, um eine Intimität
der beiden, die für sie selber sowohl wie für die Wissenschaft sehr nutz-
bringend gewesen wäre, von vornherein auszuschliessen. Trotzdem scheinen
sie sich nicht näher getreten zu sein. Aus einem noch vorhandenen Briefe
von E. an Berzelius geht hervor, dass der Ton zwischen ihnen wohl ein
achtungsvoller, doch reservierter gewesen ist. Ekeberg wurde später Mitarbeiter des von Berzelius, Hisinger u. a. herausgegebenen Sammel-
werkes Abhandlungen der Physik, Chemie und Mineralogie. Er starb 1813.

Wassers hat er sicherlich aus eigenem Antriebe ganz ohne Anregung und Aufsicht seitens der Lehrer entworfen und ausgeführt. Hierfür spricht nicht zum mindesten deren Abgeneigtheit, das Präsidium bei dem Disputationsakt (pro exercitio) zu übernehmen. Afzelius, der hierzu aufgefordert wurde, sagte ein bestimmtes Nein, „weil er nicht in der Lage sei, sich auf die betreffenden Analysen verlassen zu können." Und Ekeberg „liess sich erst nach vielem Zureden zur Übernahme bewegen" [1].

Es liegt übrigens in der Natur der Sache, dass die chemischen Studien während dieser Periode, 1798—1802, keineswegs einen ununterbrochenen Fortgang nahmen, sondern vielmehr — neben dem eigentlichen Brotstudium innerhalb der medizinischen Facultät [2]) — als angenehme Erhohlung in freien Stunden betrieben wurden.

Ausserdem wurde Berzelius teils aus ökonomischen teils aus anderen Ursachen öfters gezwungen, seinen Aufenthalt in der Universitätsstadt zu unterbrechen. Von der ersten Unterbrechung 1797—1798 wurde bereits gesprochen. Andere fielen in den Sommer 1799 und Frühling 1800. Erstere geschah zumeist infolge einer Einladung, die er von einem seiner Verwandten, Bromander in Motala erhalten hatte [3]). Bei diesem sollte er einen Teil des Jahres verleben, und er kam diesem Verlangen um so lieber nach, als seine Mittel für den ferneren Aufenthalt an der Universität damals wieder zusammenzuschmelzen begannen. Sein Verweilen in Motala war insofern von Bedeutung, als er dort die Bekanntschaft mit dem Leibmedicus Hedin [4]), Badearzt und Intendant im nahegelegenen

---

[1]) Siljeström, Minnestal S. 19.

[2]) Zu seinen Lehrern in den medizinischen Fächern gehören der Anatom Adolf Murray (1751—1803), jüngerer Bruder des Göttinger Professors J. A. Murray; Pehr Afzelius (1760—1843) berühmter Arzt, jüngerer Bruder des Chemikers, im Jahre 1815 unter dem Namen von Afzelius in den Adelsstand erhoben; C. P. Thunberg (1743—1828) Botaniker; Gust. Acrel (1741—1801) Professor der theoret. und prakt. Medizin u. a.

[3]) Siehe oben, S. 3, Anmerkung 4.

[4]) Sven Anders Hedin (1750—1821) Medizinalrat.

Badeorte Medevi machte und von diesem als Assistent für die nächstjährige Badesaison angestellt wurde.

Im Hause BROMANDER's scheint er indes nur sehr kurze Zeit gewesen zu sein. Unthätigkeit konnte die rastlose Natur BERZELIUS' am allerwenigsten vertragen. Er trug wieder Verlangen nach dem Experimentiertisch und um seine Sehnsucht zu befriedigen, beschloss er für kurze Zeit in der Apotheke irgend einer nahegelegenen Stadt Anstellung zu suchen. Er erinnert sich eines Verwandten und Namensvetters, der Apothekenbesitzer in Jönköping ist[1]), wendet sich zunächst an diesen, wird aber abschlägig beschieden. Mehr Erfolg hat er in Wadstena, und den Rest des Sommers bringt er in der dortigen Apotheke zu und „nimmt an allen pharmaceutischen Arbeiten teil"[2]). Diese Episode ist, so unwesentlich sie an und für sich auch erscheinen mag, dennoch von gewissem Interesse, da sie uns den Beweis dafür liefert, wie gut es BERZELIUS schon damals verstand, aus allem, was ihm in den Weg kam, Nutzen zu ziehen und es auf die eine oder andere Weise zu verwerten. Der Einblick in den praktischen Teil des pharmaceutischen Berufes, den er in der unansehnlichen Wadstenaer Apotheke that, war für ihn keineswegs ein fruchtloser; im Gegenteil gab er die erste Anregung zu seiner 13 Jahre später veröffentlichten Arbeit „Über die chemischen Präparate in den Pharmakopöen der verschiedenen Länder[3])." durch die er zum „Reformator des schwedischen Apothekerwesens"[4]) wurde. Seine spätere Wirksamkeit auf diesem Gebiete ist übrigens auch für das Medizinalwesen anderer Länder keineswegs ohne Bedeutung geblieben.

In anderer Hinsicht verstand er es ebenfalls, aus seinem kurzen Aufenthalte in der kleinen Stadt am Strande des Wetter-

---

[1]) Wahrscheinlich sein Onkel DANIEL BERZELIUS, jüngerer Sohn des oben erwähnten JOANNES BENEDICTI. Siehe Linköpings Stifts Herdaminne af JOH. Is. HÅML., Norrköping 1846—1847.

[2]) Nach der Darstellung PONTIN's. Biografi S. 205; vgl. SILJESTRÖM. Minnestal S. 18.

[3]) „Om de kemiska praeparaterna i serskilta länders Pharmacopeer." Sv. Läkare-Sällskapets Handl. 1812.

[4]) PONTIN, Biografi S. 205.

Sees Nutzen zu ziehen. Er machte hier die Bekanntschaft des italienischen Instrumentenmachers VACCANO, der ihn in die Geheimnisse der feineren Glasbläserei einweihte, eine Kunst in der er sich hervorragende Geschicklichkeit aneignete.

Nach Upsala zurückgekehrt verbrachte er dort den Winter 1799—1800, doch musste er die kaum wieder mit Eifer aufgenommenen Studien im Frühling desselben Jahres von neuem für kurze Zeit unterbrechen, da er von dem vorerwähnten HEDIN nach Drottningholm[1]) berufen wurde, um ihm Assistenz zu leisten. Dies dürfte seine erste Probe in der praktischen Ausübung des ärztlichen Berufes gewesen sein. Im Sommer 1800 begleitete er, wie vorher verabredet war, seinen Gönner nach Medevi.

Es war indessen keineswegs nach BERZELIUS' Geschmack, sich dort mit leeren Händen einzufinden, um nur die Rolle eines medizinischen Handlangers zu übernehmen. Durch die gemeinsame Arbeit mit seinem Stiefbruder EKMARCK mit elektrischen Versuchen vertraut, teilt er in vollem Masse das Interesse seiner Zeitgenossen für die Arbeiten von GALVANI und VOLTA, den Brennpunkt des naturwissenschaftlichen Lebens um die Wende des Jahrhunderts, und beeilt sich, aus dem einfachen Material, das ihm zu Gebote steht — 60 Stück bei einem Gelbgiesser verfertigte Zinkplatten und eine entsprechende Anzahl Kupfermünzen — eine Säule zusammenzusetzen, die er nach dem Kurort mitnahm, in der Absicht, die therapeutische Wirkung des Stromes zu untersuchen[2]). Die Beobachtungen, die er dabei anzustellen Gelegenheit hatte, blieben nicht fruchtlos; er legte sie in seiner obenerwähnten, zwei Jahre später veröffentlichten Schrift über die Wirkung des Galvanismus auf lebende Körper nieder. Daneben fand er auch Zeit zu einer Arbeit über ein rein chemisches Thema: die analytische Untersuchung des Medeviwassers, die er nach seiner Rückkehr nach Upsala vollendete und im folgenden Jahre als seine erste gedruckte Abhandlung erscheinen liess. Das war das Anfangs-

---

[1]) HEDIN war seit 1792 Bezirksarzt in Svartsjö und Drottningholm unweit Stockholm.

[2]) POSTIN, Biografi S. 206.

glied der langen Reihe von Mineralwasseranalysen, die späterhin von Berzelius gemacht werden sollten.

Dank dieser Fähigkeit, Zeit und Gelegenheit aufs beste auszunützen, wurden so die Unterbrechungen, die seine Studien erlitten, für seine wissenschaftliche Fortbildung kaum weniger fördernd als die eigentliche Examensarbeit.

Man sollte kaum glauben, dass Berzelius mit den eben genannten Untersuchungen sowie mit seinen medizinischen Studien beschäftigt, trotzdem noch Zeit zu anderen wissenschaftlichen Arbeiten fand. Seine ans Wunderbare grenzende Arbeitskraft, worin er von keinem andern Chemiker übertroffen, von wenigen auch nur annähernd erreicht werden dürfte, machte sich indessen schon von Anfang an geltend. Seine Analyse des Medeviwassers ist, obwohl zuerst im Druck veröffentlicht, doch keineswegs — wie gewöhnlich angegeben wird — seine erste selbständige Experimentaluntersuchung. Drei kleinere Arbeiten, nämlich über „Salpetersäure-Naphtha" und „Stickoxydgas" sind älteren Datums, und von diesen sagt Berzelius selbst ausdrücklich: „Dies sind meine ersten selbständigen chemischen Versuche"[1]). Demnach müssen sie wenigstens schon vor dem Sommer 1800 begonnen worden sein. Vermutlich fallen diese Untersuchungen also in das Frühjahr 1800 oder vielleicht schon in den Herbst 1799. Jedenfalls lagen sie 1801 schon fertig vor, da sie in diesem Jahre vom Verfasser dem Professor der Chemie[2]) übergeben wurden, augenscheinlich in der zweifachen Absicht, sich auf dieselben als Specimina für das bevorstehende Kandidatenexamen zu beziehen und sie durch Afzelius' Fürsorge zum Druck befördern zu lassen. Es wird berichtet, dass Afzelius sie „wohlwollend entgegennahm"[3]), obwohl sie wahrscheinlich nicht unter seiner Leitung, ja nicht einmal in seinem Laboratorium, sondern grösstenteils in Berzelius' eigner Studierstube ausgearbeitet worden waren. Wenigstens werden sie von dem gleichzeitig in Upsala anwesenden Pontin als Resultat der von Berzelius

---

[1]) Afhandlingar i Fysik, Kemi och Mineralogi. Utgifne af W. Hisinger och J. Berzelius II S. 41.

[2]) l. c.

[3]) Pontin, Biografi S. 207.

während dieser Zeit [1]) privatim ausgeführten Versuche bezeichnet. Ihre Beschaffenheit spricht in der That nicht dagegen. Trotz dieser „wohlwollenden Annahme" scheinen die drei kleinen Aufsätze dem guten AFZELIUS nicht wenig Verlegenheit bereitet zu haben. Er sandte sie zuerst ans Collegium medicum in Stockholm, das sie indessen „mit einem artigen Briefe" retournierte, und nachher an die Akademie der Wissenschaften, wo sie drei Jahre liegen blieben, um schliesslich vom Sekretär [2]) mit dem Bescheide zurückgesandt zu werden, dass die Akademie noch nicht die neue chemische Nomenklatur angenommen habe [3]). Hierunter ist, wie man leicht denken kann, nichts anderes als die von LAVOISIER und seinen Mitarbeitern eingeführte antiphlogistische Bezeichnungsweise zu verstehen. Es ist von Interesse, diesen Sachverhalt zu konstatieren: dass nämlich die Akademie noch so spät (1804) ihrer eigenen Angabe gemäss an der phlogistischen Terminologie festhielt. Als die Abhandlungen nach allen diesen Irrfahrten endlich wieder zu ihrem Verfasser zurückkehrten, war seine Aufmerksamkeit auf andere Dinge gerichtet. Erst 1807 wurden sie unter dem gemeinsamen Titel „Versuche mit Salpetersäure-Naphtha und den Zersetzungsprodukten der Salpetersäure" in den Abhandlungen der Physik, Chemie etc. abgedruckt [4]). Durch die lange Verzögerung jedoch war die Priorität versäumt worden. Denn gegen Ende desselben Jahres, in welchem die BERZELIUS'schen Abhandlungen eingereicht wurden, veröffentlichte HUMPHRY DAVY seine Untersuchungen über Stickoxyd [5]). Es ist ein eigentümliches Zusammentreffen, dass diese beiden Altersgenossen [6]), die dazu bestimmt waren, jeder auf seinem Gebiete, die hervorragendsten Repräsentanten der chemischen Forschung ihrer Zeit zu werden, bei ihren Erstlingsversuchen ungefähr gleichzeitig

---

[1]) d. h. in der Zeit, wo sich der Streit betreffs des Examens abspielte.

[2]) C. G. SJÖSTÉN (1767—1817), früher Docent an der Universität Lund.

[3]) PONTIN, Biografi S. 208.

[4]) II S. 41 - 77.

[5]) Chem. and philos. researches chiefly concerning nitrous oxyde, London 1800.

[6]) DAVY war im Jahre 1778 geboren.

dasselbe Thema behandelten und übereinstimmende Resultate
erhielten.

Die Motivierung, die BERZELIUS für die späte Veröffent-
lichung seiner Aufsätze giebt, ist in mehr als einer Hinsicht
so bezeichnend, dass sie wiedergegeben zu werden verdient.
Weit entfernt, irgendwie über die unfreiwillige Verzögerung
verstimmt zu sein, deutet er vielmehr bescheiden an, dass der
geringe Wert der Untersuchungen an und für sich schon deren
Zurückweisung hinreichend begründete. „Da die königl. Akademie der Wissenschaften, der die Abhandlungen von meinem
hochverehrten Lehrer Professor JOHAN AFZELIUS im Jahre 1801
übergeben wurden, den Wert derselben, verglichen mit ihrem
Umfang, nicht hinreichend fand, um ihnen in den Verhand-
lungen der k. Akademie vor anderen interessanteren Arbeiten
den Vorzug zu geben, hätte auch ich sie für immer der Vergessenheit anheimfallen lassen, wenn nicht einzelnes teils wieder
in Frage gekommen, teils noch von keinem andern beschrieben
worden wäre. Unter den Experimenten mit Stickoxydgas befindet sich wenig was für uns Bedeutung hätte, für die damalige
Zeit aber enthielten sie manches Neue, da die Researches von
DAVY erst gegen Ende des Jahres herauskamen, in welchem
diese Versuche von mir eingereicht worden waren; vorher wussten
wir davon nicht mehr als was PRIESTLEY und die holländischen
Chemiker angegeben haben, und was DAVY in demselben Jahre
in den Journalen über die Brauchbarkeit des Gases zum Atmen
und seine berauschende Eigenschaft mitteilt. Chemische Thatsachen können nie oft genug bestätigt werden; möge man mir
daher nicht vorwerfen, dass ich auch die Versuche anführe, die
mit den DAVY'schen vollständig übereinstimmen" [1]).

Es wird kaum jemand, der die Originalarbeiten BERZELIUS'
studiert hat, entgehen können, dass in diesen Worten deutlich
die ersten Töne des Leitmotivs erklingen, welches in allen
seinen späteren Produktionen durchgehends wiederkehrt: An-
spruchslosigkeit, die Unterordnung seiner persönlichen Inter-
essen unter die Forderungen der Wissenschaft und in aller
erster Linie das Verlangen nach einer doppelten, ja vielfachen

---

[1]) Afhandlingar i Fysik, Kemi etc. II 41, Fussnote.

Bestätigung jeder einzelnen wissenschaftlichen Erscheinung, bevor sie, dann aber für immer, dem bestehenden System einverleibt wird.

Mit ganz besonderem Interesse liest man diese von BERZELIUS vor bald einem Jahrhundert verfassten Jugendarbeiten. Die Ausführlichkeit der Darstellung, die Bedeutung, die den rein äusserlichen Einzelheiten beigelegt wird, und das unverstellte Entzücken, womit einzelne von Knalleffekten begleiteten Versuche geschildert werden, verraten ziemlich deutlich die Jugendlichkeit des Verfassers, während gleichzeitig die Klarheit des Stiles, der in der wechselnden Anordnung der Versuche hervortretende Gedankenreichtum wie auch das, bei Ausführung derselben bewiesene Beobachtungsvermögen, den zukünftigen Meister sowohl in formeller als auch reeller Behandlung der Wissenschaft erkennen lassen.

Die Untersuchungen, die ausschliesslich qualitative sind, wurden ersichtlich mit ziemlich primitiven Hilfsmitteln ausgeführt und müssen auch aus diesem Gesichtspunkte beurteilt werden. Die erste führt den Titel: „Versuch, die Phänomene bei der Bildung von Naphtha aus Alkohol und Salpetersäure näher zu bestimmen". Die Naphtha, die hier gemeint wird, ist der schon 1681 von KUNKEL [1]) entdeckte „spiritus nitri dulcis", unser Ethylnitrit. Indessen ist es, wie der Titel andeutet, nicht diese Substanz, die den eigentlichen Gegenstand der Untersuchung bildet, sondern es sind die bei der Reaktion sich entwickelnden, bisher wenig beachteten, Gase. Man merkt deutlich den Einfluss von „La chimie pneumatique". Es wird gezeigt, dass diese Gase der Reihenfolge nach, in der sie auftreten, folgende sind: Kohlensäure, „oxydiertes Stickgas" [2]) und ein Gas, „das anscheinend die erste Oxydationsstufe des Stickstoffs bildet". Für das letztgenannte schlägt er die jedoch nur vorläufige Benennung „Stickoxydgas" (kväfoxidgas) vor, „bis ein besserer Name dafür gefunden wird". Er vermutet, dieses Gas sei mit der von PRIESTLEY dargestellten „azotischen Halbsäure" identisch, betont indessen gleichzeitig die unvoll-

---

[1]) Epistola contra spiritum vini sine acido. Berlin 1681, C. G. WITTSTEIN, etymologisch-chemisches Handwörterbuch II. 463.

[2]) unser Stickoxyd.

kommene Übereinstimmung zwischen seinen Beobachtungen und PRIESTLEY's Angaben. BERZELIUS hebt besonders die Fähigkeit des Gases hervor, gleich dem Sauerstoff die Verbrennung von Kohle, Schwefel und Phosphor zu unterhalten, während nach PRIESTLEY brennender Phosphor bei der Einführung in dasselbe erlösche. Was BERZELIUS entdeckt hat, ist demnach eine neue Bildungsweise des Stickoxyduls [1]), und dass es ihm gelungen ist, das Gas in ziemlich reinem Zustand und vor allem frei von Stickoxyd zu erhalten, scheint aus seiner Angabe hervorzugehen, dass am Ende der Operation „das entwickelte Gas die schwefelsaure Eisenlösung durchaus nicht veränderte" [2]).

Die der Reihenfolge nach zweite der erwähnten Abhandlungen: „Versuche mit Salpetersäure-Naphtha" berichtet über das Verhältnis des Ethylnitrits gegen verschiedene, vorzugsweise oxydierende Reagentien und ist von verhältnismässig geringerem Interesse.

Die dritte: „Versuche, die Eigenschaften des Stickoxydgases und seine Unterscheidungsmerkmale von anderen Gasen zu bestimmen" führt als Beitrag zur Charakteristik des Stick-

---

[1]) Von PRIESTLEY 1772 entdeckt und von ihm in seinen Experiments and Observations on different kinds of air, London 1776 I—III. beschrieben. Er stellte das Gas teils dadurch her, dass er feuchte Eisenfeilspähne oder Schwefelleber (l. c. I. 215 u. f. II. 177) auf Stickoxyd einwirken liess, teils durch die Behandlung von Eisen, Zink und Zinn mit verdünnter Salpetersäure (l. c. III. 132). Die jetzt gebräuchliche Darstellungsmethode aus Ammoniumnitrat rührt von den holländischen Chemikern DEIMANN, TROOSTWYK, LAUWERENBURGH und BONDT (1793) her (KOPP, Geschichte der Chemie III. 236). Die Zusammensetzung und die physiologischen Eigenschaften waren Gegenstand der vorerwähnten Untersuchungen von DAVY. Siehe auch GILBERT's Annalen der Physik II. 483 (1799) VI. 105 (1800).

[2]) Afhandl. i Fysik. Kemi etc. II. 47.

Es ist bemerkenswert, dass diese Untersuchung in der chemischen Litteratur selbst bis heute fast unbeachtet geblieben ist. Denn sogar in sonst vollständigen und ausführlichen sowohl geschichtlichen wie encyklopädischen Arbeiten (z. B. KOPP's Geschichte d. Chemie, FEHLING's Handwörterbuch, Artikel Stickstoffoxydul, WURTZ' Dictionnaire de Chimie u. a. m.) wird bei der Aufzählung der Forscher, die zu unserer Kenntnis der niedrigsten Oxydationsstufe des Stickstoffes beigetragen haben, der Name BERZELIUS' stillschweigend übergangen.

oxyduls **23** verschiedene Experimente auf, deren Resultat folgendermassen zusammengefasst wird: „Dieses Gas unterscheidet sich demnach vom Sauerstoff dadurch, dass es nicht von oxydiertem Stickgas angegriffen wird, dass Phosphor sich nicht darin entzündet selbst bei hoher Temperatur, und dass es sich in Wasser und in Alkohol in bedeutender Menge auflöst. Von oxydiertem Stickgas dadurch, dass es durch Sauerstoff keinerlei Veränderung erleidet und durch schwefelsaure Eisenlösung nicht zersetzt wird. Vom Kohlensäuregas dadurch, dass es Kalkwasser nicht verändert, und von allen Gasarten, die nicht zur Verbrennung dienen, dadurch, dass die Verbrennung eines hineingeführten brennenden Körpers lebhafter und heller wird" [1]).

Mit diesen Untersuchungen begann BERZELIUS seine beinahe fünfzigjährige Laufbahn als Experimentalchemiker.

Endlich war die Zeit gekommen, wo der junge Autor die Universität verlassen sollte, um ins praktische Leben einzutreten. Es geschah das, wie schon erwähnt, 1802 nach der im Frühling selbigen Jahres erfolgten Gradualdisputation. Nirgends wird erwähnt, dass von seiten der Universität Anstrengungen gemacht worden wären, den Weggehenden zum Bleiben zu veranlassen. Mit Rücksicht auf sein Verhältnis zu den damaligen Vertretern der Chemie ist das auch wenig wahrscheinlich, obgleich die Venia docendi sowohl vorher wie auch später auf Grund weniger bedeutender Arbeiten erteilt worden ist und obwohl seine Anlagen so ausgeprägt waren, dass sie selbst einem mässigen Scharfblick auffallen mussten. Diese Unterlassung hat sich indessen gerächt. Wenigstens kommt es der Nachwelt wie eine Vergeltung vor, dass das Laboratorium, welches sich einst den Luxus leisten konnte, einen BERZELIUS zu entbehren, während der nächstfolgenden fünfzig Jahre an der Entwickelung der Wissenschaft so gut wie gar keinen Anteil hatte. Ja es kam schliesslich so weit, dass die Chemie an diesem Institut ihre Stellung als selbständige Disciplin einbüsste,

---

[1]) Afhandl. i Fysik, Kemi etc. II. 77.

um nur zu Hilfswissenschaft der Mineralogie zu werden, bis
endlich einer von BERZELIUS' Schülern ihrem Verfalle Einhalt
that und sie zu einer dem Andenken TORBERN BERGMAN's
würdigeren Stufe erhob[1]).

Man dürfte kaum in der Annahme fehlgehen, dass BER-
ZELIUS die akademischen Hörsäle ohne all zu grosses Bedauern
verliess. Die Härte des Schicksals, welche seiner ganzen
Schulzeit die Signatur gab, hatte ihn auch an der Universität
verfolgt. Denn der Schutz und die Aufmunterung, auf die
ein wissensdurstiger und der Forschung ergebener Zögling unter
gewöhnlichen Verhältnissen rechnen kann, wurden ihm nicht
zu teil, wenn auch vielleicht zugegeben werden muss, dass er
selbst daran nicht ganz schuldlos war. Noch immer waren
Entbehrungen und Entsagungen seine treuesten Gefährten, und
die häufigen, meist unfreiwilligen Unterbrechungen seiner Studien
zeugen von einem früh begonnenen Kampf ums Dasein. Die
Gemütsart BERZELIUS' war aber von so glücklicher Beschaffenheit, dass alle Widerwärtigkeiten nur dazu beitrugen, seinem
Geiste erhöhte Elasticität zu verleihen. Was frühe Erfolge
vielleicht niemals gezeitigt hätten, das brachten die sich ihm
entgegenstellenden Schwierigkeiten zu stande: sie beschleunigten
die Entwickelung seiner wissenschaftlichen Schöpfungskraft
und stählten seinen Willen.

Und die Freudlosigkeit seiner Kinder- und Jünglingsjahre
liess ihn schon von Anfang an seine einzige Erholung in unermüdlicher A r b e i t suchen.

---

[1]) BERZELIUS klagt später selbst bitter über die wissenschaftliche
Sterilität der Universitätschemiker. So schreibt er z. B. 1831: „Bei uns
kommt es mehr und mehr aus der Mode. sich mit Untersuchungen zu
beschäftigen. W. (AFZELIUS' Nachfolger) ist sehr fleissig — wenn es gilt
mit eigener Hand die Pappschachteln für die Mineraliensammlung der
Universität herzustellen. die er dadurch um einige Reichsthaler per tausend
Stück billiger bekommt. L. ist so versoffen. dass er seine Stelle als Ad-
junkt in Upsala verlor, zu der er beordert war. alldieweil der ordentliche
Adjunkt W. nichts anderes thut als sein Gehalt in Empfang zu nehmen".
Brief an H. ROSE 22. 4. 1831.

II

Periode der elektrochemischen Untersuchungen.

Wir finden BERZELIUS in Stockholm wieder. Die Zeit unmittelbar nach Beendigung seiner akademischen Studien war ohne Zweifel nach mehr als einer Richtung hin für seine Zukunft ausschlaggebend, wenngleich die Geschichte — und das liegt in der Natur der Sache — von den Kämpfen, die sich in seinem Innern abspielten, verhältnismässig wenig zu berichten weiss. Er stand nun am Scheidewege. Sollte er sich der praktischen Ausübung des ärztlichen Berufes widmen oder sollte er seine wissenschaftlichen Studien fortsetzen? Für ersteren hatte er niemals eine ausgesprochene Neigung, zur Fortsetzung der Studien fehlte es ihm an den nötigen Mitteln. Es ist ihm daher nicht zu verdenken, dass er es für gar zu gewagt hielt, sogleich den Beruf aufzugeben, für welchen er sich unter vielen Mühen und Entbehrungen ausgebildet hatte und der ihm ein sicheres, wenn auch bescheidenes Auskommen verhiess; anderseits muss man ihm zu gute halten, dass er die zweite Alternative nicht von Anfang an mutlos von der Hand wies; zumal da die sich ihm damals darbietenden Aussichten, auf der wissenschaftlichen Laufbahn Erfolge schnell zu erzielen, nicht besonders gross waren. Auch findet man, dass er der Zukunft nicht mit allzu hochgespannten Hoffnungen entgegensah: die Ausprüche und Erwartungen, die er in seiner frühen Jugend gehegt, hatten sich schon lange auf den Wunsch allein reduciert, nur das tägliche Brot zu verdienen [1]).

Um überhaupt die Möglichkeit herbeizuführen, sich neben dem ärztlichen Berufe auch chemischen Forschungen hingeben zu können, musste er eines der Bildungscentren des Landes zu seinem Aufenthalt wählen; da indes ein Verbleiben in der Universitätsstadt aus oben angeführten Gründen für ihn nichts Verlockendes haben konnte, war es sicherlich kein Zufall, dass er sich unmittelbar nach Beendigung seiner medizinischen Studien in der Hauptstadt niederliess.

Hier trat bald genug in seinen Verhältnissen eine unverkennbare Wendung zum guten ein. Zwar währte es noch einige Jahre, bevor es ihm gelang, sich die ökonomische Unabhängigkeit zu erkämpfen, ohne welche, wie er selbst später äusserte, „ein Wissenschaftsmann doch leicht als Wissenschaftsmann zu Grunde geht" [2]); doch konnte er nicht umhin zu merken, dass er hier in eine ungleich günstigere Atmosphäre, in eine Umgebung, die ihn weit besser verstand, gekommen war. Seine Stellung nahm von Anfang an eine Richtung, die ihn seinem Lieblingsstudium immer näher brachte, indem sich sein Wirken mehr als das eines Lehrers denn als das eines Arztes gestaltete [3]). Und in kurzer Zeit gelang es ihm, sich

---

[1]) Vgl. SILJESTRÖM, Minnestal S. 9.

[2]) Brief von BERZELIUS an LIEBIG, 13. 12. 1831. JUSTUS CARRIÈRE's Ausgabe. 2. Aufl. S. 20.

[3]) BERZELIUS' Beförderung während der ersten fünf Jahre seines Aufenthaltes in Stockholm gestaltete sich wie folgt: noch bevor er sich in Stockholm niedergelassen hatte, war er Stipendiat der dortigen medizinischen Schule (später königl. Carolinisches Institut) geworden. Dann wurde er 1802 vom Collegium medicum zum Adjunkt der Medizin und Pharmacie daselbst ernannt. Im darauf folgenden Jahre hielt er über Chemie teils öffentliche Vorlesungen für das hauptstädtische gebildete Publikum, teils besondere für die Studenten der Medizin. In den Jahren 1804—1805 vertrat er an der medizinischen Schule die Stelle des pensionierten Professor SPARRMAN's, wurde aber bei der endgültigen Besetzung zu gunsten des Naturhistorikers KONRAD QUENSEL (1767—1806) übergangen. Gewissermassen als Entschädigung erhielt er 1806 den Titel eines Assessors im Sanitätskollegium. Zuletzt wurde er 1807 nach dem frühzeitigen Tode QUENSEL's zum ordentlichen Professor der Medizin und Pharmacie an der erwähnten Anstalt ernannt mit der Verpflichtung, über

Freunde und Gönner zu erwerben, die seine wissenschaftlichen
Bestrebungen mit Rat und That unterstützten.

Von besonderer Bedeutung wurde seine Bekanntschaft mit
HISINGER [1]), in dessen Hause er einige Zeit wohnte[2]). Gemeinschaftlich mit ihm führte er schon in demselben Jahre, in dem
er nach Stockholm übersiedelte, die Untersuchung aus, durch
welche sein Name zum erstenmal weit über die Grenzen des
Vaterlandes hinaus bekannt werden sollte. Diese Untersuchung
wurde zudem der erste Impuls zu seiner — wenn auch nicht
bedeutungsvollsten — so doch unter seinen Zeitgenossen vielleicht das grösste Aufsehen erregenden wissenschaftlichen Gross-
that. Es verlohnt sich daher, auf die Vorgeschichte derselben
etwas näher einzugehen.

Wir haben bereits gesehen, dass BERZELIUS' Interesse für

Chemie, Naturgeschichte, Pharmacie und Medizin (!) zu lesen. (Vgl.
SILJESTRÖM. Minnestal etc. S. 56. PALMSTEDT. Biografiskt Föredrag om
Friherre J. J. BERZELIUS. u.s.w.). Kurze Zeit fungierte er auch als Lehrer
der Chemie und Botanik an der Kriegsakademie zu Carlberg. Neben
seiner Thätigkeit als Lehrer nahm er während dieser Jahre nur einige
kleinere Vertretungen an, so als Armenarzt an der Adolf-Friedrich-Ge-
meinde (1804), wofür er das bescheidene Honorar von 66 Reichsth. 32 Schil-
ling erhielt, und als Arzt am sogenannten Werner'schen Garten in Stockholm, einer Art Kurgarten für artificielle Mineralwasser. Dazu kommt
noch sein Vikariat in Drottningholm im Sommer 1803. (Hier erkrankte
er lebensgefährlich am Nervenfieber, wurde aber durch die aufopfernde
Pflege seines Promotionskameraden, des jungen Arztes ISR. EKSTRÖM
wieder hergestellt. PONTIN. Samlade skrifter I. 226.)

[1]) WILHELM HISINGER, geboren am 22. Dezember 1766 auf dem Gute
Elfstorp im Kirchspiel Grythytte in Örebro Län. Seine Eltern waren
der Gutsbesitzer WILHELM H. und CHRISTINA FABRIN. Er bezog 1784 die
Universität Upsala, wo er chemische und naturgeschichtliche Studien be-
trieb. Später widmete er sich einem umfassenden Hüttenbetrieb. 1804
wurde er Mitglied der Akademie der Wissenschaften. Ausser der Untersuchung, die er gemeinschaftlich mit BERZELIUS vollführte, schrieb er noch
ungefähr 40 Abhandlungen, hauptsächlich mineralogischen, geognostischen
und paläontologischen Inhalts. Er starb am 28. Juni 1852 auf seinem
Eigentume Skinskatteberg in Westmanland im Alter von 85½ Jahren.

[2]) SILJESTRÖM, Minnestal S. 23; unter den übrigen Gönnern BERZELIUS'
in dieser Zeit merken wir besonders J. L. ASCHAN, Arzt, später Bergrat
und Gutsbesitzer (1772—1856), und DAVID VON SCHULZENHEIM, königlicher
Oberarzt (1732—1823).

die elektrischen Erscheinungen gleich im Anfang seiner chemischen Studien erweckt wurde. Das war zweifellos mehr denn blosser Zufall. Die wissenschaftliche Atmosphäre der damaligen Zeit war sozusagen mit Elektricität geladen. Der grosse antiphlogistische Streit, welcher während der vorhergehenden zehn Jahre alles Interesse für sich in Anspruch genommen hatte, war bis auf wenige Ausnahmen in seinen Hauptzügen ausgekämpft und die dabei beteiligten Gladiatoren verliessen einer nach dem andern die Arena. Aber wie schon oft nach solchen Streitfragen, die mehrere Jahre hindurch die Geister beschäftigen, folgte auch hier nach der schliesslichen Beilegung des Streites ein gewisser Stillstand und eine Abspannung bei den Siegern wie auch bei den Besiegten. Denn es lässt sich nicht leugnen, dass während der letzten zehn Jahre des achtzehnten Jahrhunderts in der chemischen Wissenschaft eine unverkennbare Ruhe herrschte, eine Ruhe, die besonders auffällig ist, wenn man sie der emsigen Wirksamkeit gegenüberstellt, die sich in den unmittelbar vorhergehenden und den darauf folgenden Jahren entfaltete. Die Periode 1790—1799 ist merkwürdig arm an Entdeckungen auf dem centralen Gebiete der Chemie. Zwar fehlt es auch hier keineswegs an bedeutenden Ansätzen, es bleibt jedoch bei diesen. Man braucht nur an die stöchiometrischen Untersuchungen Richter's zu denken. Wie wichtig diese und ähnliche Arbeiten auch gewesen sein mögen, so fanden sie doch damals wenig Beachtung. Es sind gleichsam in die Erde gelegte Samenkörner, die erst später zur Entwickelung gelangen sollten. Nur auf den mehr peripherischen Gebieten war eine grössere Lebhaftigkeit zu merken, wie z. B. auf dem der Mineralchemie, wo die Thätigkeit hervorragender Mineralanalytiker gerade in dieser Zeit zu mehreren schönen Entdeckungen neuer Grundstoffe führte[1]).

Wahrscheinlich ist die vorhin angedeutete Abspannung nirgends so krass hervorgetreten wie gerade in Schweden, wo

---

[1]) So wurde das Strontium 1793 von Klaproth im Strontianit, das Yttrium 1794 von Gadolin in dem nach ihm benannten Gadolinit, das Chrom 1797 von Vauquelin im Chrombleispat, das Beryllium 1798 von demselben im Beryll entdeckt.

der Glanzperiode der Chemie unter TORBERN BERGMAN und CARL WILHELM SCHEELE das lange AFZELIUS'sche Interregnum folgte, dessen Dunkel erst durch den in BERZELIUS neu aufgehenden Stern erhellt werden sollte.

Um so mehr Gelegenheit hatten unterdessen die Chemiker, ihre Aufmerksamkeit den bemerkenswerten Ereignissen in der physikalischen Schwesterwissenschaft zuzuwenden, wo gerade damals eine Aufsehen erregende und Epoche machende Entdeckung der andern Schlag auf Schlag folgte.

Im Jahre 1791 hatte LUIGI GALVANI seine berühmte Schrift „de viribus electricitatis in motu musculari commentarius" herausgegeben, in welcher er über die Entdeckung der nach ihm benannten Phänomene berichtet, zu deren Erklärung er die Hypothese von der „tierischen Elektricität" aufstellt. Und bereits ein Jahr später entbrannte der Streit zwischen ihm und seinem Landsmann ALESSANDRO VOLTA, zwischen dem Physiologen und dem Physiker, zwischen der vitalistischen Theorie und der Theorie der Berührungselektricität. Es ist bekannt, dass die Hypothese des Bologneser Arztes, der in dem zufällig angewandten organischen Präparat den Sitz der Elektricität erblickte, sich nicht lange behaupten konnte gegenüber der mehr geschulten Auffassung, nach welcher die einzige und eigentliche Quelle des Phänomens in dem Metallkontakt zu suchen sei. Der Froschschenkel hatte seine Schuldigkeit gethan und verschwand vom Schauplatz. VOLTA wurde der Leiter der wissenschaftlichen Welt bei der Deutung der Entdeckung GALVANI's. Er befestigte noch mehr sein Ansehen durch seinen klassischen Fundamentalversuch (1797) und vor allem durch die Erfindung der Säule (1800), ein würdiges Patengeschenk für das neugeborene neunzehnte Jahrhundert. In seiner Führerrolle konnte er sich indessen von einer gewissen Einseitigkeit nicht frei machen; dem eminenten Physiker fehlte der Sinn für die chemischen Erscheinungen, die mit den galvanischen unauflöslich verbunden sind. Er übersah sie, und als er zuletzt nicht mehr umhin konnte, sie zu bemerken, mass er ihnen wenig oder keine Bedeutung bei. Nur so kann man es sich erklären, dass der Erfinder der Säule nicht auch gleichzeitig der Entdecker der elektrolytischen Zersetzung des Wassers wurde.

Schon vor der Erfindung der Säule hatte es nicht an Stimmen gefehlt, die sich für den Zusammenhang zwischen den galvanischen und chemischen Phänomenen erhoben, wohingegen andere z. B. Alex. v. Humboldt, ebenso wie Volta, diesen Zusammenhang bestritten. Eine sozusagen ultrachemische Auffassung vertrat Fabbroni, der 1792[1]) die rein chemische Natur der „Metallelektricität" verfocht. Der Physiker und Naturphilosoph J. W. Ritter stellte sich auf einen mehr gemässigten Standpunkt. Er hatte die Übereinstimmung zwischen Volta's Spannungsreihe der Metalle und dem Grade ihrer Oxydierbarkeit nachgewiesen und auch den beschleunigten Oxydationsprozess beobachtet, der häufig dann eintritt, wenn ein Metall mit einem andern in leitende Verbindung gesetzt wird[2]). Noch waren es eigentlich nur dunkle Ahnungen von der künftigen Bedeutung des Galvanismus für die Chemie, die hier und da zum Ausdruck kamen. Nachdem aber durch die Erfindung Volta's die Möglichkeit gegeben war, höhere elektromotorische Kräfte zu erzeugen, waren diese Ahnungen mit einem Male volle Wirklichkeit geworden. Der zündende Funke, der von der Säule ausging, erweckte die chemische Forschung zum neuen Leben. Wir wissen, dass dem ersten Bekanntwerden des Volta'schen Apparates unmittelbar die Entdeckung der Elektrolyse durch die englischen Physiker[3]) folgte. Und von besonderem Interesse ist es zu beobachten, mit welchem Eifer sich gerade die Fortschrittsmänner der Chemie auf diese Erfindung warfen, die Männer, die nach wenigen Jahren jeder in seiner Richtung die Führung in ihrem Fache übernehmen sollten. Hier auf dem Felde der Elektrochemie begegnen sich Berzelius und Humphry Davy zum zweiten Male im edlen Wettkampf.

Im März des Jahres 1800 hatte Volta seinen berühmten Brief an Banks, den Präsidenten der Royal Society, abgesandt, worin er unter anderem auch über die Konstruktion der Säule

---

[1]) Siehe Ostwald. Elektrochemie S. 103.

[2]) Beweis, dass ein beständiger Galvanismus den Lebensprozess im Tierreich begleite. Weimar 1798.

[3]) Nicholson und Carlisle, Gilbert's Annalen 6, 340 (1800).

berichtet[1]). Schon in demselben Jahre beeilt sich BERZELIUS, damals noch Student, trotz der wenigen ihm zu Gebote stehenden Mittel, sich den neuen Apparat zu verschaffen. Die Silberplatten übersteigen jedoch sein Vermögen, weshalb er sie mit Kupferplatten vertauscht, ohne dabei eine wesentliche Verminderung im Effekt zu bemerken; und so hatte er schon jetzt die Veränderung in der Konstruktion der Säule praktisch vorgenommen, die im folgenden Jahre von RITTER vorgeschlagen wurde[2]).

Die Versuche, die BERZELIUS mit dem so zusammengesetzten Apparate zuerst anstellte, waren, wie schon erwähnt[3]), therapeutischer Natur, was leicht erklärlich ist, sei es dass man die Hauptrichtung seiner damaligen Studien in Betracht zieht, sei es dass man daran denkt, wie unbestimmt — dafür aber um so gespannter — die Erwartungen waren, welche die Mitwelt an die heilende Kraft des Galvanismus knüpfte, Erwartungen, die GALVANI selbst durch seine originelle Hypothese von den „Lebensgeistern" angeregt hatte.

Die praktischen Erfahrungen überzeugten schon nach einigen Monaten BERZELIUS, dass die Erwartungen zum grossen Teil übertriebene waren, wenn auch der Nutzen der elektrischen Therapie in gewissen speciellen Fällen keineswegs unterschätzt werden dürfte. In seiner schon oben erwähnten Gradualabhandlung[4]) legte er das Resultat seiner hierher gehörigen Untersuchungen nieder: es ist eine ganze Reihe von Krankheiten, an denen er die Kraft des neuen Heilmittels geprüft hat: paralysis apoplectica et rheumatica, surditas, induratio parotidis, fungus genu, ulcera crurum, chorea S:ti Viti, anaesthesia digitorum u. s. w., ausserdem suchte auch ein „leukophlegmatiker" um seine Hilfe nach. Von den meisten dieser Kuren bekennt der junge Aeskulap aufrichtig: „galvanismus nihil effecit." selbst in den Fällen, wo der Patient sich selbst eine Besserung einbildete: „quamquam ipse sibi persuasum

---

[1]) Philosophical Transactions 1800. II. 405 u. ff.
[2]) OSTWALD. Elektrochemie S. 167.
[3]) Siehe S. 18.
[4]) De Electricitatis Galvanicae apparatu cel. Volta, excitae in corpora organica effectu.

habebat se paullo saniorem discedere." Nur in einem Falle von lokaler Gefühllosigkeit gelang es ihm, eine entschiedene und dauerhafte Besserung zu erzielen[1]).

Während dieser praktisch medizinischen Experimente ist seine Aufmerksamkeit indessen auch auf die theoretische Seite der Frage gerichtet. Das geht aus dem Schlusse seiner Abhandlung hervor. Hier wirft er die Frage auf, ob und inwiefern zwischen Galvanismus und Reibungselektricität ein wesentlicher Unterschied existiert, und fühlt sich nach einiger Erörterung berufen, diese Frage in verneinendem Sinne zu beantworten[2]). Als BERZELIUS dies schrieb, im Frühjahr 1802, hatte er übrigens Gelegenheit gehabt, seine Erfahrungen über die VOLTA'sche Säule nicht unwesentlich über seine Medevi-Experimente hinaus zu erweitern[3]).

Denn kaum hatte er seine medizinischen Examina beendet, so vertiefte er sich mit erhöhtem Eifer in die elektrischen

---

[1]) Er fasst das Resultat seiner Versuche dahin zusammen: „hinc, si quid per analogiam concludere liceat, vires galvanicae imprimis magni momenti erunt, ubi sentiendi facultas imminuta est vel deficit; ut in amaurosi ex locali nervorum debilitate profecta, in surditate ex eadem caussa; et in ea paralysi, quae cum privatione sensus conjuncta est. Galvanismus tamen non temere est aspernandus in aliis aegritudinibus, longinquior enim usus multa fortasse potest efficere." De electricitatis etc. effectu S. 11. — Ein nüchternes Urteil, an dem die Heilkunst nach allen während eines ganzen Jahrhunderts gewonnenen Erfahrungen wenig zu ändern haben dürfte.

[2]) „Si majori apparatu electrico adhibito, intensitas magis imminueretur, usque dum solitam Galvanismi non excedat, verisimillimum est, nullam inter insignia haec phaenomena differentiam esse superfuturam." l. c.

[3]) Das geht aus folgender Äusserung von ihm hervor: „Anfang März (1802) wurden von einer Gesellschaft schwedischer Naturforscher einige Versuche mit der Elektricität der VOLTA'schen Säule angestellt. (Diese sog. Galvanische Gesellschaft wird in BERZELIUS' Schriften gewöhnlich mit G. S. bezeichnet.) Diese Gesellschaft hatte eine grosse Anzahl von Säulen zu einer einzigen verbunden und verglich die Wirkungen derselben mit denen der gewöhnlichen Elektricität. An diesen Versuchen nahm auch ich teil und von allen Experimenten ausländischer Naturforscher, die wir bis jetzt kennen, hat kein einziges die Identität dieser Stoffe auf so endgültiger Weise bewiesen." Aus dem Vorwort zur Abhandlung über den Galvanismus.

Forschungen, denen er nunmehr eine Richtung gab, die seiner Neigung von Anfang an am meisten zusagte: er behandelte sie vom Standpunkt der Chemie aus. Das erste Resultat dieser Studien war seine Abhandlung über den Galvanismus [1]). (Sein Zusammenarbeiten mit HISINGER hatte damals schon angefangen, wie aus dem Vorwort [2]) hervorgeht.)

Diese Abhandlung hat in erster Linie den Charakter einer recht ausführlichen, von einer gründlichen Litteraturkenntnis zeugenden Zusammenfassung der ausländischen Arbeiten, die bis dahin auf dem Gebiete der „Metallreizung" ausgeführt worden, von den Geschmackversuchen SULZER's an bis zu VOLTA's, FABBRONI's, PFAFF's, ALEX's v. HUMBOLDT und RITTER's Untersuchungen, nicht zu vergessen die Arbeiten der grossen französischen Kommission, die allerdings zur Erklärung der Sache wenig beitrugen.

Ein besonderes Kapitel behandelt die chemischen Wirkungen der Säule. Dies möge hier besonders hervorgehoben werden, weil es als eine Vorstudie oder richtiger als Einleitung anzusehen ist zu der bald folgenden, gemeinschaftlich mit HISINGER herausgegebenen Untersuchung über die Elektrolyse der Salze, welche er um diese Zeit zweifelsohne schon begonnen hatte. Dieser letzteren an und für sich fehlt jedes geschichtliche Vorwort, weshalb ein Leser, der die „Abhandlung über den Galvanismus" nicht kennt [3]), leicht zu dem Glauben verleitet werden könnte, dass BERZELIUS an diese Untersuchung herangegangen sei, ohne sich vorher mit dem vertraut gemacht zu haben, was schon vor ihm auf diesem Gebiete geleistet worden ist. Nichts wäre jedoch ungerechtfertigter als diese Beschuldigung. — Besonders diskutiert er die eigentümlichen Einwendungen gegen die Auffassung des Wassers als Ver-

---

[1]) Afhandling om Galvanismen af J. JACOB BERZELIUS, Stockholm 1802.

[2]) „Der Gutsbesitzer HISINGER, dessen Güte und Eifer für die Wissenschaft ich die Tafel und die Beschreibung der nötigen Werkzeuge, welche in dieser Abhandlung (in einer mit H. bezeichneten Nachschrift) enthalten sind, zu verdanken habe." l. c.

[3]) Diese ist nicht einmal in H. ROSE's Gedächtnisrede erwähnt, die sonst hinsichtlich der wissenschaftlichen Arbeiten BERZELIUS' nur wenige Lücken aufzuweisen hat.

bindung zwischen Sauerstoff und Wasserstoff, welche kurz vorher J. W. Ritter gemacht hatte[1]). Berzelius zollt den Arbeiten Ritter's in vieler Hinsicht seine volle Anerkennung, trotzdem „sich dieser einer Schreibweise bedient, die im ersten Augenblicke schwerverständlich und beinahe stets viel zu weitschweifig ist"[2]). Gegen die Hypothese von der elementaren Natur des Wassers glaubt er jedoch aus theoretischen Gründen Widerspruch einlegen zu müssen: „So sinnreich Ritter's Lehre auch ist, kann er dennoch nicht mit einem einzigen Versuch ein Lehrsystem umstossen, das auf tausende Versuche gegründet ist"[3]). Dies schrieb er ungefähr zur selben Zeit als P. L. Simon in Berlin auf experimentalem Wege dasselbe Problem behandelte und nachwies, dass das Gewicht der bei der Elektrolyse entwickelten Gase genau so gross ist, wie das des verschwundenen Wassers[4]).

Eine andere brennende Frage, die ebenfalls berührt wurde, bildet die von vielen Seiten, z. B. von Nicholson und Carlisle[5]) wie auch von Desormes[6]), aufgestellte Behauptung von der Erzeugung saurer und alkalischer Stoffe bei der Elektrolyse des Wassers. Berzelius erwähnt in einer Fussnote[7]) einen Versuch von Hisinger (woran er — nach späteren Äusserungen[8]) zu urteilen — auch selbst teilgenommen) aus dem unzweifelhaft hervorgeht, dass diese Produkte von Verunreinigungen herrühren; bei der Anwendung von reinem Wasser können sie nicht beobachtet werden, „selbst nicht nach einer mehrtägigen Galvanisierung". Dies wurde bekanntlich auch durch die Versuche mehrerer deutschen Forscher bestätigt, besonders durch diejenigen von Simon[9]) und Buchholz[10]) die allerdings weit

---

[1]) Im Jahre 1800; Voigt's Magazin II. 356.
[2]) Afhandling om Galvanismen S. 45.
[3]) Ebenda S. 74.
[4]) Gilbert's Annalen 10, 282 (1802).
[5]) Ebenda 6, 340 (1800).
[6]) Ebenda 9, 28 (1801).
[7]) Afhandling om Galvanismen S. 79.
[8]) Siehe z. B. Lärbok i Kemien I, 2. Aufl. 122 (1817).
[9]) Gilbert's Annalen 8, 41 und 492; 9, 386 (1801).
[10]) Ebenda 9, 451 (1801).

weniger beachtet wurden als DAVY's fünf Jahre später zur
Entscheidung derselben Frage gelieferter Beitrag [1]).

Andere Verbindungen, deren Verhältnis zum elektrischen
Strome angeführt wird, sind Kali und Natron, Ammoniak
(nach CRUICKSHANK und DAVY), Kalkhydrat (nach DESORMES),
Thon in Ammoniak aufgelöst, „Kiesel" in Kali aufgelöst,
Schwefelsäure, schweflige Säure, „Stickstoffsäure" (nach
BUCHHOLZ), Salzsäure und Phosphorsäure. Das Interesse kon-
zentriert sich aus naheliegenden Gründen auf das was über
die Elektrolyse der Salze geäussert wird, da man hierin das
Programm für BERZELIUS' spätere Untersuchungen zu suchen
hat: „dass die Neutralsalze — zersetzt werden, wenn man sie.
in Wasser aufgelöst, der Wirkung der Säule aussetzt, ist be-
kannt, jedoch nicht so bekannt, dass hierüber Gewisses an-
gegeben werden könnte" [2]). Und ferner: „Aus den Erdsalzen
wird, wie übereinstimmende Versuche lehren, die Erde am
Wasserstoffdraht niedergeschlagen. Aus Metallsalzen wird das
Metall in Krystallform am Wasserstoffdraht ausgeschieden.
Diese Ausscheidung ist nicht etwa eine Wirkung des benutzten
Leiters, sondern des Wasserstoffs, der sich hierbei entwickeln
würde, denn die am leichtesten oxydierbaren Metalle, wie z. B.
Zink, können reduciert werden und schiessen an Gold oder
Platin an. Doch dürfen wir diese Wirkungen nicht dem
Wasserstoff allein zuschreiben, denn bei diesen Versuchen
werden auch Metalle niedergeschlagen, die ausserhalb der
Kette nur zum Teil vom Wasserstoff reduciert werden können
wie z. B. Eisen und die bei gewöhnlicher Lufttemperatur das
Wasser zersetzen" [3]). — „Mit alkalischen Metallsalzen hat man
noch keine entscheidende Versuche angestellt. . . . . . Aus
Kupferammoniak wird nach HISINGER's Versuch das Kupfer
ausgeschieden, und die Flüssigkeit wird bei Benutzung von
Golddrähten farblos" [4]).

So weit besteht die Abhandlung über den Galvanismus
hauptsächlich in einem Referat über die Untersuchungen

---

[1]) Philosophical Transactions 1807, 1.
[2]) Afhandling om Galvanismen S. 86.
[3]) Ebenda S. 89.
[4]) Ebenda S. 91.

anderer, wobei hier und da eigene Reflexionen eingeschaltet werden; der Rest behandelt teilweise Versuche, die BERZELIUS selbst angestellt oder an welchen er teilgenommen hat. So findet man hier [1]) teils den Inhalt der Gradualabhandlung in schwedischem Text wieder, teils auch eine ausführliche Berichterstattung über die Experimente, welche die galvanische Gesellschaft (G. S.) anstellen liess in der Absicht, eine endgültige Lösung der Frage zu erzielen, inwieweit Galvanismus und Reibungselektricität identisch sind. Ein Zweifel an dieser Identität scheint, seiner Ansicht nach, nicht mehr berechtigt zu sein [2]). Überhaupt ist es bemerkenswert, dass diese Frage selbst noch im Jahre 1802 auf der Tagesordnung stand. GALVANI selbst hatte schon von Anfang an die sog. tierische Elektricität als mit der gewöhnlichen identisch angesprochen [3]). VOLTA hatte sich später mutatis mutandis zum Vertreter derselben Auffassung gemacht [4]). Von anderer Seite jedoch wurde immer wieder eine entgegengesetzte Ansicht geltend gemacht, selbst von hervorragenden Forschern wie z. B. ALEX. V. HUMBOLDT [5]). Darum finden wir VOLTA noch nach der Erfindung der Säule damit beschäftigt, eine endgültige Beweisführung in diesem viel umstrittenen Punkt zu Wege zu bringen. Dass man dieser Streitfrage auch in Schweden mit lebhaftem Interesse folgte, geht aus der Darstellung von BERZELIUS zur Genüge hervor.

Nachdem er endlich in Kürze die VOLTA'sche Theorie

---

[1]) Afhandling om Galvanismen. S. 93—107.

[2]) „Sonach ist bewiesen, dass die Ursache der Phänomene, die die Säule zeigt, die Elektricität ist, welche hinsichtlich ihrer Natur und ihrer Eigenschaften völlig gleich derjenigen ist, die durch Reibung erzeugt wird, jedoch verschieden von derselben in Bezug auf ihre Entstehungsweise und der unglaublichen Schnelligkeit, mit welcher eine so grosse Menge hervorgebracht wird, ohne es zu einem bedeutenderen Ladungsgrad kommen zu lassen. Hierbei liegt die Ursache nicht in der Elektricität, sondern in der Verschiedenheit der Stoffe, die hierbei geladen werden.“ Ebenda S. 118—119.

[3]) OSTWALD, Elektrochemie S. 36.

[4]) Siehe J. W. RITTER, Beiträge zur näheren Kenntnis des Galvanismus I. 3. 50.

[5]) In seinem Werke: Versuche über die gereizte Muskel- und Nervenfaser etc. (1797).

behandelt hatte, „wie die Elekricität in der Säule hervorgebracht wird", führt er fort: „Aus Furcht, durch Missverständnis oder durch Undeutlichkeit eine Arbeit zu verderben,
die uns, einmal vollständig zu unserer Kenntnis gelangt, sicherlich den tiefen Forschungsgeist ihres genialen Verfassers bewundern lassen wird, wage ich es nicht, diese Lehre noch ferner
zu berühren. Indessen will ich noch einige Anmerkungen
hinzufügen, ... die, wenn sie auch nicht die Theorie
Volta's umstürzen, dennoch vielleicht einige Aufmerksamkeit
verdienen" [1]).

Den Ausgangspunkt dieser Anmerkungen bildet die Beobachtung, dass die Wirkung der Säule zunimmt, wenn die
Oxydation eines der Metalle befördert wird, und das Nicht-
vorhandensein von Beweisen für die Möglichkeit der Säulen-
elektricität ohne Oxydation. Ihr Endziel ist, gerade in diesem
chemischen Prozess den Ursprung der entwickelten Elektricität
zu suchen. „Stellen wir uns," sagt er, „eine Säule vor, in
folgender Reihenfolge gebaut: Zink, feuchter Leiter, Silber
u. s. w. Das Zink verbindet sich mit Sauerstoff, und Wasserstoff
wird entwickelt, wenn auch in ziemlich geringer Menge; negative Elektricität dürfte daher auch hier entstehen. Die Flüssigkeit leitet die Elektricität unvollständig und kann daher eine
Elektricität von geringer Intensität nur ganz langsam durch-
lassen, welche deshalb bis zu einem gewissen Grade in der
Fläche muss gesammelt werden können, die das Zink berührt,
da dieses stets ersetzen kann, was das Wasser hindurchlässt.
Wir wissen, dass, wenn Elektricität auf der einen Seite eines
Körpers gesammelt ist, ohne ihn durchdringen zu können, die
entgegengesetzte Seite eine grössere Attraktion für die entsprechende Elektricität erhält als sie vorher hatte und dadurch
eine Verteilung der Elektricität in denjenigen Körpern verursacht, die den ersten berühren, falls sie isoliert sind. . . . . . .
Wenn nun dies auch mit der Flüssigkeit der Fall wäre?
Könnten wir uns nicht vorstellen, dass sie, auf der Zinkseite
negativ elektrisiert, eine solche Verteilung in der Elektricität
der Leiter bewirkte, mit denen sie auf der anderen Seite be-

---

[1]) Afhandling om Galvanismen S. 124.

legt ist, und dass dies sich später in derselben Weise vom
ersten Paare durch die übrigen fortsetzt"?[1]

Als ferneren Beweis für seine Ansicht führt er Versuche
an mit Säulen aus einem Metall und zwei Flüssigkeiten derart
konstruiert, dass dem Metall die Möglichkeit benommen war,
sich auf der einen Seite zu oxydieren, z. B. Zink, Kochsalzlösung (oder verdünnte Säure) und eine gesättigte Lösung von
„salzsaurem Zink". Es stellte sich heraus, dass die Seite, wo
die Säure oder die Kochsalzlösung das Metall berührte, negativ
und der andere Pol positiv elektrisch wurde, was bei der Zersetzung des Wassers mit Silberdrähten leicht beobachtet werden
konnte[2].

BERZELIUS hat auch versucht, sich von dem Verlaufe der
Elektrolyse eine Vorstellung zu machen. Hierbei ging er ebenso wie die meisten seiner Zeitgenossen von der Annahme der
substantiellen Natur der Elektricität aus. Hiernach betrachtet
er die Elektricität als einen Stoff, mit der Fähigkeit ausgestattet, mit andern Körpern „chemische Verbindungen" einzugehen, aus welch' letzteren sie sich unter veränderten Be-
dingungen von neuem „loslösen" kann[3]. Aus dieser Auffassung ergiebt sich deutlich die Konsequenz, dass, wenn z. B. Wasser
durch den Strom zersetzt wird, die Elektricität am Drahte sich
mit einem der Bestandteile des Wassers verbindet, sodass der
andere Teil frei wird[4].

---

[1] Afhandling om Galvanismen S. 126--127.
[2] Ebenda S. 132.
[3] Ebenda S. 135.
[4] „Da wir aus den Versuchen, die ich bereits angeführt habe, schliessen
müssen, dass die Elektricität aus chemischen Verbindungen losgelöst werden
kann, muss sie unbedingt Verwandtschaften haben, und infolgedessen unter
gewissen Umständen die Zusammensetzung der Körper verändern können
dadurch, dass sie mit diesen neue chemische Verbindungen eingeht. Wenn
sie solche Körper trifft, durch welche ihr Gleichgewicht mit Leichtigkeit
wieder hergestellt wird, kann dies nicht geschehen; auch nicht bei solchen,
welche sie nicht durchdringen kann; sondern nur bei den Körpern, wo
sie ein wenig aufgehalten wird, und das ist der Fall bei Halbleitern, wie
Wasser und wässerige Lösungen, oder auch bei Leitern, die im Verhältnis
zu der Elektricität, von der sie durchströmt werden sollen, eine zu geringe
Quantität Materie haben. ..... In beiden Fällen tritt eine Veränderung
in den Körpern ein, durch welche die Elektricität geleitet wird; im ersten

Wie man aus der obenstehenden Zusammenfassung ersieht, trat BERZELIUS schon damals (1802) in eine entschiedene, wenn auch der Form nach auffällig schonende Opposition gegen die Kontakttheorie VOLTA's ein, und zwar deshalb, weil letzterer die in der Säule verlaufenden chemischen Prozesse nicht in Betracht zog, sondern ihren Kausalzusammenhang mit der Elektricitätserregung vielmehr bestritt. Inwieweit er sich hierbei wissentlich oder unwissentlich von den englischen Chemikern, die sich nicht lange vorher in derselben Richtung ausgesprochen hatten [1]), beeinflussen liess, kann man nun mit Sicherheit wohl nicht mehr feststellen. Die Möglichkeit einer solchen Beeinflussung ist jedenfalls nicht ausgeschlossen, da mindestens die Arbeiten von CRUICKSHANK und DAVY unserem BERZELIUS wohl bekannt waren [2]).

Während die „Abhandlung über den Galvanismus" kaum ausserhalb Schwedens bekannt geworden zu sein scheint, wie sie auch hauptsächlich für das schwedische Publikum bestimmt war, erwarb sich BERZELIUS' nächste Arbeit, die mit HISINGER gemeinsam ausgeführte Untersuchung über die Elektrolyse der

---

Falle werden nur Flüssigkeiten und Halbleiter zersetzt, die gegenseitige Verwandtschaft ihrer Grundstoffe wird von der Elektricität, die sie nicht schnell genug ableiten können, verändert und so entstehen die Erscheinungen, die ich bereits beschrieben habe; im zweiten Falle wird auch der Zustand der Leiter verändert." Afhandling om Galvanismen S. 135.

[1]) Besonders CRUICKSHANK, HALDANE und H. DAVY.

[2]) Es ist interessant, die Theorie CRUICKSHANK's von der Zersetzung des Wassers mit der vorher citierten BERZELIUS'schen Darstellung desselben Themas zu vergleichen. Man kann sich leicht davon überzeugen, dass der Grundgedanke derselbe ist trotz der Verschiedenheit der Ausdrucksweise. „The easiest and simplest mode of explanation would be to suppose that the galvanic influence (whatever it may be) is capable of existing in two states, that is in an oxygenated and desoxygenated state. That when it passes from metals to fluids containing oxygen, it seizes their oxygen, and becomes oxygenated; but when it passes from the fluid to the metal again, it assumes its former state, and becomes desoxygenated. Now when water is the fluid interposed, and the influence enters it from the silver side desoxygenated . . . . . it seizes the oxygen of the water, and disengages the hydrogen, which accordingly appears in the form of gas; but when the influence enters the zinc wire, it parts with the oxygen, with which it had formerly united, and this either

Salze [1]), auch in weiteren Kreisen die verdiente Aufmerksamkeit. Dies ist überhaupt die erste Abhandlung von BERZELIUS, die in der wissenschaftlichen Welt allgemeiner bekannt worden ist, und so ist es erklärlich, dass selbst ein im übrigen so wohl unterrichteter Verfasser wie HEINRICH ROSE dieselbe als seine „erste veröffentliche Arbeit" bezeichnete [2]).

Was den Anteil HISINGER's an dieser Arbeit anbetrifft, so dürfte man gute Gründe dafür haben, ihn nicht bloss als interessierten Mäcen, sondern auch als wirklich aktiven Mitarbeiter anzunehmen. Denn wenn auch seine frühere Thätigkeit in ganz andere Gebiete fiel, so weiss man doch durch BERZELIUS selbst [3]), dass er sich schon früher „mit galvanischen Versuchen beschäftigt hat", und dass diese nicht fruchtlos gewesen sind [4]). Dagegen wird man, besonders nach dem Lesen der vorhergehenden Abhandlung über den Galvanismus, zu der Überzeugung gelangen, dass BERZELIUS den Plan zu der Arbeit entworfen hat; denn aus der daselbst gegebenen Darstellung von früheren elektrolytischen Versuchen erhellt an mehr als einer Stelle die Idee der künftigen Untersuchung.

„Die Wirkung der elektrischen Säule auf Salze" ist eine vorwiegend experimentelle Arbeit. Sie enthält zunächst eine detaillierte Berichterstattung über 28 verschiedene Experimente (S. 1—30) und darauf eine Zusammenfassung der Resultate,

---

escapes in the form of gas, unites with the metal to form an oxyde" etc. NICHOLSON's Journ. 4. 257 (1800).

[1]) Ihr vollständiger Titel lautet: „Versuche über die Wirkung der elektrischen Säule auf Salze und auf einige von ihren Basen von W. HISINGER und J. BERZELIUS". Diese Arbeit erschien zum ersten Male in GEHLEN's Neues allgem. Journ. für Chemie, Februar 1803 (I. 115—149), drei Jahre später in schwedischer Sprache in Afhandlingar i Fysik etc. I, 1—38 (1806) und schliesslich zum dritten Male 1807 in GILBERT's Annalen 27. 270.

[2]) Gedächtnisrede auf BERZELIUS S. 3.

[3]) Vorwort zur Abhandlung über den Galvanismus.

[4]) HISINGER trat übrigens auch später als Autor auf dem elektrochemischen Gebiete auf, teils allein: Versuche über die Wirkung der elektrischen Säule auf Tier- und Pflanzenstoffe, teils im Verein mit J. G. GAHN: Versuche, mit elektrischen Funken einer gewöhnlichen Elektricitätsmaschine Wasser zu zersetzen; beide Arbeiten in den Abhandlungen der Physik etc. I (1806).

die er dabei gewonnen (S. 30—38), verglichen mit und ver-
vollständigt durch einige schon früher gemachten Beobachtungen.
Die Substanzen, die der Elektrolyse unterworfen wurden, sind
— ausser Ammoniak und Kalkwasser — ausschliesslich Salze
von Ammonium, Kalium und Natrium wie auch von Calcium [1]).
Ausserdem variierten die Versuchsbedingungen vielfach, indem
z. B. Drähte von verschiedenem Material zur Anwendung
kamen, gewöhnlich solche von Eisen, bisweilen von Kupfer,
Zink, Blei oder Silber. Dass übrigens gerade die Salze der
stärksten Basen zu Versuchsobjekten gewählt wurden, ist nicht
etwa auf einen Zufall zurückzuführen. Der Grund hierfür ist
vielmehr in der kurzen Einleitung angedeutet: „Wir wussten
aus eigener Erfahrung wie auch aus den Versuchen anderer,
dass alle Salze durch die Elektricität zersetzt werden, ...
und dass die Zersetzung so vor sich geht, dass die Säure das
Alkali, die Erde oder das Metall, mit dem sie verbunden war,
verlässt, um eine entsprechende Menge des zum positiven Leiter
gebrauchten Metalls aufzulösen. Dies ist aber den bekannten
Verwandtschaftsgesetzen schnurgerade entgegen; daher wir uns
vornahmen, diesen Gegenstand einer genaueren Prüfung zu
unterwerfen" etc. [2]). Dass die Säure ein Metall „verliess", um
sich mit einem andern zu verbinden, mit dem sie den geltenden Gesetzen zufolge weniger Verwandtschaft hatte, schien
gewiss schon an und für sich bemerkenswert; die Erscheinung
musste aber, vom Gesichtspunkte der Verfasser aus, natür-
licherweise um so frappanter werden, als die zersetzende Kraft
ein noch stärkeres Verbindungsstreben zu überwinden hatte,
wie das zwischen Alkali (oder Ammoniak) und Säure. Dazu
kommt noch, dass das Kapitel von der Elektrolyse der Alkalisalze noch sehr wenig studiert war: nur eine kleine Anzahl ver-

---

[1]) Die untersuchten Substanzen sind — unter Benutzung der jetzigen
Nomenklatur — folgende: Salmiak (1,6), Ammoniak (2,3), Sulfat (4), Nitrat (5), Phosphat (7), Borat (8) und Cyanid (9) des Ammoniums, Chlornatrium (10—14), Kaliumnitrat (15,16), Kaliumbisulfat (17), neutrales Kaliumsulfat (18—22), Calciumhydrat (23), Chlorcalcium (24). In den letzten
vier Versuchen wurden je zwei Substanzen gleichzeitig der Einwirkung
des Stromes ausgesetzt.

[2]) Afhandlingar i Fysik etc. I, 1: Gehlen's Journal I, 115.

einzelter und mehr zufällig gemachter Beobachtungen lag vor,
wie von NICHOLSON, CARLISLE[1]) und CRUICKSHANK[2]). Mithin
noch ein Grund, gerade dieses Gebiet zum Gegenstand einer
näheren Untersuchung zu machen, „damit man die Erscheinungen
in diesem wie in andern Teilen der Chemie einigermassen vor-
hersehen, und die Veränderung einer Salzauflösung durch Elektricität im voraus bestimmen könne"[3]).

In welchem Grade und auf welche Weise diese Aufgabe
gelöst wurde, geht am besten aus den Worten hervor, mit
welchen die Verfasser das Resultat ihrer Versuche zusammen-
fassen, und die in ihrer kernigen Einfachheit besser als alle
Kommentare den Zweck der Arbeit und ihre Bedeutung für
die Wissenschaft ausdrücken: „diejenigen Bestandteile, die sich
um denselben Pol sammeln, stehen unter sich in einer gewissen
Analogie; zum negativen Pol gehen alle brennbare Körper,
Alkalien und Erdarten. Zum positiven hingegen Sauerstoff,
Säuren und oxydierte Körper"[4]).

Gleichzeitig verwahrt sich aber BERZELIUS gegen eine ein-
seitige Deutung der gegebenen Regel. Er zeigt, dass einige
Säuren in Sauerstoff und eine niedrigere Oxydationsstufe („syrlighet") zerlegt werden, welch' letztere trotz ihres sauren Cha-
rakters am negativen Pol abgesetzt wird. Die Ausnahme ist
jedoch nur scheinbar, denn die niederen Oxydationsstufen
„werden mit Recht zu den brennbaren Körpern gerechnet."
Auch zeigt er, dass der Stickstoff unter verschiedenen Umständen bald am negativen, bald am positiven Pol auftreten
kann; ersteres geschieht bei der Zersetzung des Salpeters, letzteres bei der des Ammoniaks[5]).

Theoretische Diskussionen enthält die Arbeit nur wenige,
und es mag dahingestellt bleiben, ob das nach dem damaligen
Stande des elektrochemischen Wissens nicht mehr ein Verdienst als ein Fehler ist. Was sich indessen über das rein

---

[1]) GILBERT's Annalen 6, 340 (1800).
[2]) GILBERT's Annalen 6, 360 (1800), NICHOLSON's Journal 4. 187, 254
(1800).
[3]) Afhandlingar i Fysik etc. I. 2; GEHLEN's Journ. I. 116.
[4]) Ebenda S. 30 bezw. 142.
[5]) Ebenda S. 31 bezw. 142.

Experimentelle hinaus erstreckt, ist von solchem Interesse, dass
es hervorgehoben zu werden verdient. Die Verfasser kamen
auf Grund ihrer eigenen Untersuchungen zu dem Schlusse, dass
die „Neutralsalze" bei der elektrolytischen Zersetzung in Base
und Säure zerfallen. Man könnte vielleicht vermuten — und
eine dahin zielende Auffassung ist wirklich zum Ausdrucke
gelangt [1]) — dass sie diesen Reaktionsverlauf als für alle
Salze typisch auffassten und demnach als Ausgangspunkt
benutzten, auch wenn es sich darum handelte, das Verhältnis
der „Metallsalze" zu erklären, dass sie mit anderen Worten
annahmen, dass die letzteren primär, also durch die unmittelbare Einwirkung des Stromes, in Base und Säure zerfallen
und dass eine nachher eintretende sekundäre Reaktion — und
zwar die reducierende Einwirkung des Wasserstoffs — die
Ausscheidung des Metalles bewirkt. Dem ist aber nicht so.
Im Gegenteil wird ausdrücklich der Satz aufgestellt, dass die
Metallsalze n i c h t analog der Neutralsalze zersetzt werden,
sondern dass der Strom die Basis der ersteren direkt und
primär in Metall und Sauerstoff zerlegt, „so lange sie (die Basis)
reicht", während die Säure in den meisten Fällen nur die Rolle
eines Lösungsmittels für das Metalloxyd spielt, wobei jedoch
nicht ausgeschlossen ist, dass sie auch ihrerseits einer ähnlichen
Zersetzung unterliegt [2]).

Die Theorie von der Rolle des Wasserstoffs bei der elektrolytischen Ausfällung der Metalle wurde zwar in der Abhandlung über den Galvanismus von BERZELIUS — nach anderen
Verfassern — angeführt. Er war ihr sogar gewissermassen
beigetreten, jedoch mit dem ausdrücklichen Vorbehalt, dass es
schwerlich der Wasserstoff allein sein könne, der hierbei wirksam wäre. — Hier findet man wiederum die Theorie ganz und
gar aufgegeben, und zwar mit Worten, die an Deutlichkeit
nichts zu wünschen übrig lassen [3]).

---

[1]) Siehe z. B. OSTWALD, Elektrochemie. S. 317.
[2]) Afhandlingar i Fysik etc. I, 36; vgl. GEHLEN's Journ. 1. 147.
[3]) „Aus allem diesem folgt, dass man sich gewöhnlich von der Reduktion der Metalle durch die Elektricität eine unrichtige Vorstellung
macht, indem man sie für die Wirkung einer Entbindung des Wasserstoffs ansieht; und wie sollte es dann wohl möglich sein, dass Eisen und

Wenn also Berzelius damals von der analogen Zusammensetzung der Neutral- und der Metallsalze überzeugt war, ist
er wohl schwerlich durch die erwähnte Untersuchung zu dieser
Überzeugung gelangt, da er bei Besprechung derselben vielmehr die mangelhafte Analogie hinsichtlich ihrer elektrolytischen Zersetzung ausdrücklich betont. Dass er schon jetzt
die Metallsalze als aus basischem Oxyd + Säure (anhydrid) zusammengesetzt auffasste und nicht etwa aus Metall + Säure (oder
Säurenrest, wie wir uns ausdrücken würden), ist indessen gewiss. Das geht unmittelbar aus seiner ganzen Darstellung in
dieser Arbeit hervor. Diese Auffassung hat aber, dem Augen-
scheine nach zu urteilen, mit der gemeinsam mit Hisinger
ausgeführten elektrochemischen Untersuchung wenig zu schaffen.
Nach Analogie des Verhältnisses der Alkalisalze bei der Elektrolyse kann er ihnen diese Zusammensetzung nicht beigelegt
haben. Denn die Oxydnatur des bei der Kathode abgesonderten
Alkalis war damals noch nicht bewiesen. Noch viel weniger
kann er es auf Grund des — ihm wohlbekannten — Verhaltens
der Metallsalze selbst zum elektrischen Strome gethan haben.
Denn dann würde er zu einer mit den modernen Theorien
mehr übereinstimmenden Ansicht gekommen sein. Seine Auffassung von der Natur dieser Salze muss sich daher schon
vorher befestigt haben, und es ist, wie wir aus dem Folgenden
ersehen werden, keineswegs schwer, den eigentlichen Ursprung
dieser Auffassung zu erkennen.

Da man die Arbeit über die Wirkung der elektrischen
Säule auf Salze als grundlegend für die Salztheorie Berzelius'
betrachtet, will es scheinen, als ob ihre Bedeutung in dieser
Hinsicht überschätzt worden ist. Höchstens können die dabei gewonnenen Gesichtspunkte später — nach der 1807 erfolgten Entdeckung der Analogie der Alkalien mit den Basen
der Metallsalze — dazu beigetragen haben, eine schon vorher
eingewurzelte Ansicht zu befestigen, die erst mit dieser Ent-

---

Zink reduciert würden, zwei Metalle, die ausser dem Kreise der Säule
selbst das Wasser langsam zerlegen, welche also wenigstens einen Teil
des Sauerstoffes mit mehr Kraft zurückhalten, als womit der Wasserstoff
ihn anzieht." Afhandlingar i Fysik etc. I. 37; vgl. Gehlen's Journ. I.
147—148.

deckung und durch sie Allgemeingeltung bekam. Wohl dürfte
aber diese Arbeit in anderer Hinsicht von grundlegender Bedeutung gewesen sein. Denn es unterliegt wohl kaum einem
Zweifel, dass man in ihr den ersten Ursprung der Berzelius'-
schen Auffassung von der elektrischen Natur der chemischen
Verwandtschaft zu suchen hat.

Andere theoretische Fragen, die in Kürze berührt werden,
sind derzeitige Streitfragen über den physikalischen Erklärungsgrund der elektrolytischen Erscheinungen und über die elementare Natur des Wassers. Im ersten Falle begnügen sich die
Verfasser damit, die Unzulänglichkeit der bis dahin aufgestellten Hypothesen zu konstatieren[1]). Diese Beurteilung gilt
somit unter anderem für die Erklärung, welche Berzelius selbst
ein Jahr vorher in der Abhandlung über den Galvanismus
näher entwickelt hatte. Was schliesslich die Ritter'sche
Wassertheorie betrifft, die von den Gelehrten der damaligen
Zeit ernster genommen wurde als man erwarten sollte, so be-
kämpft Berzelius sie unausgesetzt, indem er die Absurditäten
blosslegt, zu welchen sie, folgerichtig entwickelt, unbedingt
führen musste.

Es soll nicht unerwähnt bleiben, dass einzelne der allgemeinen
Schlüsse, die in der Arbeit von Berzelius und Hisinger ausgesprochen werden, der wissenschaftlichen Welt drei Jahre
später von neuem durch Davy vorgeführt wurden in seiner
grossen und mit Recht berühmten Schrift über die chemischen
Wirkungen des elektrischen Stromes[2]). In der That erntete

---

[1]) „Wir wagen kein Raisonnement über das Wie dieser Zerlegungen,
jedoch scheint es uns am natürlichsten, sie durch die Anziehung der verschiedenen Elektricitäten zu gewissen Stoffen zu erklären, wenn auch diese
Erklärung wenig genügend sein dürfte." Und weiter heisst es: „Gegen
die später von Herrn von Hauch weiter ausgeführte Erklärung der französischen Chemiker, wonach die Elektricität einen Bestandteil des Wassers
binde, ihn dem entgegengesetzten Leiter zuführe und dort absetze, spricht
die Erwägung, dass die mit Wasserstoff gesättigte positive und die mit
Sauerstoff gesättigte negative Elektricität wohl schwerlich einander durchdringen könnten, ohne sich zu vereinigen." Afhandlingar i Fysik etc. I.
37. Gehlen's Journ. I. 148.
[2]) Bakerian Lecture am 20. 11. 1806. Philos. Transactions 1807. 1.
Gilbert's Annalen 28, 1, 162 (1808).

Davy vor der Mitwelt den grössten Ruhm für diese Entdeckungen, selbst in den Teilen, wo seine Untersuchungen nur eine Wiederholung der Berzelius-Hisinger'schen bilden. So ist unter anderem bekannt, dass das Institut de France ihm 1807 den grossen, von Napoleon I. gestifteten Voltapreis zuerkannte. Auch kann nicht bestritten werden, dass Davy's Arbeit sowohl hinsichtlich der Ausführung vollständiger wie dem Entwurfe nach vielseitiger war. Dass er es unterliess, die übereinstimmenden Resultate zu erwähnen, zu welchen seine beiden Vorgänger gekommen waren, erregte doch schon damals hier und da ein gewisses Befremden[1]). Und bei einer späteren Gelegenheit (1819) fand sich Vauquelin berufen, im Namen des Instituts an Berzelius folgende Worte zu richten: „Wir betrachten es als eine Ihnen gebührende Genugthuung, Ihnen zu sagen, dass wir, wäre uns Ihre und Hisinger's Arbeit über die chemischen Wirkungen der Säule bekannt gewesen, als Davy den grossen Preis erhielt, diesen zwischen Ihnen und ihm geteilt hätten"[2]).

Nach der Herausgabe der „Wirkung der elektrischen Säule auf Salze" widmete sich Berzelius einer Reihe Untersuchungen von teilweise sehr heterogener Art, die für einige Zeit seine Aufmerksamkeit von den elektrochemischen Fragen ablenkten. In diese Zeit fällt die ebenfalls gemeinschaftlich mit Hisinger gemachte Entdeckung des Ceriums[3]) wie auch verschiedene andere mineralogische Untersuchungen z. B. über Spinell, „Manganes", Pyrophysalit, Skapolit u. a.; ferner Analysen von

---

[1]) H. Rose, Gedächtnisrede auf Berzelius S. 4. Gehlen's Journal V. 60. Abhandlung über einige chemische Wirkungen der Elektricität von H. Davy, übers. v. H. Pfaff. „Für die Reihe von Versuchen, welche unter III und IV mitgeteilt sind, haben die beiden trefflichen schwedischen Naturforscher, die Herren Berzelius und Hisinger unstreitig die Bahn gebrochen. Man muss sich bei dem Aufsehen, welches Davy's Abhandlung macht, in der That wundern, dass die Arbeit dieser beiden Chemiker nicht mehr beachtet und von Andern aufgenommen worden ist. Sie haben damals schon fast alle die allgemeinen Grundsätze, und wörtlich, daraus gezogen wie jetzt Davy." (Nachschrift des Übersetzers.) (1808.)

[2]) Mosander, Tal etc. S. 8.

[3]) Neues allgemeines Journal der Chemie (herausgegeben von Gehlen) II, 397. (1804).

Quellwasser; tierchemische Arbeiten wie über Mark- und Bein-
substanz, über die Zusammensetzung der Fäces des Menschen,
der Muskelsubstanz; Analysen von Ackererde, Vorschläge zur
Verbesserung der Alaunfabrikation u. s. w. [1]). Der Moment, grosse
leitende Gesichtspunkte ins Auge zu fassen und zu verfolgen.
war für ihn noch nicht gekommen. Dennoch sollte er noch
einmal seine Arbeiten auf dem Gebiete der Elektrolyse aufnehmen, dieses Mal in Gemeinschaft mit seinem Kommilitonen
und vieljährigen Freunde PONTIN.[2])

Den äusseren Impuls hierzu gab HUMPHRY DAVY's Entdeckung der Alkalimetalle. Von dem ausserordentlichen Aufsehen, welches diese Entdeckung machte, zeugt die damalige
Journallitteratur mit ihren zahlreichen Berichten über mehr
oder weniger gelungene Wiederholungen der DAVY'schen Versuche. Auch BERZELIUS konnte dem Verlangen nicht widerstehen, sich mit eigenen Augen von der Richtigkeit der „uner-
warteten und staunenswerten Entdeckung“ zu überzeugen, obgleich ihm der Name des berühmten Briten „im voraus eine
hinlängliche Gewähr für die Zuverlässigkeit seiner Angaben

---

[1]) Diese Untersuchungen sind teils in den Abhandlungen der Physik etc..
teils in den Ökonomischen Annalen der schwedischen Akademie der
Wissenschaften 1807 und 1808 veröffentlicht worden.

[2]) MAGNUS MARTIN PONTIN, geadelt 1817 unter dem Namen AF PONTIN,
war am 20. Januar 1781 in Askeryd in der Statthalterschaft Jönköping
geboren. Seine Eltern waren der frühere Regimentspastor in Pommern.
Pfarrer M. C. PONTIN und MARIA MAGDALENA MEURLING. Gleich BERZELIUS
studierte er erst am Gymnasium zu Linköping, später (nach 1798) an der
Universität Upsala, wo er im Jahre 1806 zum Doktor der Medizin pro-
movierte. Während der nächstfolgenden Jahre wohnte er mit BERZELIUS
zusammen und nahm an verschiedenen seiner wissenschaftlichen Untersuchungen teil. 1808 wurde er Leibarzt (Hofmedicus) der Gemahlin
GUSTAV's (IV.) ADOLPH, 1809 Leibarzt CARL's XIII. und 1835 Medizinalrat.
Er starb am 30. Januar 1858. Er hat eine grosse Anzahl Abhandlungen
verfasst, vorzugsweise über Medizin und Hortikultur. Nebenbei war er
ein geschickter Gelegenheitsredner und Biograph. Unter seinen Nekro-
logen nimmt sein „Gedächtnis an JACOB BERZELIUS“ einen hervorragenden
Platz ein. Die Schilderung einer Reise in Norddeutschland, die er 1830
zusammen mit BERZELIUS unternahm, findet sich in deutscher Übersetzung
als Bemerkungen über Natur, Kunst und Wissenschaft etc. (Hamburg
1832). Auch machte er sich als belletristischer Schriftsteller bekannt und
übersetzte unter anderem Arbeiten von SCHILLER und VICTOR HUGO.

darbot". Er beschränkte sich indessen nicht auf eine blosse Nachahmung, sondern fügte selbst einige wertvolle Beobachtungen hinzu, von welchen besonders eine die Tragweite der Entdeckung auf ein Gebiet übertrug, das DAVY selbst vergebens zu betreten versucht hatte.

Zuerst beeilte er sich, vor dem schwedischen Publikum über die Arbeit DAVY's zu referieren[1]). Nachdem er nicht nur darüber sondern auch über die gleichartigen Versuche von SYLVESTER und OAKES[2]) berichtet hat, führt er an: „Es wäre auch nicht ausgeblieben, diese beinahe ans wunderbare grenzende Entdeckung von schwedischen Naturforschern bestätigt zu sehen; indes hat das nicht so gründlich, wie zu wünschen gewesen wäre, geschehen können, weil sie einen grösseren Apparat erfordert, als sich in privaten Händen befindet[3]) ..... Die Ähnlichkeit der Alkalien mit den alkalischen Erden lässt mit Bestimmtheit voraussetzen, dass auch letztere eine solche metallische Basis enthalten, vielleicht von gleicher oder grösserer Brennbarkeit und von grösserem specifischem Gewicht. Die völlige Analogie in ihrem Verhalten führt uns zu demselben Schlusse hinsichtlich der Zusammensetzung der übrigen Erden. Da nun die ähnliche Beschaffenheit der eigentlichen Erden und der Metalloxyde auch den gleichen Schluss in Bezug auf die letzteren zulässt und die Erfahrung mehrerer Jahrhunderte uns dessen Richtigkeit lehrt, so haben wir schon den Anfang und das Ende dieser Gedankenkette bewiesen, und es wird stets dem Genie des unsterblichen LAVOISIER zur Ehre gereichen, sich zu derselben Erkenntnis durchgearbeitet zu haben, wenn auch durch einen Schluss in umgekehrter Richtung"[4]). Im Übrigen hat die verhängnisvolle Angabe DAVY's betreffs des vermeintlichen Sauerstoffgehaltes des Ammoniaks BERZELIUS

---

[1]) Nach NICHOLSON's Journal 1808 No. 81. Dieses Referat, das unter dem Titel „Alkaliernas decomposition" im VI. Bande der ökonomischen Annalen (Kongl. Vetenskaps Akademiens Economiska Annaler) April 1808 S. 114 gedruckt wurde, ist zwar anonym, jedoch in BERZELIUS' eigenhändigem Verzeichnis über seine im Druck erschienenen Schriften als von ihm „in Gemeinschaft mit M. PONTIN" verfasst aufgeführt.

[2]) NICHOLSON's Journal 1808, 156.

[3]) Economiska Annaler VI. April 1808. 118.

[4]) Ebenda S. 120.

hier zu einigen Reflexionen über die zusammengesetzte Natur der Alkalimetalle verleitet, die uns sonderbar vorkommen und die mehr Berechtigung gehabt hätten, falls deren Ausgangspunkt richtig gewesen wäre. Die vorerwähnte Angabe musste ihm aber um so glaubwürdiger erscheinen, als sie von quantitativen Daten begleitet war; der Sauerstoffgehalt des Ammoniaks wird nämlich von Davy, wenn auch auf Grund indirekter Versuche, auf 20 Prozent angegeben. Berzelius zieht nun daraus den Schluss, dass der von Davy bei der Zerlegung eines Alkalis erhaltene metallische Körper, die sog. Kali- bezw. Natronbasis, in analoger Weise wie Ammoniak zusammengesetzt sei [1]).

In der That dauerte es nicht weniger als zwölf Jahre, bevor sich Berzelius von der Auffassung über den Sauerstoffgehalt des Ammoniaks vollständig frei machte, die er hier — aus welcher Ursache haben wir gesehen — zum ersten Mal ausspricht.

Schon einen Monat nach dem Erscheinen des Referates über Davy's Arbeit zeigte es sich, dass die darin angedeuteten Ideen zu einer neuen Experimentaluntersuchung Anlass gegeben hatten, welche gleichsam als Fortsetzung der vorhergehenden Schrift ebenfalls in den ökonomischen Annalen (Mai- und Juniheften 1808) veröffentlicht wurde [2]). Da Berzelius und Pontin

---

[1]) „Wir wissen aus den Entdeckungen unseres unvergesslichen Landsmannes Scheele, dass Ammoniak (flüchtiges Alkali) aus Wasserstoff und Stickstoff besteht und wir haben nun aus Davy's Versuchen ersehen, dass es auch Sauerstoff enthält. Die Gleichartigkeit des flüchtigen und des feuerfesten Alkalis ist so gross, dass auch ihre Bestandteile gleichartig sein müssen und die Analogie wird hier beinahe zum Beweis. Es ist somit ziemlich entschieden, dass der metallische Körper, der sich in Davy's Versuchen durch die Elektricität von seinem Sauerstoff trennte, und der, wieder oxydiert, feuerfestes Alkali wurde, aus gleichartigen oder gar aus denselben Bestandteilen wie Ammoniak zusammengesetzt sein muss, jedoch vielleicht mit einem weiteren, dessen Verwandtschaft die übrigen zusammenhält, nachdem der Sauerstoff sie verlassen hat." Economiska Annaler VI. April 1808. 119.

[2]) Unter dem Titel: „Versuche mit der Zersetzung der Alkalien und Erden." Econ. Annal. VI. Mai 1808. 110—130; Juni 1808. 113—118.

Diese Untersuchung scheint in neuerer Zeit beinahe in Vergessenheit geraten zu sein. So wird in Ostwald's ausführlicher Specialarbeit über die Geschichte der Elektrochemie an zwei besonderen Stellen ausdrücklich

bei weitem nicht so starke Säulen zu Gebote standen wie Davy, führte ihr erster Versuch, die „Kalibasis" auszuscheiden, nicht zu dem gewünschten Resultat. Sie wussten sich indessen mit einem Kunstgriff zu helfen, indem sie metallisches Quecksilber als negativen Pol benutzten und auf diese Weise ohne jede Schwierigkeit Kaliumamalgam erhielten: durch die Analyse desselben suchten sie die quantitative Zusammensetzung des Kalis zu ergründen und kamen hierbei zu Zahlen, die von denjenigen Davy's nicht unwesentlich abwichen [1]). Sie gingen darauf unmittelbar zu den Versuchen über, die den Kernpunkt der Untersuchung ausmachen, nämlich zur Zersetzung der alkalischen Erden.

Diese Aufgabe zu lösen hatte auch Davy sich bemüht, obwohl ohne Erfolg; er bemerkt nur, dass seine Versuche mit Strontian und Baryt als Produkt Sauerstoffgas ergeben haben[2]), ohne sich über die Basis der Erden auszusprechen, wodurch, wie Berzelius bemerkt, „Zweifel entstanden, ob der Sauerstoff nicht möglicherweise von dem Wasser, mit dem die zu zersetzenden Substanzen befeuchtet wurden, herrührte." Mit Hilfe der Amalgamierungsmethode gelang es nun Berzelius und Pontin, trotz ihrer weniger geeigneten Apparate, sowohl Kalk als Baryt zu zersetzen, und in unzweifelhafter Weise darzulegen, dass das Quecksilber bis dahin unbekannte Stoffe metallischer Natur in sich aufgenommen habe. „Sonach war

---

betont, dass Berzelius nach seiner mit Hisinger gemeinschaftlich ausgeführten Arbeit „sich nie wieder experimentell mit elektrochemischen Fragen beschäftigte." Elektrochemie S. 322 und 347. Dagegen hat H. Kopp auch der Berzelius-Pontin'schen Untersuchungen Erwähnung gethan und ihre Unabhängigkeit von denjenigen Seebeck's betont. Die Entwickelung der Chemie etc. 456, 457. Geschichte der Chemie IV. 46.

[1]) Davy hatte 85 pCt. Metall und 15 pCt Sauerstoff gefunden; Berzelius und Pontin fanden 80.75 bezw. 19.25 pCt. Nun wissen wir, dass in Wirklichkeit die Werte in der Mitte dieser Angaben liegen, jedoch etwas näher den Davy'schen als den Berzelius'schen, was um so weniger Wunder nehmen kann, als das von Berzelius und Pontin analysierte Amalgam nur 0,02 gr Kalium enthielt, weshalb sie das Resultat ihrer Analyse nur unter Vorbehalt anführen und versprechen, später einmal darauf zurückzukommen.

[2]) „On examining Strontia and Barytes, oxygen was educed from both of them." Nicholson's Journ. Jan. 1808. 79.

4*

es uns gelungen, diese Erde (den Kalk) zu zerteilen, die einen
so bedeutenden Teil der festen Masse unserer Erde ausmacht,
und wir hatten daraus eine kleine Quantität eines metallartigen
Körpers gewonnen, der vielleicht niemals früher in metallischer
Form und frei von Sauerstoff vorgekommen war." Die Vor-
hersagungen waren somit endlich in Erfüllung gegangen, welche,
besonders hinsichtlich des Baryts, schon zwanzig Jahre vorher
von mehreren Forschern, wie BERGMAN[1]), LAVOISIER[2]) und
PELLÉTIER[3]) ausgesprochen worden waren.

Ungefähr gleichzeitig mit BERZELIUS und unabhängig von
ihm hatte auch T. J. SEEBECK ähnliche Beobachtungen gemacht. Seine Entdeckung, die im März 1808 veröffentlicht
wurde[4]), scheint erst etwas später zur Kenntnis BERZELIUS' gekommen zu sein. SEEBECK hatte indessen die Frage offen gelassen, inwieweit die Erscheinungen, durch welche die erwähnten
Metalle ihr Vorhandensein im Quecksilber zu erkennen gaben,
auf der Verunreinigung der Erden mit Alkalien beruhen könnten.

Jedenfalls war es BERZELIUS' Beobachtung, die der erste
Schritt und die unmittelbare Veranlassung zur Herstellung der
alkalischen Erdmetalle in reinem Zustand werden sollte. BER-
ZELIUS benachrichtigte nämlich HUMPHRY DAVY schriftlich von
seinen Versuchen, worauf dieser seinerseits dieselben wiederholte und noch weiter ging, indem er aus den erhaltenen
Amalgamen die metallischen Grundstoffe isolierte. In seiner
Antwort giebt er ausdrücklich zu, dass die Reduktion der fraglichen Metalle ihm bis zur Ankunft des BERZELIUS'schen Briefes
nicht gelungen sei[5]). Diese Episode bildet eines der vielen

---

[1]) „Ponderosa ob magnam gravitatem specificam singularem meretur
attentionem et in suspicionem originis metallicae facile incurrit. Accedunt
alia argumenta. ...... Itaque licet ponderosa calci metallicae videatur
valde adfinis, interim tamen, quamdiu reductionem respuit, ejusdem me-
tallica indoles nondum perfecte demonstrata est, et interea inter terras
collocari debet." Opuscula Phys. et Chemica IV. 212.

[2]) Traité élémentaire, 2de Ed. T I, 174.

[3]) Nach der Darstellung von DOLOMIEU, Journal de la Société de
Pharmacie de Paris. An. I. No. XI. 112.

[4]) KOPP. Geschichte der Chemie IV, 45; GEHLEN's Journal V. 482
(1808).

[5]) Siehe Beilage II.

Beispiele für die wissenschaftliche Wechselwirkung, die während einer Reihe von Jahren zwischen diesen beiden Forschern stattfand.

Wirkte die Entdeckung der Erdmetalle nach der Reduktion der Alkalien auch nicht mehr so überraschend, so war das um so mehr bei einer anderen Erscheinung der Fall, die BERZELIUS und PONTIN unmittelbar darauf beobachteten, und welche sie selber in das grösste Erstaunen setzte. Es war die Entstehung von Ammoniumamalgam bei der Elektrolyse von Ammoniak mit Quecksilber als Kathode. Bezeichnend sind die Worte, mit denen der Bericht über diese Entdeckung eingeleitet wird: „wenn wir anführen, dass ein Metall unter unseren Augen in einer Flüssigkeit entstand, deren Bestandteile uns völlig bekannt und ihrem Mengenverhältnis nach beinahe bestimmt sind, so erzählen wir ein Mirakel, dem viele unserer Leser vielleicht misstrauen werden. Wir selbst trauten anfänglich kaum unseren Sinnen, bis die Versuche auf verschiedene Art gehörig wiederholt, schliesslich jeden Zweifel ausschlossen"[1]. Es war ganz natürlich, dass BERZELIUS diese Erscheinung anfänglich als einen Reduktionsprozess auffasste; er wurde dazu teils durch die vermutete Analogie des Ammoniaks mit den feuerfesten Alkalien, teils durch die obenerwähnte Behauptung DAVY's veranlasst. Er stellte in der Folge eine Anzahl Versuche an, um für seine Vermutung einen experimentellen Beweis zu erbringen, und glaubte endlich auch einen solchen gefunden zu haben, als er beobachtete, dass bei der Anode das Quecksilber mit einem Überzug von schwarzem Oxydul belegt wurde, während gleichzeitig bei der Kathode ohne Wasserstoffentwickelung ein Amalgam entstand[2].

Allein diese Phase der Geschichte des Ammoniakproblems wird zweckmässiger in einem andern Zusammenhange behandelt werden. Hier sei nur als interessanter Punkt die Neigung zum Verallgemeinern hervorgehoben, das Streben, unter einem gemeinsamen Gesichtspunkt die grösstmögliche Anzahl von Erscheinungen zusammenzufassen, Eigenschaften die schon in

---

[1] Economiska Annaler VI. Mai 1808, 122.
[2] Ebenda, Juni 1808, 116.

diesem Produkt des künftigen Systematikers deutlich hervortreten. Wie echt Berzelianisch klingt nicht ein Satz wie folgender: „die Entdeckung der Analogie des Ammoniaks und der
Metalle hat, wie uns scheinen will, die Entdeckung der metallischen Natur der feuerfesten Alkalien zu einer besonders
schönen gemacht. Sie hat gezeigt, dass die ganze Reihe der
Salzbasen, nämlich Alkalien, Erden und Metalloxyde, ohne Ausnahme zusammengesetzt sind und aus Sauerstoff in Verbindung
mit einem Körper bestehen, der sich durch seinen metallischen
Charakter auszeichnet, im übrigen von ganz verschiedenem
specifischen Gewicht sein kann: vom Platin bis zum Ammoniakmetall, welch letzteres sicher das leichteste aller Metalle
ist"[1]). Die Analogie wird sogar in umgekehrter Richtung
ausgedehnt, indem die Ideen über die zusammengesetzte Natur
der Metalle, die schon in dem einleitenden Bericht über die
Entdeckung Davy's angedeutet sind, hier weiter entwickelt
werden. Und selbst wenn die Erfahrung diese Gedanken bisher
nicht bestätigt haben sollte: wer wollte es wagen, mit Bestimmtheit die Möglichkeit zu bestreiten, dass Berzelius eines Tages
in dieser Hinsicht dennoch Recht behält?

Im dritten Aufsatze über „die Zersetzung der Alkalien
und Erden", der hauptsächlich der Diskussion der Ammoniak-
frage gewidmet ist, werden, mehr nebenbei, Versuche erwähnt,
die — wenngleich erfolglos — in der Absicht angestellt worden
sind, „die eigentlichen Erden" — wie Thonerde, Yttererde und
Kieselerde — elektrolytisch zu zerlegen. Ebendaselbst stellt
Berzelius auch eine Fortsetzung der Untersuchung in Aus-
sicht, die im nächsten Hefte der Annalen erscheinen soll. Sie
ist indessen hier überhaupt ausgeblieben[2]). Als Ursache hierfür lässt sich annehmen, dass entweder Seebeck's Unter-

---

[1]) Economiska Annaler VI, Mai 1808, 128, 129.

[2]) Gewissermassen als Fortsetzung der eben erwähnten Arbeiten bezeichnet Berzelius selbst den zwölften Abschnitt seiner zwei Jahre später
(1810) erschienenen Schrift über die Zusammensetzung der anorganischen
Körper (Afhandlingar i Fysik, Kemi etc. III, 229), der eine Darlegung
seiner Versuche, die quantitative Zusammensetzung des Kalis näher zu
ermitteln, enthält. Diese schliessen sich seinen übrigen Untersuchungen
über die bestimmten Proportionen eng an und sollen deshalb auch hier
in diesem Zusammenhange erörtert werden. Siehe unten.

suchungen, die sich zum Teil mit seinen eigenen deckten, inzwischen zu BERZELIUS' Kenntnis gelangt waren, oder dass
einfach die grossen Aufgaben auf anderen Gebieten, denen er
sich gerade um diese Zeit zu widmen anfing, seine Aufmerksamkeit immer mehr in Anspruch nahmen. So wurde dies
jedenfalls die letzte seiner speciell elektrochemischen Arbeiten [1].

Vorher hatte er indessen zwei kleinere Aufsätze veröffentlicht, welche beide ein zweites Problem behandelten, und zwar
eines jener, die durch die Entdeckungen GALVANI's und VOLTA's
an der Tagesordnung waren, nämlich die Frage über die Entstehung der galvanischen Elektricität und besonders ihren Zusammenhang mit den chemischen Prozessen, die in der Säule
vor sich gehen. Diese Aufsätze sind: „Elektroskopische
Versuche mit farbigem Papier" [2] und „Die Theorie
der elektrischen Säule" [3].

Beide enthalten eine nähere, teilweise auf neue Experimente gestützte Entwickelung der Ansichten, die bereits in der
Abhandlung über den Galvanismus angedeutet worden sind,
und beide haben die Aufgabe, wenn auch nicht die Unrichtig-
keit, so doch wenigstens die Unzulänglichkeit der VOLTA'schen
Theorie zu beweisen, nach welcher die Elektricität „nur von
dem Kontakt der Metalle herrührt, und die sie begleitenden
chemischen Erscheinungen z. B. die Oxydation u. a. m. die
Folge, nicht aber die Ursache derselben sind" [4].

Die erstgenannte Untersuchung ist auf die bereits früh
erkannte Thatsache gegründet," dass die Elektricität in Übereinstimmung mit Säuren und Alkalien die Farbe gewisser
Pflanzenstoffe verändert." Aus diesem Anlass kam BERZELIUS
auf den Gedanken, verschiedenartige Reagenzpapiere „als
elektroskopische Stoffe" anzuwenden. Anfangs wurden die
Papiere in feuchtem Zustand oberhalb der Platten von Zink

---

[1] Eine Untersuchung rein physikalischen Inhalts ist die im Jahre
1820 veröffentlichte: „Über den magnetischen Zustand der Körper,
welche die Elektricität entladen."

[2] Afhandlingar i Fysik etc. I, 50 (1806).

[3] Ebenda II, 14 (1807). Deutsch in GEHLEN's Journal für die Chemie
und Physik, III, 177 (1807).

[4] Afhandlingar i Fysik etc. I, 51.

und Kupfer angebracht, die in keinerlei Kontakt, noch leitender Verbindung mit einander standen. Es zeigte sich dann, dass die Indikatoren (Rhabarber, Rotholz, Rotkohl, Lackmus u. s. w.) auf der Zinkscheibe für Säure, auf der Kupferscheibe für Base Ausschlag gaben. Er folgert daraus, dass die Oxydation des Zinks in der Luft immer von freigebliebener positiver, dagegen die des Kupfers von negativer Elektricität begleitet ist und dass demnach die gegenseitige Berührung der Metalle nicht die Ursache der Elektricitätsentwickelung sei. Gegenüber der Einwendung, dass die Farbenveränderung eine Folge der Einwirkung der neugebildeten Oxyde auf den Farbstoff sein könne, erinnert er daran, dass die fraglichen Metalloxyde, der Erfahrung gemäss, die Pflanzenfarben unverändert lassen, und „dass übrigens das Zinkoxyd, dessen Verwandtschaft mit Säuren sogar grösser sei als die gewisser Erden, durch diese Eigenschaft sich der Natur eines Alkali mehr nähert als das Kupferoxyd und demnach auf Pflanzenfarben eher eine umgekehrte Reaction ausüben sollte"[1]).

In einer Reihe weiterer Versuche wurde mit Indikatoren gefärbtes Papier zwischen Platten aus verschiedenen Metallen gelegt, so dass z. B. eine Säule folgender Zusammensetzung entstand: Zink, Lackmus, weisses Papier, Rhabarber, Kupfer. Das Lackmus wurde dann rot gefärbt, der Rhabarber braun und der Farbenwechsel war ebenso stark an den beiden Aussenscheiben wie im Innern der Säule. Auch diese Beobachtung wird als Argument gegen VOLTA's Theorie angeführt, nach welcher die beiden äusseren Paare, die an der Elektricitätserregung nicht teilnehmen, keine andere elektrische Ladung haben sollten als die, welche sie als Leiter der Elektricität bekämen, „und dennoch waren hier alle Zeichen für entwickelte Elektricität in ihnen ebenso bemerkbar wie im Innern, wo Zink und Kupfer einander berührten"[2]). Kurz und gut, aus diesen Experimenten, „in Verbindung mit denjenigen DAVY's und anderer" wird die Annahme hergeleitet, dass der Oxydationsprozess die Hauptursache der elektrischen Ladung der Säule sei.

---

[1]) Afhandlingar i Fysik etc. I. 53.
[2]) Ebenda, S. 55.

In dem zweiten der in Frage kommenden Aufsätze, über die Theorie der elektrischen Säule, giebt Berzelius eine mehr detaillierte Erklärung dafür, wie man sich nach seiner Auffassung den Verlauf zu denken hat nicht allein bei der Entstehung der Elektricität in der Säule selbst, sondern auch bei dem Gang des Stromes durch einen Elektrolyt und bei den Erscheinungen, die sich als Folge davon ergeben.

Die Elektricität wird als eine Materie (electricum) aufgefasst. Durch „die Oxydation, welche die Auflösung der Metalle begleitet", wird diese elektrische Materie in zwei „Bestandteile" zerlegt und zwar in positive und negative Elektricität. Die elektrischen Erscheinungen entstehen durch die Verteilung der elektrischen Materie in der oxydierenden Flüssigkeit, und ohne die Möglichkeit einer solchen Teilung kann der Oxydationsprozess keine elektrischen Erscheinungen hervorbringen. Nachdem auf diese Verhältnisse hingewiesen ist, wird als Zweck der Abhandlung angegeben, zu beweisen, dass die Verteilung der Elektricität in der Säule „denselben Gesetzen unterworfen ist, wie wir sie früher für die Verteilung derselben in Nichtleitern kennen gelernt haben."

Berzelius geht hierbei von dem Falle aus, dass zwei Metallplatten G und F, erstere aus Zink, letztere aus Silber, in eine schwache Säure getaucht sind. Durch die Oxydierung und Auflösung des Zinkes wird das Gleichgewicht zwischen den Bestandteilen der elektrischen Materie verrückt; die negative Elektricität sammelt sich auf derjenigen Seite der Flüssigkeit, „die das Metall oxydiert"; die positive Elektricität hingegen, die davon vertrieben wird, sammelt sich um den ersten Leiter, den sie trifft, (die Silberscheibe F) und wird dort durch eine Verteilung der elektrischen Materie des Leiters festgehalten, so dass das Wasser zwischen G und F durch die auf G stattfindende Oxydation eine Art elektrischer Polarität erhält. Wäre hingegen die Scheibe F Zink oder ebenso oxydierbar wie Zink, dann würde sie der Elektricitätsverteilung auf dieser Seite mit derselben Kraft entgegenwirken, mit der die Scheibe G jene zu Wege zu bringen suchte, wodurch positive und negative Elektricität zwischen beiden ihr Gleichgewicht behalten müssten. Ist F löslich, jedoch weniger leichtlöslich als das Zink G, so entsteht durch die reichlichere Oxydation des letzteren eine elektrische Verteilung, die um so grösser ist, je oxydierbarer die Scheibe G als die Scheibe F. Zink, „das oxydierbarste der Metalle"[1]) passt daher zur Vertretung der Scheibe G am besten, während Platin und Gold als die am wenigsten oxydierbaren sich zur Vertretung der Scheibe F eignen. Nach diesen kommen dann die übrigen Metalle je nach ihrer zunehmenden Affinität zum Sauerstoff z. B. Silber, Quecksilber, Kupfer u. s. w.

Man kann vielleicht hier auf eine Beeinflussung von Seiten J. W. Ritter's schliessen, welcher neun Jahre vorher auf die Übereinstimmung hinwies zwischen Volta's Spannungsreihe der Metalle und der Reihe ihrer Oxydierbarkeit oder mit anderen Worten der Reihe, in welcher dieselben einander aus Salzlösungen fällen[2]). Dass Berzelius mit Eifer sich dieser Entdeckung bedient, kann um so weniger Wunder nehmen, als dieselbe vollständig mit seiner eigenen Auffassung harmoniert, wonach dem Sauerstoff eine alles beherrschende und klassifizierende Rolle bei allen Erscheinungen zukommt, wo chemische Prozesse wirksam sind.

Im folgenden stellt er einen Vergleich an zwischen einem Elektrophor einerseits und einem „galvanischen Paare": Zink, Flüssigkeit, Silber andrerseits. Das Flüssigkeitslager entspricht dem Harzkuchen, denn durch die Oxydierung auf der Zinkseite nimmt es negative Elektricität an, ebenso wie der Elektrophor, wenn er gerieben wird, und infolgedessen positive Elektricität auf der entgegengesetzten Seite. Die Zinkplatte entspricht dem Deckel des Elektrophors, die Silberplatte hingegen dem Teller. Der Unterschied zwischen dem Elektrophor und dem galvanischen Paare besteht darin, dass in dem letzteren das Gleichgewicht beständig aufgehoben wird, selbst wenn die beiden Metallplatten durch einen Leiter, z. B. einen Metalldraht, verbunden werden[3]). Diese Auffassung des Verlaufes innerhalb

---

[1]) Es sei daran erinnert, dass die Alkalimetalle um diesen Zeitpunkt ebenso wenig bekannt waren wie die Radikale der alkalischen Erden.

[2]) Beweis, dass ein beständiger Galvanismus den Lebensprozess im Tierreich begleite (1798).

[3]) „Während im Elektrophor nach einer solchen Verbindung zwischen dem Deckel und dem Teller alle Erscheinungen von elektrischer Verteilung verschwinden, findet man sie hier (im galvanischen Paare) vermehrt.

eines einzelnen galvanischen Paares dehnt er nachher auf die
Zusammenstellung mehrerer solcher d. h. auf die elektrische
Säule aus, wobei er die leitende Rolle des Sauerstoffs immer
im Auge behält, wie z. B. aus seiner Äusserung hervorgeht, die
„Kapacität der Ladungs-Intensität" müsse in verschiedenen
Flüssigkeiten verschieden sein je nach der Menge von Sauerstoff, die sie in jedem Augenblicke dem Metalle abgiebt, d. h.
je nach dem Grade der Oxydierung und müsse zu diesem
stets in einem direkten Verhältnis stehen.

Vom chemischen Gesichtspunkt aus dürfte von besonderem
Interesse sein was über die zersetzenden Eigenschaften des
Stromes angeführt wird. Die Ansichten, welche schon in der
Abhandlung über den Galvanismus ausgesprochen sind, werden
hier näher entwickelt. Wenn der Strom durch eine Flüssigkeit geleitet wird, verteilt sich, wie oben angegeben, die Elektricität in derselben. Die negative Elektricität sammelt sich
fortwährend um den positiven Poldraht und sättigt dort die
positive Elektricität, welche von der Säule unaufhörlich zu-
strömt, und auf dieselbe Weise sammelt sich die positive
Elektricität um den negativen Draht und sättigt dessen Elek-

Das kommt daher, dass der beständig fortdauernde Oxydationsprozess . . . . .
unaufhörlich die + E und die — E der Flüssigkeit von einander fernhält,
so dass in dieser eine beständig fortfahrende Elektricitäts-Verteilung und
in den Metallen, durch den Draht, eine beständig fortfahrende Wieder-
herstellung des Gleichgewichts stattfindet. Im Elektrophor kann dieses
Ausladen nicht geschehen, denn der Harzkuchen behält kraft seiner Natur
als Nichtleiter die elektrische Verteilung, die er einmal bekommen hat.
bei. . . . . . . Hiernach sieht man auch ein, dass die so sehr umstrittene
Konstruktion des galvanischen Paares: Zink, Flüssigkeit, Silber ist. Nachdem was ich hier angeführt, wird man auch finden, dass, wenn der Silber-
belag oder das, was an dessen Stelle tritt, von einem galvanischen Paare
weggenommen wird, so büsst die Flüssigkeit die Fähigkeit der elektrischen
Verteilung zum grössten Teil ein, genau aus demselben Grunde, aus
welchem ein Elektrophor ohne Teller durch die Reibung nur einen ziemlich unbedeutenden Grad von elektrischer Verteilung erhält. Eine Be-
dingung für eine merkbare elektrische Verteilung in einer Flüssigkeit oder
in einem nassen Körper ist demnach auch die, dass dieser an zwei verschiedenen Seiten von einem Leiter berührt wird. . . . . Die Metalle
in dem galvanischen Paare vertreten somit die Stelle des Belags auf dem
Elektrophor, wobei die Oxydation des einen die Arbeit der Reibung auf
dem Harzkuchen verrichtet." Afhandlingar i Fysik etc. II. 18—21.

tricität. Dadurch entsteht eine beständig fortdauernde Entladung in der Säule, „in derselben Weise wie man es sich in einer Säule denken könnte, deren Paare in einem geschlossenen Ring zusammengestellt sind. . . . . . Hierbei stellt sich gleichzeitig eine vorher ganz unbekannte chemische Erscheinung ein. Das Electricum wird nämlich nicht allein geteilt, sondern die Bestandteile der Flüssigkeit gelangen in einen Verteilungszustand, wobei die chemische Verwandtschaft der meisten aufgelösten Stoffe überwunden wird: bestimmte Klassen von Körpern folgen jede ihrer Elektricität zum entgegengesetzten Draht, wo sie sich, da ihre Elektricität gesättigt wird, je nach ihrer verschiedenen Löslichkeit in der Flüssigkeit aufgelöst um den Draht sammeln, krystallisieren, niedergeschlagen werden oder in Gas aufgehen. Brennbare Körper, Alkalien und Erden folgen der positiven Elektricität zu dem negativen Draht und Sauerstoff, Säuren und oxydierte Körper der negativen Elektricität zum positiven Draht. . . . . . Demnach ist es die negative Elektricität, welche oxydiert und in Säure verwandelt, und die positive Elektricität, welche reduciert und Alkali bildet: gerade das Gegenteil unserer bisherigen Annahme" [1]). Die Theorie von den Wirkungen des Stromes, die GROTTHUSS kurz vorher (1805) aufgestellt [2]), scheint, wie aus obigem hervorgeht, damals BERZELIUS noch nicht bekannt gewesen zu sein. — Es verdient erwähnt zu werden, dass DE LA RIVE mehr als 20 Jahre später zu einer gleichen Auffassung über den Verlauf der Elektrolyse gekommen ist und dieselbe in Ausdrücke gekleidet hat, die beinahe wörtlich mit denjenigen von BERZELIUS übereinstimmen, obwohl dessen in schwedischer Sprache abgefasste Abhandlung ersterem zweifellos unbekannt war [3]).

---

[1]) Alhandlingar i Fysik etc. II. 28. 29. Vgl. J. W. RITTER, GILBERT'S Annalen 9. 1 (1801).

[2]) Mémoire sur la décomposition de l'eau etc. Annales de Chimie 53, 54 (1806). Die Original-Abhandlung ist in Rom 1805 erschienen.

[3]) Annales de Chimie et de physique 28. 201 (1825): „Ces deux courants élémentaires, doués chacun d'une affinité très-énergique pour les molécules de nature différente et opposée, s'établissent dès que les deux poles de la pile plongent dans un liquide conducteur. Le courant qui sort du pole + attaque la molécule contiguë, s'empare de son hydrogène si c'est de l'eau, de sa base si c'est un sel, et laisse l'oxigène et l'acide, qui

Nachdem BERZELIUS noch die Theorie von RITTER's Ladungssäule weiter entwickelt hat, fasst er das Resultat seiner Arbeit folgendermassen zusammen: „Von allem was ich bis jetzt zur Erklärung der elektrischen Erscheinung in der Säule angeführt habe, wird höchstens der Teil Widerspruch finden können, welcher von der Ursache der Elektricitätserregung handelt, und man wird mir die Theorie des berühmten VOLTA entgegenstellen, die sich gerade in diesem Punkte so wesentlich von der meinigen unterscheidet. VOLTA sagt nämlich: in den Metallen geht die Trennung der Elektricität vor sich und in der Flüssigkeit wird das Gleichgewicht wiederhergestellt. Ich hingegen habe zu beweisen versucht, dass die Elektricität sich in der Flüssigkeit zerteilt und durch die Metalle wieder hergestellt wird. . . . . . Ich will hier etwas hinzufügen. Baue eine Säule in folgender Weise: Zink, Pappe in einer gekochten und eben gesättigten Lösung von salzsaurem Zink getaucht, Pappe in Salpetersäure von demselben specifischen Gewicht wie die Zinklösung getaucht, Kupfer, Zink u. s. w. Beide Pappscheiben die hier in vollem Kontakt liegen, bilden demnach nur eine Schicht von Flüssigkeit, und diese Säule ist entsprechend der Theorie VOLTA's, einer gewöhnlichen gleichgestellt: nur der Kupferpol ist hier — Pol und der Zinkpol + Pol, weil die dem Kupfer zugekehrte Seite der Flüssigkeit das Metall oxydiert und — Elektricität entwickelt, die Zinkseite dagegen, wo das Metall unversehrt bleibt, + Elektricität erhält. Das beweist, dass die Oxydation allein, nicht die Metalle, die Polarität der Säule bestimmt, und wenn die Anhänger VOLTA's diese Erscheinung durch die Verteilung der Elektricität zwischen einem Metall und einer der beiden Flüssigkeiten erklären, so gilt nach dieser Erklärung ein Leiter zweiter Klasse mehr als ein solcher erster Klasse, was mit den Forderungen dieser Theorie in Widerspruch steht"[1]). Das Argument, welches BERZELIUS hier an-

---

alors se dégagent. Tendant avec une certaine force d'impulsion au pole —, ce courant transporte avec lui, à travers le conducteur humide, les molécules avec lesquelles il est uni; mais ne pouvant les transporter à travers un conducteur sec, comme le métal, il les abandonne en entrant dans le pol +" etc.

[1]) Afhandlingar i Fysik etc. II. 33. Vgl. DAVY's Versuche mit Säulen,

führt, dass nämlich dieselben zwei Metalle Säulen mit umge-
kehrten Polen geben können, je nach der Art der angewandten
Flüssigkeit, wurde weit später von DE LA RIVE bei seinem
Angriff auf die Kontakttheorie aufgenommen [1]).

Um nun zuletzt in recht frappanter Weise die Rolle der
chemischen Prozesse und vor allem der Oxydierung in der
Säule klar darzulegen, weist BERZELIUS auf die wesentlich veränderten Verhältnisse hin, welche eintreten, sobald die Säule
mit einer Atmosphäre von einem indifferenten Gas umgeben
wird, z. B. wenn man sie unter eine mit reinem Wasserstoff
oder Stickstoff gefüllte Glocke stellt [2]). Die Thatsache, dass
die Thätigkeit der Säule hierbei nach einer Weile aufhört, benutzt er als kräftige Stütze zu Gunsten seiner Auffassung.

Wie man sieht, hat BERZELIUS hier in klarer und be-
stimmter Weise seinen Standpunkt in einer der brennendsten
wissenschaftlichen Fragen der damaligen Zeit präcisiert und
hierin liegt vielleicht das grösste Interesse der Abhandlung.
Die Ansicht, zu deren Vertreter er sich macht, ist nunmehr
die rein chemische Theorie der elektrischen Säule: seine anfangs zurückhaltende und etwas unsichere Opposition gegen
die Kontakttheorie hat mit den Jahren an Bestimmtheit gewonnen. Jetzt tritt er als erklärter Gegner der VOLTA'schen
Theorie auf. Dies ist um so bemerkenswerter, als sich DAVY
damals derselben zugeneigt hatte. Denn schon in seiner berühmten Abhandlung von 1807 [3]) ging dieser, offenbar von der
mehr und mehr wachsenden Autorität VOLTA's beeinflusst, offen
zur Kontakttheorie über. Übrigens hatte sich DAVY auch zu
der Zeit, als sein Anschluss an die chemische Theorie noch
zweifellos war, in dieser Frage stets sehr vorsichtig, man kann
sagen reserviert ausgedrückt [4]).

aus einem Metalle und zwei Flüssigkeiten erbaut. NICHOLSON's Journal
5. 341 (1801).

[1]) Annales de chimie et de physique 37. 229 (1828). Vgl. PFAFF's
Untersuchungen, GEHLEN's Journal V, 82 (1808).

[2]) Dass die Säule im luftleeren Raume zu Wirken aufhört, ist schon
früher von HALDANE gezeigt worden. NICHOLSON's Journal 4. 242. 313 (1800).

[3]) Philosophical Transactions 1807. 1. Vgl. OSTWALD. Elektrochemie
S. 323.

[4]) Siehe z. B. NICHOLSON's Journal 4, 326 u. f. (1800).

So wie BERZELIUS seiner Ansicht bestimmteren Ausdruck
verlieh, so hielt er auch länger als andere an derselben fest.
Die Stimmen — ausser DAVY — welche sich unter den englischen Chemikern zu Gunsten der chemischen Auffassungsweise
erhoben hatten [1]), waren bald genug verstummt, und RITTER's
Neigung wendete sich immer mehr von der exakten wissenschaftlichen Forschung ab, der magischen Naturphilosophie zu
(die bekannten Experimente mit der Wünschelrute [2]) fallen
gerade ins Jahr 1807). Als BERZELIUS seine „Theorie von der
elektrischen Säule" veröffentlichte, stand er somit schon ziemlich isoliert da. Die Theorie VOLTA's, die im Metallkontakt
die einzige und hinreichende Ursache für die elektromotorische
Thätigkeit der Säule erblickte, war jetzt so gut wie allgemein
anerkannt und die experimentellen Beweise, die man zur Bestätigung derselben anführte, wurden ohne Widerrede hinge-
nommen. Auch hatte die BERZELIUS'sche Theorie noch keine
hinreichenden Voraussetzungen, um wirklich auf Erfolg rechnen
zu können. BERZELIUS selbst ist dazu ohne Zweifel mehr durch
Intuition als durch eine klare Auffassung des faktischen Kausal-
zusammenhanges zwischen den chemischen und galvanischen Erscheinungen gekommen. Sein wissenschaftlicher Instinkt sagte
ihm, dass es einen solchen Zusammenhang geben müsse; für
diesen Zusammenhang zwingende Beweise zu erbringen und
dessen inneres Wesen zu erforschen, dazu aber war die Zeit
noch nicht reif genug. Das Energieprinzip, obwohl von einigen
Forschern dunkel geahnt, war noch nirgends zu vollem Verständnis gelangt. Daher erregte es nirgends Anstoss, als VOLTA
und seine Anhänger siegesgewiss den ewigen Kreislauf des elektrischen Stromes durch die Säule proklamierten [3]), eine Auffassung, die ganz folgerichtig zu den bekannten Versuchen
ZAMBONI's führte, ein elektrisches Perpetuum mobile zu kon-
struieren [4]). Noch weniger konnte davon die Rede sein, den

---

[1]) z. B. NICHOLSON, CARLISLE, HALDANE, WOLLASTON (GILBERT's Annalen 11, 104, 1802) u. a. m.

[2]) OSTWALD, Elektrochemie S. 236.

[3]) Siehe VOLTA's Brief an BANKS, Philosophical Transactions 1800,
II. 405 u. ff.

[4]) GILBERT's Annalen 49, 35 (1815).

Übergang der chemischen zur elektrischen Energie quantitativ zu verfolgen.

Die Auffassung BERZELIUS' über die Ursache der Potentialdifferenz in der Säule war daher nicht mehr als ein, wenn auch glücklich gefundener Ansatz, der auf die Entwickelung der Wissenschaft einen Einfluss kaum auszuüben vermochte. Dennoch ist es auffallend, dass BERZELIUS, der keine Gelegenheit gehabt hatte, sich gründlichere physikalische Kenntnisse zu erwerben, sich schon damals, als er anfing, sich mit dieser Frage zu beschäftigen, weitsichtiger zeigte als die grössten und bestgeschulten Physiker seiner Zeit, denen nur allzu häufig der klare Blick für die chemische Seite der Erscheinungen fehlte. BERZELIUS war als Chemiker weit weniger exklusiv wie VOLTA als Physiker. Jedenfalls dürfte er es verdienen, mehr als bisher neben RITTER und DAVY zu den ersten Vorläufern der wirklich elektrochemischen Richtung gerechnet zu werden, die nach langwierigen Kämpfen schliesslich durchdringen sollte.

Wir wissen, dass VOLTA's Theorie, trotz der vereinzelten Proteste im Anfange des Jahrhunderts, längere Zeit hindurch fast unumschränkt herrschte, derart, dass als der Kampf zwischen den beiden streitigen Auffassungen nach einer zwanzigjährigen Pause von neuem aufloderte, auch BERZELIUS sich auf der Seite seiner früheren Gegner befand. Ebenso wenig wie DAVY vermochte er der Einwirkung der übermächtigen VOLTA-ischen Anschauung auf die Dauer zu widerstehen; und die Ironie des Schicksals wollte es, dass er — gegen FARADAY [1]) — sogar die Geissel der Kritik über die Ansichten schwingen sollte, die er selbst in seiner Jugend verfochten.

Das Experiment, das zu dem Umschwung seiner Ansichten den äusseren Anlass gab, hat übrigens eine gewisse Berühmtheit erlangt, indem es später in etwas veränderter Form von FECHNER aufgenommen wurde als ein, seiner Meinung nach, unwiderleglicher Beweis gegen „die chemische Theorie" [2]). Einen näheren Bericht über dasselbe findet man im zweiten Teile des Lehrbuches [3]). Eine galvanische Kette ist aus zwei Metallen,

---

[1]) Årsberättelse 31 mars 1836, 28 u. ff.
[2]) SCHWEIGGER's Journal für Chemie u. Physik, 57, 9 (1829).
[3]) Erste Auflage (1812) S. 583. (Nach einer Angabe von OSTWALD,

Kupfer und Zink, und aus zwei Flüssigkeiten, Salpetersäure und Salzlösung konstruiert, von denen erstere mit dem Kupfer, letztere mit dem Zink in Berührung steht. Zufolge der älteren Auffassung BERZELIUS' sollten die Pole hier ihren Platz wechseln, und zwar sollte der Strom vom Kupfer zum Zink gehen; es zeigte sich jedoch, dass er seine gewöhnliche Richtung, vom Zink zum Kupfer beibehielt, obwohl letzteres von einer Flüssigkeit umgeben war, die geeignet schien, eine lebhafte chemische Reaktion zu bewirken. BERZELIUS hat diesem Experiment entscheidende Beweiskraft zuerkannt vor den älteren von ihm selbst wie auch von DAVY ausgeführten Versuchen, die Pole zu vertauschen.

Elektrochemie S. 591, soll die Beschreibung dieses Versuches erst in der vierten Auflage des Lehrbuches vorkommen.)

III.

Die LAVOISIER-BERZELIUS'sche Sauerstofftheorie.

Die Zeit, in der BERZELIUS seine letzte elektrochemische Arbeit veröffentlichte, bezeichnet in mehr als einer Hinsicht einen Wendepunkt in seinem privaten sowohl wie wissenschaftlichen Leben. Noch bis zum Jahre 1807 gestaltete sich seine soziale Stellung ziemlich unsicher: schwankte doch sein Beruf zwischen dem eines praktizierenden Arztes und dem eines vikarierenden Lehrers. Die Notwendigkeit, durch verschiedenartige, meist wenig bezahlte Beschäftigungen das fürs Leben Allernotwendigste herbeizuschaffen, drückte dieser Zeit ihren Stempel auf. Die Unsicherheit seiner Lage spiegelt sich auch in seinem schriftstellerischen Wirken wieder. In diesem macht sich während jener Periode ein gewisses unruhiges Suchen bemerkbar. Die mannigfachen bedeutenden Ansätze und seine schon jetzt staunenswerte Produktivität widersprechen dieser Thatsache durchaus nicht. Während des kurzen Zeitraumes von 6 Jahren sahen wir ihn mehrmals eine Disciplin mit der anderen vertauschen; anfangs mit der Elektrochemie eifrig beschäftigt, wandte er sich bald der Mineralogie zu, von welcher er später zu der physiologischen Chemie überging, um dann nach einigen Streifzügen auf dem Gebiete der Agrikulturchemie schliesslich zu seinem Ausgangspunkte, den elektrischen Untersuchungen zurückzukehren, als ob es ihm an der nötigen Ruhe fehlte, seine Neigung und Kräfte auf eine grössere Aufgabe zu konzentrieren.

Es ist schon erwähnt worden, dass seine Existenz im Jahre 1807 durch seine Ernennung zum Professor (an der medizinischen Schule) dauernd gesichert wurde. Kurze Zeit darauf erfuhr er die erste öffentliche Anerkennung seines wissenschaftlichen Wirkens, indem die schwedische Akademie der Wissenschaften ihm 1808 ihre Pforten öffnete[1]). Es zeigte sich bald, dass seine nun sowohl in ökonomischer als auch sozialer Hinsicht gesicherte Stellung auf seine wissenschaftliche Thätigkeit einen merklichen Einfluss zu üben nicht verfehlte. Nicht als ob sein Wirken minder vielseitig wurde; im Gegenteil fuhr BERZELIUS, wie wir wissen, bis ans Ende seines thatenreichen Lebens fort, alle Zweige seiner Wissenschaft mit grösstem Interesse zu umfassen. Man kann aber seit dieser Zeit eine grössere Sicherheit in der Wahl seines Wirkungskreises beobachten; seine Arbeiten sind zielbewusster und die Anlage seiner Untersuchungen demzufolge planmässiger als früher. Von nun an sammelt er seine Kraft, um einige wenige umfassendere Probleme zu lösen, ebenso ordnet er seine Ideen in grösserem Masse als bisher gewissen leitenden Gesichtspunkten unter. Und gerade in der Beleuchtung dieser Gesichtspunkte erhalten seine zahlreichen Nebenarbeiten ihre eigentliche Bedeutung, die er immer noch mit unermüdlicher Hand gleichsam spielend lieferte. Kurz, der Systematiker BERZELIUS tritt von nun an hervor. Die Periode in seinem Leben, die jetzt ihren Anfang nimmt, ist zweifellos die bedeutendste. Sie behält ihren Charakter im grossen und ganzen bis in den Anfang der zwanziger Jahre bei, etwa bis zu der Zeit, wo sein Lehrgebäude beinahe vollendet war, und wo er mit der Ausgabe des ersten Jahresberichtes seine Thätigkeit in neue Bahnen lenkte, nämlich in die des Berichterstatters und Kritikers. In diesen Zeitraum, von 1808 bis 1821, fallen alle jene grosse Leistungen, die insbesondere mit dem Namen BERZELIUS unauflöslich verknüpft sind, und welche die Grundlage seiner wissenschaftlichen Berühmtheit bilden. Diese sind: die sogenannte elektrochemisch-dualistische Theorie, die Volumatomtheorie, die Lehre von den be-

---

[1]) Er wurde am 15. Juni dieses Jahres zum Mitglied der Akademie gewählt.

stimmten chemischen Proportionen sowie die Reform in der chemischen Nomenklatur und Bezeichnungsweise.

Oft versteht man, wenn einfach von dem chemischen System BERZELIUS', BERZELIUS' Lehrbau oder sogar von BERZELIUS' Theorie gesprochen wird, darunter eine Zusammenfassung aller dieser verschiedenen Werke, und im Grunde genommen sind sie mit einander so verflochten, so meisterhaft zu einem harmonischen Ganzen zusammengefügt, dass es eine nicht ganz leichte Aufgabe ist, sie von einander zu trennen. Diese Trennung wird jedoch nötig, sobald es gilt, den Platz der einzelnen Leistungen in der historischen Entwickelung der Wissenschaft zu bestimmen und besonders ihren genetischen Zusammenhang mit der Vergangenheit zu verfolgen. Denn Fäden, von oft ganz verschiedener Herkunft, laufen hier in BERZELIUS' Hand zusammen.

Als für das BERZELIUS'sche System besonders charakteristisch ist häufig vor allem seine sog. dualistisch-elektrochemische Theorie bezeichnet worden. Und dass diese unter allen seinen Werken dasjenige ist, welches in erster Reihe die Aufmerksamkeit der Welt auf sich gezogen hat, dürfte im allgemeinen nicht zu bestreiten sein. Dagegen könnte in Frage gestellt werden, ob die erwähnte Theorie auch bei genauerer Betrachtung seinen Platz als wichtigster Exponent der wissenschaftlichen Thätigkeit BERZELIUS' verdient, ja sogar, inwieweit sie ihrem Wesen nach wirklich so echt berzelianisch ist, wie man von jeher behaupten wollte. Es dürfte, wenn überhaupt, dann nur äusserst selten vorkommen, dass ein wissenschaftliches System dem Haupte seines angeblichen Urhebers mit einem Male fertig entspringt, wie einst Athene dem Haupte Zeus Kronion's. Vielmehr lässt es sich wohl in den meisten Fällen — wenn auch mit mehr oder weniger Schwierigkeit — nachweisen, dass es mit der logischen Notwendigkeit eines Naturgesetzes als Produkt der geistigen Arbeit mehrerer Individuen entsteht, die nicht einmal derselben Generation anzugehören brauchen, sondern durch einen beträchtlichen Zeitraum getrennt sein können. Dass es mit anderen Worten eher als Ergebnis des allgemeinen Standes der Wissenschaft erscheint als aus der zufälligen Inspiration eines einzelnen Gelehrten entsprungen, und

es manchmal vorkommt, dass der „Urheber" eines Systems oder
einer Theorie thatsächlich nur einem schon vorhandenen Ge-
dankeninhalt den rechten Ausdruck verleiht. Daraus lässt sich
denn auch die häufig beobachtete Erscheinung erklären, dass eine
wissenschaftliche Idee bei einer gewissen Gelegenheit gleichsam
in der Luft liegen und mit unwiderstehlicher Kraft beinahe
gleichzeitig von verschiedenen Seiten hervorbrechen kann, und
ebenfalls, dass eine Theorie oder eine Idee das eine Mal ganz
ungehört verklingt, falls ihr der erforderliche Resonanzboden
fehlt, während dieselbe Idee ein anderes Mal fast augenblicklich allgemeinen Anklang findet, sobald die Geister, wenn auch
unbewusst, zu ihrem Empfange vorbereitet sind.

Die dualistische Theorie, welche man nach BERZELIUS benannt hat, macht von diesem allgemeinen Gesetz keine Ausnahme. Wir haben die Faktoren derselben teils in BERZELIUS'
eigener, von seinen Zeitgenossen häufig stark beeinflusster
wissenschaftlicher Entwickelung zu suchen, teils in dem chemischen Erbe, das er von der vorangehenden Generation mit
übernommen hatte.

Es ist schon erwähnt worden, dass BERZELIUS als Chemiker im wesentlichen Autodidakt war, in dem Sinne, dass
die Lehrer, die ihm in dieser Disciplin Unterricht erteilten, nur
wenig Einfluss auf ihn auszuüben vermochten. Unwillkürlich
legt man sich hier die Frage vor, welche wissenschaftliche
Richtung für seine erste chemische Anschauungsweise grundlegend war. Ist eine solche Frage schon im allgemeinen für
die Kenntnis der wissenschaftlichen Entwickelung eines Forschers wichtig, so wächst deren Bedeutung um so mehr, wenn
es sich um einen Forscher mit ausgeprägten konservativen Anlagen, wie BERZELIUS es war, handelt. Das Material, das für
ihre direkte Beantwortung vorliegt, ist ziemlich knapp. Man ist
vorzugsweise auf die indirekten Schlüsse hingewiesen, die sich
aus einem genauen Studium seiner Jugendarbeiten ziehen lassen.
Und in der That genügt schon eine nähere Prüfung seiner
ersten Experimentaluntersuchungen [1]), die er zum Teil während
seiner Studienzeit ausgeführt hat, um den jugendlichen Ver-

---

[1]) Ath. II, 41—77.

fasser als einen eifrigen Anhänger Lavoisier's zu charakterisieren. Der Einfluss des grossen französischen Chemikers lässt sich fast auf jeder Seite nachweisen. Nicht nur dieselbe Terminologie — die damals bei schwedischen Chemikern ziemlich ungewöhnlich war —, auch dieselbe Auffassung, derselbe Gedankengang, bisweilen sogar eine frappante Ähnlichkeit in der Ausdrucksweise, alles das spricht zur Genüge für die obige Behauptung.

Die antiphlogistische Theorie hatte — wir wissen es wohl — schnell Terrain gewonnen. Als Berzelius seine chemischen Studien begann, war der Erfolg dieser Theorie in den meisten Ländern entschieden. Nicht so aber in dem Vaterlande der beiden grossen Phlogistiker Bergman und Scheele, wo die chemische Forschung nach dem grossen Kraftaufwande in den siebziger und achtziger Jahren des achtzehnten Jahrhunderts in eine auffallende Stagnation verfallen war. Die ersten Zeichen dafür, dass der neuen Theorie einige Aufmerksamkeit geschenkt wurde, machten sich im Jahre nach dem Tode Lavoisier's bemerkbar. In diesem Jahre erschien nämlich Fourcroy's „Philosophia Chemica oder Grundwahrheiten der neuen Chemie", ins Schwedische übersetzt von Anders Sparrman [1]), dem Vorgänger Berzelius' auf dem chemischen Lehrstuhl an der Stockholmer medizinischen Schule. Dieser war jedoch mehr Naturhistoriker als Chemiker, weshalb man seinem Übertritt keine grössere Bedeutung beimessen kann. In demselben Jahre kam auch der „Versuch einer schwedischen Nomenklatur für die Chemie" etc. heraus [2]). Diese Arbeit enthält einen Bericht über die neue französische Bezeichnungsweise und ihre durchgeführte Anpassung an die schwedische Sprache. Es ist recht bezeichnend für die damalige Situation, dass diese Schrift anonym erschien [3]). Bis zum Geltendwerden der neuen Theorie hatte es aber noch gute Wege. In erster Linie erhob die jüngere Generation der an der Universität Upsala studierenden

---

[1]) Stockholm 1795.

[2]) Försök till svensk nomenklatur för Chemien. lämpad efter de sednaste uptäckterne, Stockholm und Upsala 1795.

[3]) Man weiss nunmehr, dass die Verfasser derselben Ekeberg und P. Afzelius (Bruder des Chemikers) waren.

Mediziner das Banner der neuen Ideen [1]). Gerade durch diese Kreise und besonders durch einen engeren Kreis für die Naturwissenschaften lebhaft interessierter Studenten, dem neben anderen auch sein älterer Stiefbruder EKMARCK und später sein Jugendfreund PONTIN angehörten, scheint BERZELIUS die Schriften der französischen Schule kennen gelernt zu haben. So ruhte seine chemische Bildung schon von Anfang an auf antiphlogistischer Basis.

Was wiederum den Mann anbetrifft, der durch seine hervorragende Stellung als Professor der Chemie an der Universität Upsala dazu berufen schien, der vornehmste Fürsprecher der Reform in Schweden zu werden, so ist schon im Vorhergehenden [2]) angedeutet worden, wie seine Improduktivität die Beurteilung seines wissenschaftlichen Standpunktes allerdings erheblich erschwert, dass aber, wenn es gestattet ist, von den Schriften, die ein Lehrer seinen Schülern an die Hand giebt, auf seine eigenen Ansichten zu schliessen, AFZELIUS kein allzu eifriger Bewunderer der neuen Bewegung gewesen sein dürfte, wenn auch andererseits gewisse Umstände darauf hindeuten, dass er sich gegen dieselbe nicht durchaus ablehnend verhalten hat. Wir wissen aus PONTIN's Bericht [3]), dass von den Zöglingen, welche Zutritt zum Laboratorium AFZELIUS' erhalten wollten, verlangt wurde, ein von HAGEN verfasstes Compendium zu beherrschen. Allein HAGEN's Schriften aus dieser Zeit schwanken eben zwischen beiden Lagern [4]): einerseits tritt uns darin die Ahnung entgegen, dass die neue Lehre schliesslich doch für richtig befunden wurde, andererseits die Abneigung, sich von der alten Auffassung und der darauf gegründeten Bezeichnungsweise loszusagen. BERZELIUS' unverkennbarer Verdruss über das ihm vorgelegte Pensum dürfte schwerlich in der ihm dadurch verursachten Mühe zu suchen sein; denn er gehörte schon damals nicht zu denen, die die Arbeit scheuten;

---

[1]) PONTIN's Samlade Skrifter, I, 221 (1850).

[2]) Seite 11.

[3]) Samlade Skrifter I. 223.

[4]) Noch im Jahre 1796 giebt HAGEN an, er möchte sich der neueren Nomenklatur bloss da bedienen, „wo die ältere zu Verwirrungen Gelegenheit geben könnte". Grundsätze der Chemie, S. VI.

wohl aber wird es dem jungen Antiphlogistiker zwecklos und
unerquicklich erschienen sein, ein Werk zu studieren, das von
phlogistischen Ausdrücken (die mit jedem Tage unverständlicher
wurden) förmlich wimmelte, umsomehr, als dessen faktischer
Inhalt ebensowohl aus anderen Arbeiten erlernt werden konnte,
mit deren Darstellungsweise er durch seine privaten Vorstudien
vertrauter war.

Von den jungen Männern, die im letzten Lustrum des
achtzehnten Jahrhunderts die Avantgarde der neuen Schule
im Norden bildeten, waren es nicht gerade viele, die in der
Folge auf dem Gebiete der Chemie eine selbständige wissenschaftliche Thätigkeit von Bedeutung entwickelten. Pontin
und andere gingen zum ärztlichen Beruf über, Ekeberg, der
durch seine hervorragende Begabung zu grossen Hoffnungen
berechtigte, wurde durch seine immer mehr zunehmende Kränk-
lichkeit gehindert, sich hervorzuthun; wohl auch durch die
streng untergeordnete Stellung, die er stets an der Universität
einnahm. So kam es, dass Berzelius in der That der erste
bedeutendere Vertreter der Lavoisier'schen Theorie in Schweden
wurde. Ja, man kann behaupten, dass diese Theorie erst durch
ihn wirklich in der wissenschaftlichen Litteratur Schwedens
Wurzel fasste. Allein auch hier wurde der Sieg keineswegs
ohne vorangegangene Kämpfe gewonnen. Wie wenig der Anschluss an die neue Lehre geeignet war, Aufmunterung und
Beifall bei den anerkannten wissenschaftlichen Autoritäten des
Landes zu finden, musste Berzelius während seiner ersten
schriftstellerischen Thätigkeit in reichem Masse erfahren. Abgesehen von dem Streit mit Afzelius, welcher teilweise auch
andere Ursachen hatte, möge nur an die wenig günstige Behandlung erinnert werden, welche den Erstlingsarbeiten Berzelius' zu teil wurde und dies keineswegs ihres sachlichen Inhalts wegen, sondern — wie ausdrücklich angegeben wurde —
darum, weil in ihnen die neue Nomenklatur zur Anwendung
gekommen war [1]. Ein ähnliches Schicksal erfuhr — wahrscheinlich aus demselben Grunde [2] — auch eine spätere Arbeit:

---

[1] Pontin's Samlade Skrifter 1, 225; siehe oben S. 20.

[2] Siljeström, Minnestal, S. 20.

„Untersuchung des Quellwassers zu Porla" (1805) [1]). In diesen
wiederholten Scherereien hat man offenbar den Grund zu suchen,
weshalb BERZELIUS kurz nachher, auf die ökonomische Beihilfe
HISINGER's gestützt, eine neue wissenschaftliche Zeitschrift, die
mehrerwähnten Abhandlungen der Physik, Chemie und Mineralogie gründete (1806), worin er selbst sowie seine Gesinnungs-
genossen ihre Arbeiten veröffentlichten.

Indessen darf man den Konservatismus, der sich so in den
leitenden wissenschaftlichen Kreisen Schwedens geltend machte,
nicht allzu streng beurteilen. Sehr wohl können dafür mildernde
Umstände angeführt werden. Die Männer, welche im Anfange
des Jahrhunderts die chemische Wissenschaft in der Stockholmer Akademie repräsentierten, waren zumeist in die Jahre
gekommene Bergbeamte [2]), deren umfassende praktische Be-
schäftigung sie zweifelsohne hinderte, an den theoretischen
Streitfragen der neuen Zeit regeren Anteil zu nehmen, selbst
wenn das nötige Interesse und alle übrigen Voraussetzungen
vorhanden gewesen wären. Auch mag diese Teilnahmslosigkeit
auf die Arroganz zurückzuführen sein, mit welcher von gewissen Seiten die neuen Ansichten verkündigt wurden. Zweifellos zielte BERZELIUS in erster Linie auf die in seinem Vaterlande herrschenden Verhältnisse, wenn er später mit seiner
gewöhnlichen Unbefangenheit sagte: „LAVOISIER's Landsleute
verkündeten die neue Lehre mit bisweilen übermütigem Tone,
der ältere verdiente Chemiker nicht selten verletzen musste.
Sie schienen mit der neuen Nomenklatur die Arbeiten aller
anderen in den Schatten stellen und mit den neuen Benennungen

---

[1]) Diese Abhandlung wurde später in Afhandlingar i Fysik etc. I.
145 (1806) veröffentlicht.

[2]) G. v. ENGESTRÖM (1738—1813) war Bergrat, J. G. GAHN (1745
—1818) Assessor im Bergkollegium, P. J. HJELM (1746—1813) Münzwardein,
G. BROLING (1766—1838) Bergmeister. E. HAGSTRÖM (1760—1827) Berg-
geschworener; dazu kommen noch die Universitätslehrer EKEBERG und
AFZELIUS, von welchen ersterer zwar entschiedener Antiphlogistiker war,
jedoch keinen grösseren Einfluss ausgeübt zu haben scheint, sowie die
beiden Finnländer JOHAN GADOLIN (1760—1852), Professor in Åbo, und
J. JULIN (1752—1820). Apotheker in Uleåborg, später in Åbo. (Lefnads-
teckningar öfver kongl. svenska vetenskaps akademiens efter år 1854 aflidna
ledamöter I, Stockholm 1869—1873.

sich alle früher gemachten Entdeckungen aneignen zu wollen, so dass die LAVOISIER'schen Lehren trotz ihrer Klarheit und der Fülle überzeugender Beweise nur sehr allmählich durchdrangen und erst spät den Beifall der älteren und angesehensten Chemiker fanden“ [1]). Indessen erstarb der Widerstand gegen die Reform nach und nach von selbst. Im Jahre 1804 wurde BERZELIUS' Freund und Mitarbeiter HISINGER zum Mitglied der Akademie gewählt; drei Jahre später findet man in den von derselben herausgegebenen ökonomischen Annalen eine grosse Anzahl der BERZELIUS'schen Abhandlungen; und nach Verlauf eines weiteren Jahres wurde BERZELIUS die vollständige Genugthuung zu teil, selbst zum Mitglied dieser gelehrten Gesellschaft berufen zu werden, deren vornehmste Zierde er während eines Zeitraumes von vierzig Jahren bleiben sollte und deren Angelegenheiten er sich sein Lebelang mit der allergrössten Fürsorge widmete. „In den letztverflossenen zehn Jahren“ — schreibt er 1812 — „hat die phlogistische Theorie alle ihre Anhänger verloren“ [2]). Die restriktiven Massregeln gegen BERZELIUS' Erstlingsarbeiten waren in der That die letzten Todeszuckungen des phlogistischen Systems in Schweden.

Indessen giebt es auch einen Phlogistiker, dessen Schriften auf BERZELIUS' wissenschaftliche Entwickelung einen unverkennbaren Einfluss ausgeübt haben. Sein Name ist TORBERN BERGMAN. Dieser Einfluss hat sich aber selbstverständlich auf eine andere Art, teilweise auch auf anderen Gebieten als der LAVOISIER'sche geltend gemacht und tritt am deutlichsten in den Schriften über die chemischen Proportionen sowie in den über die Nomenklatur hervor. Dass BERZELIUS schon während seiner Studienzeit sich mit BERGMAN's Arbeiten bekannt gemacht hat, ist jedenfalls sicher. Diesen ist sogar das erste Citat in seiner ersten zum Druck gebrachten Abhandlung (Nova Analysis aquarum etc. 1800) entnommen.

Eine dritte Quelle, woraus BERZELIUS schon früh seinen Wissensdurst zu stillen begonnen hatte, war die damalige Journallitteratur, in erster Linie die englische. Sein Jugend-

---

[1]) Lärbok i kemien II, 23, 1812.
[2]) Ebenda S. 25.

werk über Salpetersäurenaphtha verrät bereits eine genaue
Kenntnis derselben. Die englischen Chemiker waren unter
seinen Zeitgenossen überhaupt die ersten, zu denen er mittelst
sowohl empfangener als gegebener Anregungen in persönliche
Beziehung trat, was teilweise schon in dem Bericht über die
elektrochemischen Untersuchungen angedeutet worden ist. Besonders war es HUMPHRY DAVY, der BERZELIUS in vieler Hinsicht stark und nachhaltig beeinflusste, wie auch dieser seinerseits keinen Anstand nahm, ihm seine aufrichtige Bewunderung
zu zollen [1]), was allerdings keineswegs hinderte, dass zwischen
ihnen von Zeit zu Zeit ernste Meinungsverschiedenheiten entstanden. Es ist hierbei nicht ohne Interesse, zu beobachten, wie
der Einfluss DAVY's sich niemals auf solche Punkte erstreckte,
wo seine Ansichten mit den Hauptlehren LAVOISIER's in Konflikt hätten geraten können. Und solcher Punkte gab es viele,
denn DAVY war bekanntlich niemals ein besonders eifriger Anhänger des LAVOISIER'schen Systems. Im Gegenteil: durch
verschiedene seiner Theorien, z. B. die von der Zusammensetzung der Säuren, trat er in scharfe Opposition wider dasselbe, und fand dabei in der Regel in BERZELIUS einen ent-
schiedenen Gegner. Kurz und gut: unter den Forschern,
welche durch ihre Schriften die erste Richtung der wissenschaftlichen theoretischen Thätigkeit BERZELIUS' bestimmten
und seiner wissenschaftlichen Produktion ihr Gepräge gaben,
bevor er als selbständiger Theoretiker auftrat, nimmt LAVOI-
SIER unbedingt die erste Stelle ein; sein Einfluss ist gewissermassen als der Hauptstrom zu betrachten, der wohl anders-
woher grössere oder kleinere Zuflüsse aufnimmt, ohne sich
jedoch durch diese von seiner ursprünglichen Richtung ab-
lenken zu lassen.

Es liegt in der Natur der Sache, dass diese Beeinflussung
sich in BERZELIUS' ersten Arbeiten — die Specialuntersuchungen waren — vorzugsweise in Einzelnheiten, in der Aus-

---

[1]) In einer von ihm selbst veranstalteten Sammlung seiner auswär-
tigen Korrespondenzen hat er vor DAVY's Briefe mit eigener Hand folgende in ihrer Kürze bezeichnende Worte gesetzt: „HUMPHRY DAVY, Prof.
Roy. Soc. der grösste Chemiker seiner Zeit" (Bibliothek der Akademie der
Wissenschaften, Stockholm).

drucksweise, der Nomenklatur etc. kund giebt. Ihr ganzer Umfang wird erst ersichtlich, wenn er von diesen speciellen Arbeiten zu der Aufgabe übergeht, die Wissenschaft im Zusammenhange zu behandeln. BERZELIUS' Stellung zur Chemie des achtzehnten Jahrhunderts ist nirgends so deutlich gekennzeichnet wie in der ersten (schwedischen) Auflage seines Lehrbuches[1]). Keine seiner übrigen Schriften spiegelt den Gang seiner eigenen theoretischen Entwickelung während des ersten Decenniums seines wissenschaftlichen Wirkens so klar wieder.

Der erste Band dieser Arbeit[2]), welcher 1808 erschien — also 10 Jahre später nachdem er sich der chemischen Forschung ernstlich zu widmen begonnen hatte und ein Jahr nach Antritt seines Lehramtes — ist sichtlich aus dem Bedürfnis hervorgegangen, beim Unterricht einen gedruckten Leitfaden zu besitzen, der seine eigene Auffassung über die Grundlehren der Chemie wiedergäbe. Als Motiv für die Herausgabe giebt er an, dass es an einem ausführlichen Lehrbuch der Chemie in schwedischer Sprache schon lange gefehlt habe. Nach der einleitenden Übersicht bringt das Buch eine ziemlich ausführliche Darstellung der damals als Grundstoffe aufgefassten Körper von nichtmetallischer Natur und der von ihnen sich herleitenden Säuren, Basen und Salze. Trotzdem in der Einleitung bemerkt ist, dass die organische Chemie in einem nachfolgenden Teil — zusammen mit den Metallen — behandelt werden solle, ist schon hier eine grosse Anzahl organischer Säuren beschrieben (14) — augenscheinlich nach dem Muster des Traité élémentaire von LAVOISIER, wo man genau dieselbe Aufstellung wiedertrifft. Von dem künftigen BERZELIUS'schen Lehrgebäude findet man hier nur die allerersten Fundamente; in gewissem Grade gilt das auch von dem nächstfolgenden zweiten Teile. Allein gerade deshalb ist das Studium dieser beiden Bücher von grossem historischen Interesse. Sie enthalten sozusagen den Keim zu dem künftigen System und lassen weit besser als die folgenden, selbständiger durchgearbeiteten Auflagen unterscheiden zwischen den Lehren, welche BERZELIUS

---

[1]) I. und II. Teil.

[2]) Lärbok i Kemien. Förra delen. Stockholm 1808. 483 Oktavseiten.

von seinen Vorgängern übernommen, und denen, welche er
selbst ausgebildet hat. Von den Hypothesen, die in erster
Reihe als charakteristisch für das BERZELIUS'sche System betrachtet wurden, nämlich die dualistische, die elektrochemische
und die atomistische, begegnet man hier eigentlich nur der
erstgenannten und auch dieser in einer wenig scharfen Form,
denn sie geht eigentlich mehr aus dem Inhalt hervor als sie
vom Verfasser ausdrücklich hervorgehoben wird, — offenbar
aus dem einfachen Grunde, dass die allgemeine Auffassung
der damaligen Chemiker sich von vornherein in dualistischer
Richtung bewegte [1]). Der Dualismus war zu jener Zeit überhaupt keine Streitfrage; er war vielmehr eines der wenigen
Gebiete, wo LAVOISIER's Lehren und die spätphlogistische Anschauung ohne sich zu bekämpfen einander begegnen konnten.
Der Phlogistiker ROUELLE, LAVOISIER's Lehrer, hatte sogar
die neuere Auffassung von der Natur der Salze gegründet [2]).
Ein anderer Phlogistiker, BERGMAN, war siegreich gegen die
STAHL'sche Ansicht von den regulinischen Metallen als den
näheren Bestandteilen der Salze aufgetreten [3]) und hatte von
neuem dem alten GEBER'schen Satze: „ex metallis fiunt sales
post ipsorum calcinationem" Geltung verschafft. LAVOISIER,
der im allgemeinen für „le savant professeur d'Upsal" grosse

---

[1]) Allerdings mit einigen Ausnahmen, worüber unten mehr.

[2]) G. F. ROUELLE (der Ältere) 1703—1770. „Je donne à la famille
des sels neutres toute l'extension qu'elle peut avoir: j'appelle sel neutre
moyen ou salé, tout sel formé par l'union de quelqu' acide que ce soit,
ou minéral ou végétal, avec un alkali fixe, un alkali volatil. une terre
absorbante, une substance métallique, ou une huile." ROUELLE, Mémoires
de l'Académie royale des sciences, 1744. 353.

[3]) Besonders deutlich ist dieser Standpunkt BERGMAN's hervorgehoben
z. B. in der Abhandlung De praecipitatis metallicis, Opuscula physica et
chemica vol. II. 354: „singulis sollicite consideratis pensitatisque facile
elucet. nullum metallum acido quodam suscipi posse, salva tota. formae
completae necessaria, phlogisti quantitate." Ebenso in der Arbeit De diversa phlogisti quantitate in metallis, Opusc. vol. III, z. B. S. 134: „hae
metallorum deturbationes huc usque consideratae fuerunt, uti effectus
attractionum electivarum simplicium, quum menstruis metalla inhaerere
completa, crediderint Chemici. Jam autem satis superque patet, nullum
acidis suscipi posse sine idonea phlogisti privatione antecedente."

Achtung hegte [1]). adoptierte diese Salztheorie mutatis mutandis.
Was bei BERGMAN eine Verbindung zweier elementarer Substanzen war, wurde bei LAVOISIER eine Verbindung zweier zu-
sammengesetzter Körper, von denen jeder wiederum aus zwei
Gliedern bestand, und zwar aus Sauerstoff und einem brennbaren Körper [2]). Übrigens führt LAVOISIER diese Zweiteilung
noch weiter durch: er betont, dass die Radikale der Säuren
nicht immer einfach sind und dass auch die der Basen (bases
oxidables) bisweilen in zwei einfachere Bestandteile zerlegt
werden können [3]). Man kann daher behaupten, dass LAVOISIER
zu dem bisherigen dualistischen Lehrgebäude noch eine, um
nicht zu sagen zwei Etagen hinzugefügt hat, ohne jedoch an
dem alten Fundament zu rütteln, das er von den Spätphlo-
gistikern übernommen hatte. Er fasst seine darauf bezüglichen
Äusserungen in folgende charakteristische Sätze zusammen:
„La chimie marche donc vers son but et vers sa perfection, en
divisant, subdivisant, et resubdivisant encore, et nous ignorons

[1]) Traité élémentaire. Discours préliminaire, XXVI.

[2]) „Je ne rangerai pas non plus .... les alkalis ni les substances
terreuses, telle que la chaux, la magnésie, etc. dans la classe des sels, et
je ne désignerai par ce nom que des composés formés de la réunion
d'une substance simple oxygénée avec une base quelconque.“ Traité élémentaire I, 163—164.
Und obwohl eine grosse Anzahl dieser Basen (les bases salifiables
zum Unterschied von les bases oxidables et acidifiables) noch der Klasse
der unzerlegbaren Substanzen zugerechnet wurde, zögert LAVOISIER nicht,
die Wahrscheinlichkeit ihrer binären Natur zu betonen: „L'oxygène est
donc le moyen d'union entre les métaux et les acides; et cette circonstance qui a lieu pour tous les métaux comme pour tous les acides, pour-
roit porter à croire que toutes les substances qui ont une grande affinité
avec les acides contiennent de l'oxygène.“ Ebenda S. 179. „Elles (les
terres) sont les seules de toute cette classe qui n'aient point de tendance
à s'unir à l'oxygène, et je suis bien porté à croire que cette indifférence
pour l'oxygène, s'il m'est permis de me servir de cette expression, tient
à ce qu'elles en sont déjà saturées.“ Ebenda S. 195. Es ist bekannt, in
wie glänzender Weise diese Vorhersagung in Erfüllung ging durch die
Entdeckungen der Jahre 1807—1808, an welchen, wie wir aus dem Vorhergehenden ersehen, auch BERZELIUS regen Anteil genommen hat.

[3]) z. B. wenn er von Oxyden und Säuren mit doppelter Basis spricht
(oxides et acides à base double, Traité élém. I, 123, und ferner: oxides
végétaux à deux bases, Ebenda S. 125).

quel sera le terme de ses succès. Nous ne pouvons donc pas
assurer que ce que nous regardons comme simple aujourd'hui
le soit en effet: tout ce que nous pouvons dire, c'est que telle
substance est le terme actuel auquel arrive l'analyse chimique"[1]).
Der LAVOISIER'sche Dualismus wurde anfänglich von BERZELIUS
in ziemlich unveränderter Gestalt übernommen, nur mit dem
Unterschiede, dass er — sicher auf Grund der Erfahrung, die
er durch seine elektrolytischen Untersuchungen gewonnen —
eine schärfere qualitative Grenze zwischen Säuren und Basen
zieht. Für LAVOISIER bestand der Unterschied zwischen diesen
beiden Körperklassen mehr dem Grade als der Art nach;
seiner Meinung zufolge repräsentieren die Oxyde gewissermassen ein Übergangsstadium zwischen Grundstoffen und Säuren;
ihre von den Säuren abweichenden Eigenschaften schreibt er
in erster Linie ihrem niedrigeren Sauerstoffgehalt zu. „Aussi
les substances métalliques, en s'oxygénant dans l'air et dans le
gaz oxygène, ne se convertissent-elles point en acides, ...;
il se forme des substances intermédiaires qui commencent à se
rapprocher de l'état salin, mais qui n'ont pas encore acquis
toutes les propriétés salines"[2]) (offenbar wendet LAVOISIER an
dieser Stelle das Wort salin in seiner älteren Bedeutung an,
nach welcher auch die Säuren, Alkalien u. s. w. zu den Salzen
zählen). Und weiter heisst es: „un premier degré d'oxygénation constitue les oxydes; un second degré constitue les acides
terminés en eux, comme l'acide nitreux, l'acide sulfureux; un
troisième degré constitue les acides en ique, tels que l'acide
nitrique, l'acide sulfurique; enfin nous pouvons exprimer un
quatrième degré d'oxygénation des substances, en ajoutant
l'épithète d'oxygéné, comme nous l'avons admis pour l'acide
muriatique oxygéné"[3]).

BERZELIUS schliesst sich im ersten Teile des Lehrbuches
getreu dieser Auffassung an: er teilt die Sauerstoffverbindungen,
je nach dem Gehalte an Sauerstoff, in Oxyde, Unter-
säuren („syrligheter") und Säuren ein, mit dem Zusatz, dass

[1]) Traité élém. I, 194.
[2]) Ebenda S. 83.
[3]) Ebenda S. 84.

die erstgenannten wiederum in Oxydule und Oxyde im engeren
Sinne geteilt werden[1]). Die vierte der von Lavoisier aufgestellten Klassen, die überoxydierten Säuren, schliesst er dagegen
aus mit der Begründung, dass hiervon nur ein einziges Beispiel bekannt sei, nämlich die überoxydierte Salzsäure[2]), welche
ausserdem durch ihre Oxydation einen grossen Teil ihrer
sauren Eigenschaften eingebüsst habe[3]).

Die Hinneigung zu der qualitativen Auffassung lässt sich
indessen schon weiterhin in demselben Teile wahrnehmen. Bereits auf Grund der kurz vorher von Davy ausgeführten Zerlegung der Alkalien wird hier darauf hingewiesen, dass der
Sauerstoff nicht nur als Oxygenium sondern auch als Alkali-
genium auftreten kann[4]), womit indirekt angedeutet wird, dass
die entgegengesetzten Eigenschaften der Säure und des Alkalis
auf eine andere Ursache als gerade auf den ihnen beiden gemeinsamen Bestandteil, den Sauerstoff, zurückzuführen sei.
Und im zweiten Teile (1812) hebt Berzelius ausdrücklich hervor, wie die elektrochemische Anschauung eine Umgestaltung
unserer Begriffe hinsichtlich des „principium aciditatis" herbei-
geführt hat: nicht der Sauerstoff, sondern die Natur des brennbaren Radikals bestimmt, inwieweit die Oxyde zu Säuren oder
Salzbasen werden oder inwieweit sie in den verschiedenen
Oxydationsstufen bald saure, bald basische Eigenschaften annehmen[5]). Es lässt sich kaum in Abrede stellen, dass die
Theorie Lavoisier's durch diese Abänderung nicht nur in
bessere Übereinstimmung mit den neu entdeckten Thatsachen
gebracht worden ist, sondern dass sie überhaupt an Folgerichtigkeit und logischer Klarheit gewonnen hat. Denn gerade auf
die Frage, warum nur gewisse Grundstoffe solche „intermediäre"
Sauerstoffverbindungen basischer Natur zu liefern im stande
sind, musste jene Theorie in ihrer ursprünglichen Form früher
oder später die Antwort schuldig bleiben.

In seiner — man möchte sagen — typisch berzelianischen

[1]) Lärbok i Kemien I, 96, 1808.
[2]) d. h. Chlorsäure.
[3]) Lärbok i Kemien I, 97.
[4]) Ebenda S. 240.
[5]) Ebenda II, 553.

Form trat der Dualismus erst ums Jahr 1818 auf, nachdem
er mit den inzwischen ausgebildeten elektrochemischen und
atomistischen Theorien zu einem organischen Ganzen ver-
schmolzen war. Der in demselben Jahre erschienene III. Teil
des Lehrbuches[1]) enthält das dualistische System in der Form,
welche später als die für dasselbe besonders bezeichnende
angesehen wurde. Die Stelle kann in Hinblick auf ihre Bedeutung für die Geschichte der Chemie wohl klassisch genannt und verdient es von diesem Gesichtspunkte aus, in extenso angeführt zu werden: „Wenn sich zwei Atome von verschiedenen Körpern verbunden haben, so entspringt daraus ein
zusammengesetztes Atom......Solche zusammengesetzte Atome
können sich dann wieder unter einander verbinden, woraus
noch zusammengesetztere Atome entstehen. Verbinden sich
diese mit anderen, so entstehen Atome von einer noch kom-
plizierteren Zusammensetzung. Es ist notwendig, diese verschiedenen Atome durch bestimmte Namen unterscheiden zu
können. Wir werden sie in zusammengesetzte Atome
der ersten, zweiten, dritten u.s.w. Ordnung einteilen.
Atome der ersten Ordnung nennen wir solche, die unmittelbar
aus einfachen elementaren Atomen zusammengesetzt sind......
Die zusammengesetzten Atome der zweiten Ordnung entspringen
aus zusammengesetzten Atomen der ersten Ordnung; die Atome
der dritten aus denen der zweiten u.s.w. Zum Beispiel:
Schwefelsäure, Kali, Thonerde und Wasser sind alle zusammengesetzte Atome der ersten Ordnung, weil sie aus Sauerstoff
und dem brennbaren Radikal bestehen. Schwefelsaures Kali
und schwefelsaure Thonerde sind (zusammengesetzte) Atome
der zweiten Ordnung; der wasserfreie Alaun, welcher eine Verbindung dieser beiden letzteren Salze ist, bietet ein Beispiel von
einem zusammengesetzten Atom der dritten Ordnung dar, und
endlich kann der krystallisierte Alaun, der mehrere mit einem
Atome vom Doppelsalze verbundene Atome Wasser enthält,
als ein Beispiel von zusammengesetzten Atomen der vierten Ordnung angeführt werden u.s.w. Bis zu welcher Zahl die Ordnungen steigen können, ist noch nicht untersucht. Die Affinität

(Verwandtschaft) zwischen den zusammengesetzten Atomen nimmt in dem Masse ab, als sich die Anzahl der Ordnungen vermehrt"[1]).

Es verdient hervorgehoben zu werden, dass sogar der Wortlaut, womit die wiederholte Zweiteilung hier ausgedrückt worden, auf LAVOISIER's Schriften zurückgeführt werden kann. Man vergleiche z. B. folgenden Passus: „Les acides . . . . . résultent d'un premier ordre de combinaisons; ils sont formés de la réunion de deux principes simples, ou au moins qui se comportent à la manière des principes simples, et ils sont par conséquent pour me servir de l'expression de STAHL, dans l'ordre des mixtes. Les sels neutres, au contraire, sont d'un autre ordre de combinaisons, ils sont formés de la réunion de deux mixtes, et ils rentrent dans la classe des composés"[2]). Die Idee ist, obschon nicht so vollständig durchgeführt, — wie man sieht — genau dieselbe. Indessen hat BERZELIUS dem von ihm in einer zwar etwas mehr schematisierten, sonst aber wenig veränderten Form übernommenen LAVOISIER'schen Dualismus einen nicht unwesentlich tieferen Inhalt gegeben. Während LAVOISIER sich damit begnügt zu sagen: das ist so, sucht BERZELIUS zu erklären, warum es so, und nicht anders sein könne. Diese Erklärung, welche somit BERZELIUS' selbständigen Zusatz zum dualistischen System bildet, deckt sich — wie wir wissen — mit seiner elektrochemischen Theorie, welche die dualistische Anschauung als notwendige Konsequenz hervorgehen lässt.

Schon im vorhergehenden ist angedeutet worden, dass diese elektrochemische Theorie einer verhältnismässig langen Zeit bedurfte, um zur Reife zu gelangen. So findet sich von ihr noch kaum eine Spur in der Arbeit, in welcher BERZELIUS zum ersten Male seine Wissenschaft systematisch behandelt, nämlich im ersten Teile seines Lehrbuches, obwohl zur Zeit der Abfassung derselben schon 5 Jahre verflossen waren, seitdem er, zusammen mit HISINGER, seine für jene Theorie zweifellos in gewisser Hinsicht grundlegende Experimentalunter-

---

[1] Lärbok i Kemien III. 22—24.
[2] Traité élém. I. 163; vgl. S. 194.

suchuug [1]) ausgeführt hatte. Er beschränkt sich auf einen kurzen Bericht über die verschiedenen Ursachen der Elektricitätserregung wie auch über die chemischen Wirkungen des elektrischen Stromes, geht aber nicht näher auf eine theoretische Erklärung des Zusammenhanges der elektrischen und chemischen Erscheinungen ein. Auch der kurz zuvor veröffentlichten elektrochemischen Theorie von Humphry Davy thut er keine Erwähnung, obwohl ihm dieselbe aller Wahrscheinlichkeit nach bekannt war [2]).

Erst im Nachtrag zum zweiten Teile nimmt er die Diskussion über „den Zusammenhang der Elektricitäten mit der chemischen Verwandtschaft" auf und legt die „Grundzüge einer künftigen elektrochemischen Theorie" dar [3]). Als seine durch die Erfahrungen der letzten zehn Jahre gewonnene Überzeugung hebt er zuerst hervor, dass jeder chemische Prozess zugleich ein elektrochemischer sei, dass somit keine Affinitätswirkungen stattfinden können, wenn nicht gleichzeitig „die Elektricitäten" mitwirken. Indessen verwahrt er sich unmittelbar darauf gegen Davy's Versuch, die Elektricität mit der chemischen Verwandtschaft geradezu zu identifizieren: „wir können uns nicht denken, dass etwas auf einmal Kraft und Erscheinung sein soll" [4]). Es ist kaum zu bestreiten, dass Berzelius hier eben den schwachen Punkt der Davy'schen Theorie getroffen hat. Denn wenn diese dem bisher gebräuchlichen Ausdruck „Chemische Verwandtschaft" den Ausdruck Elektricität oder elektrische Kraft substituiert, so liegt darin eher eine Umschreibung als eine Erklärung des zu erläuternden Thatbestandes [5]). Allerdings konnte Berzelius damals noch keine andere völlig durchgearbeitete Theorie an die Stelle der Davy'schen setzen, weshalb er sich vorläufig mit ziemlich allgemein gehaltenen Andeutungen begnügt. Als thatsächliche Grundlage für die Diskussion giebt er, in völliger Übereinstimmung

---

[1]) Wirkung der elektrischen Säule auf Salze etc.

[2]) Sie wurde in Phil. Trans., 1807, 1—56, sowie in Gilbert's Ann. 28, 1, 161. 1807 veröffentlicht.

[3]) Lärbok i Kemien, II, 542.

[4]) Ebenda S. 543.

[5]) Vgl. Ostwald, Elektrochemie S. 347.

mit Davy, den Umstand an, dass zwei Körper, zwischen denen
chemische Verwandtschaft besteht, mit einander in Berührung
gesetzt, elektrisch werden („entgegengesetzte freie Elektricitäten
zeigen") und dass dieser elektrische Zustand („elektrische Verteilung") sich im Verhältnisse mit der Stärke der Verwandtschaft vermehre (z. B. durch Erwärmung, welche die Verwandtschaft erhöht). Diese Trennung der Elektricitäten gehe stets
der chemischen Vereinigung, sie gleichsam prädisponierend,
vorher, bis, in dem Augenblicke, wo die Reaktion stattfindet,
die in den Körpern wirkenden Elektricitäten sich entladen und
„neutrales Electricum" bilden mit ganz ähnlichen Erscheinungen
(Licht und Wärme), wie sie bei der Entladung zwischen den
Polen der elektrischen Säule auftreten. Inwieweit nun die
Verwandtschaftsgrade der Körper deren Verhältnis zu den
Elektricitäten bestimmen oder umgekehrt, ist seiner Meinung
nach schwer zu entscheiden; jedoch neigt er mehr zu der letzteren Auffassung, da es völlig bewiesen sei, dass in der Säure
nicht die Affinität die Verteilung der Elektricitäten bestimme,
sondern deren Verteilung die Affinität [1]). Eine wesentliche
Schwierigkeit bei der Auseinandersetzung dieser Erscheinungen
liege, wie er meint, noch darin, „dass nur ein einziger Körper
eine absolute und unveränderliche elektrochemische Natur zeige,
nämlich der Sauerstoff" [2]), eine Ansicht, die hier zum ersten
Male laut geworden sein dürfte, im übrigen aber mit seiner
früheren Anschauung in nahem Zusammenhang steht [3]). Von
diesem Gesichtspunkte aus nennt er den Sauerstoff absolut
elektropositiv [4]) und teilt die übrigen Grundstoffe nach ihrem
verschiedenen elektrochemischen Verhalten in vier Gruppen
ein, nämlich in: 1) im allgemeinen elektropositive wie Schwefel,

---

[1]) Lärbok i Kemien II, 551.

[2]) Ebenda S. 544.

[3]) Siehe unten.

[4]) Auf die Vertauschung der später in entgegengesetzter Bedeutung
angewandten Ausdrücke elektropositiv und -negativ braucht wohl hier
nicht besonders hingewiesen zu werden. Berzelius betont selbst das Un-
genaue in dieser Bezeichnungsweise: „Hierbei begehen wir dieselbe Un-
richtigkeit, wie wenn wir die magnetische Kraft in der gegen Norden
gerichteten Spitze der Magnetnadel Nordmagnetismus nennen." Lärbok
i Kemien, II, 545.

Kohlenstoff, Boracium, Arsenik; 2) wechselnde wie Tellur. Antimon, Zinn; 3) indifferente wie Silicium, Tantal und 4) elektronegative wie Kalium, Barytium, Mangan, Zink, Blei u. s. w.

Ein grosser Teil der Darstellung ist übrigens teils der
schon seit der Entstehung der antiphlogistischen Theorie lebhaft besprochenen Frage über die Ursache der Feuererscheinung
und der Wärmeentwickelung bei der Verbrennung sowie bei
den übrigen chemischen Reaktionen gewidmet, teils aber auch
der Frage über die materielle oder nichtmaterielle Natur der
Imponderabilien (des Lichts, der Wärme und der Elektricität).
Von den späteren Kernpunkten der elektrochemischen Hypothese BERZELIUS' ist, wie man sieht, hier nicht viel zu merken.
Die Polarität, die Präexistenz der elektrischen Ladung in den
kleinsten Teilchen der Materie u. s. w. ist nicht einmal angedeutet, was offenbar damit im Zusammenhang steht, dass BER-
ZELIUS die Corpuskulartheorie seinem System noch nicht als
integrierenden Teil einverleibt hatte. Was oben von der dualistischen Theorie gesagt ist, gilt sonach in noch höherem Grade
auch von der elektrochemischen, nämlich dass sie erst in der
Periode 1812—1818 zu ihrer völligen Entwickelung gelangt
ist [1]), wie die theoretische Thätigkeit BERZELIUS' während dieser
Zeit überhaupt ihren Kulminationspunkt erreicht zu haben
scheint (zwischen seinem 33. und 39. Lebensjahre).

Im dritten Teile des Lehrbuches [2]) hingegen begegnet uns
die Theorie zum ersten Male in ihrer typischen Gestalt und
sie wird in der Folge nur kleinen und unwesentlichen Änderungen unterworfen. — Den grössten Raum in dem eben
genannten Bande nimmt eine „Beschreibung chemischer Instrumente und Operationen ein" [3]). Des ferneren enthält er
eine Reihe von Nachträgen zu den beiden vorhergehenden
Teilen. Das ungleich grösste Interesse vom historischen Ge-

---

[1]) Korr giebt sogar an, dass BERZELIUS seine elektrochemische Theorie
erst 1819 vollständig aufstellte, was jedenfalls nicht ganz korrekt ist.
Gesch. d. Chemie II. 339.

[2]) Stockholm, 1818.

[3]) Es ist von Interesse und bedeutet ganz sicher mehr als ein zu-
fälliges Zusammentreffen, dass auch der dritte Teil (troisième partie, tome
second) der Traité élémentaire von LAVOISIER einen völlig ähnlichen Inhalt
hat: „description des appareils et des opérations manuelles de la chimie".

sichtspunkte aus knüpft sich indessen an die Einleitung, die den Titel führt: „Versuch einer theoretischen Ansicht über die Lehre von den chemischen Proportionen und dem Einflusse der Elektricität als chemisches Agens"[1]). Diese Einleitung, in mehrere europäische Sprachen übersetzt und besonders herausgegeben[2]), ist stets eine der wichtigsten Quellen für die Kenntnis von BERZELIUS' chemischem System geblieben.

Hier sieht man, wie BERZELIUS sich noch weiter von der elektrochemischen Theorie DAVY's entfernt hat; denn während nach dieser die elektrische Ladung in den kleinsten Teilen erst bei ihrer gegenseitigen Berührung entsteht, glaubt BERZELIUS jeden kleinsten Teil schon an und für sich mit einer gewissen Ladung ausgerüstet, die allerdings durch äusseren Anlass gesteigert bezw. vermindert werden kann. Dieser Unterschied zwischen den Ansichten BERZELIUS' und denen DAVY's wird von seiten des ersteren zwar nicht ausdrücklich betont, geht aber unzweideutig aus seiner Darstellung hervor und wurde auch allgemein so aufgefasst[3]). Mit Beseitigung der im vorhergehenden (zweiten) Teile gegebenen Einteilung reiht BERZELIUS die Grundstoffe vom elektrochemischen Gesichtspunkte aus nunmehr in zwei grosse Hauptabteilungen ein, und zwar in elektropositive und elektronegative, wobei er sich dieser Ausdrücke in derselben Bedeutung bedient, die sie seitdem beibehalten haben. Die Reihe der elektronegativen Elemente beginnt mit dem Sauerstoff, „dem elektronegativsten aller Körper, dem einzigen, dessen elektrische Beziehungen stets unveränderlich sind"[4]), und schliesst mit dem Wasserstoff; die Reihe der elektropositiven Elemente beginnt mit dem Golde und schliesst mit Kalium. Jedoch hebt BERZELIUS ausdrücklich hervor, dass

---

[1]) „Försök till en theoretisk åsigt af läran om de kemiska proportionerna samt af electricitetens inflytelse såsom kemiskt agens."

[2]) Essai sur la cause des proportions chimiques, et sur l'influence chimique de l'électricité. Paris 1819, 1835. — Über die Theorie der chemischen Proportionen, Dresden 1820, u. s. w.

[3]) Siehe KOPP. Entwickelung d. Chemie, S. 507, 511; LADENBURG. Vorträge über die Entwicklungsgeschichte der Chemie, 2. Aufl. S. 93; OSTWALD, Elektrochemie. S. 346; u. a. m.

[4]) Lärbok i Kemien III. 64. 1818.

diese Reihe, in welcher die Grundstoffe nach ihren zunehmenden elektropositiven Eigenschaften geordnet sind, nur als eine vorläufige aufzufassen sei: „bis jetzt hat man diese Materie so wenig untersucht, dass sich noch nichts ganz Gewisses hinsichtlich dieser relativen Ordnung bestimmen lässt, die wohl nicht mehr dieselbe bleiben möchte, wenn man alle, auf diesen Gegenstand sich beziehende Umstände besser kennen wird"[1]).

Auch die zusammengesetzten Körper — und unter diesen wird, in echt LAVOISIER'schem Geiste, vorzugsweise auf die Sauerstoffverbindungen Rücksicht genommen — werden in ähnlicher Weise in elektronegative (Säuren) und elektropositive (Basen) eingeteilt, wozu noch eine dritte Klasse kommt, nämlich die der indifferenten; zu diesen werden teils solche gezählt, deren Indifferenz von der Neutralisierung herrührt, d. h. die Salze, teils auch solche Oxyde, welche durch Glühen ihre chemische Aktivität verloren haben, z. B. Chromoxyd, Zinnoxyd, Zirkonerde u. a. m.

Wenn sich BERZELIUS schon bei der Darlegung seiner elektrischen Reihe mit grosser Vorsicht ausgesprochen hat, so tritt er bei Aufstellung der theoretischen Erklärungsgründe nicht weniger zurückhaltend auf. Seine elektrochemische Theorie bezeichnet er nur als einen Versuch, sich eine Vorstellung zu machen, „wie die Sache sich m ö g l i c h e r w e i s e verhalten könne"[2]). Ausgehend von der elektrischen Polarität der Körper — als typisches Beispiel wird der Turmalin angegeben — schliesst er davon auf einen ähnlichen Zustand bei den kleinsten Teilchen derselben, „denn es lässt sich nicht ein Teil eines elementaren Körpers denken, der nicht die Eigenschaften des Ganzen habe . . . . . . Hieraus ergiebt sich von selbst, dass man

---

[1]) Ebenda S. 66. Er scheint daher kaum die scharfen Vorwürfe zu verdienen, die viel später gegen ihn gerichtet worden sind, in einer Zeit, wo die theoretischen und experimentellen Hilfsmittel der Elektrochemie unverhältnismässig reicher waren. So perhorresciert noch im Jahre 1878 HITTORF „die sogenannte elektrische Spannungsreihe, in welche die von falschen Ideen geleitete Phantasie des schwedischen Forschers die elementaren Stoffe ordnen wollte und welchen die thatsächlichen Verhältnisse so sehr widersprechen." WIEDEMANN's Ann. 4. 416.

[2]) Lärbok i Kemien III, 71, 1818.

ohne eine Corpuskulartheorie keinen Begriff von der elektrischen
Polarität in den Körpern haben kann. Bei der Annahme aber,
dass die Körper, wie schon oben angeführt, aus Atomen bestehen, können wir uns vorstellen, dass ein jedes dieser Atome
eine elektrische Polarität besitze, von welcher die elektrochemischen Erscheinungen in der ganzen Masse abhängen"[1]). Nachdem es sich aber erwiesen hatte, dass diese allgemeine
elektrische Polarität an und für sich unzureichend war,
die Ursache der elektrochemischen Erscheinungen zu erklären,
nimmt er weiter in Anschluss an ERMAN an, dass in den
kleinsten Teilchen eines jeden Körpers eine specifische
Unipolarität existiere, „infolge welcher bei den einen der
positive, bei den anderen der negative Pol vorherrscht"[2]). Da
indessen seiner Aufmerksamkeit nicht entgangen war, dass bisweilen ein Körper sich eher mit einem anderen von gleicher
als mit einem dritten von entgegengesetzter Unipolarität verbindet, so folgert er, dass es noch einen Faktor geben müsse,
der neben der Unipolarität den Verwandtschaftsgrad der Körper
bedinge. Als dieser Faktor wird nun „die Intensität ihrer
Polarität im allgemeinen" bezeichnet. So kann man z. B.
Sauerstoff leichter mit Schwefel als mit Blei verbinden; „denn
wenn auch die beiden ersteren dieselbe Unipolarität haben, so
neutralisiert doch der positive Pol des Schwefels ein grösseres
Quantum negativer Elektricität im vorherrschenden Pole des
Sauerstoffs, als der positive Pol des Bleies neutralisieren
kann"[3]). Durch diese Annahmen — BERZELIUS nennt sie
Vermutungen — wird also ein naher Kausalzusammenhang
zwischen der Elektricität und der chemischen Affinität hergestellt: die Elektricität wird zum primum movens jeder
chemischen Wirkung[4]).

---

[1]) Lärbok i Kemien III, 72.

[2]) Ebenda S. 73.

[3]) Ebenda.

[4]) „Alles, was Wirkung der sogenannten Wahlverwandtschaft (BERG-
MAN's attractio electiva) zu sein scheint, wird nur durch eine in gewissen
Körpern stärker, als in anderen, vorhandene elektrische Polarität bewirkt."
Und wenn zwei polarische Partikel mit entgegengesetzten Polen in Kon-
takt geraten, so besteht ihre chemische Vereinigung in der Ausgleichung

Hierdurch glaubt nun Berzelius den richtigen Erklärungsgrund gefunden zu haben für den von den Chemikern
des achtzehnten Jahrhunderts und wohl zunächst von Lavoisier
überkommenen Dualismus, den er selbst weiter entwickelt hatte.
Dieser erscheint nicht mehr als eine Willkür der Natur, sondern
als eine logische Konsequenz der fundamentalen Eigenschaften
der Elemente [1]). In so scharfsinniger Weise verstand Berzelius,
die aus verschiedenen Zeiten und verschiedenen Schulen herrührenden Theorien so zu „verweben", dass sie sich nicht nur
gegenseitig erklären und ergänzen, sondern gleichsam wie aus
einem Guss erscheinen und vor dem Leser als ein vollkommen
einheitliches System hintreten.

Auch kann es nicht Wunder nehmen, dass diese Kom-
bination von Dualismus und elektrochemischer Theorie der
Mitwelt als Kernpunkt der chemischen Lehre Berzelius' erschien, denn gerade die Verschmelzung zweier jeder für sich
schon bekannten, wenn auch etwas modifizierten Theorien war

---

der Elektricitäten dieser beiden Pole, jedoch ist das zusammengesetzte
Atom noch immer polarisch durch die Elektricitäten der beiden anderen
Polen (S. 80) und hat seinerseits das Vermögen, mit anderen Körpern eine
chemische Verbindung einzugehen.

[1]) „Wenn", so meint er, „die elektrochemischen Ansichten, die ich
im vorhergehenden angeführt habe, richtig sind, so folgt daraus, dass
jede chemische Verbindung einzig und allein von z w e i entgegengesetzten
Kräften, der + und der — Elektricität, abhängt, und dass also jede Verbindung aus z w e i, durch die Wirkung ihrer elektrochemischen Reaktion
vereinigten Teilen zusammengesetzt sein muss, da es keine dritte Kraft
giebt. Hieraus folgt, dass jeder zusammengesetzte Körper, welche auch
die Anzahl seiner Bestandteile sein mag, in z w e i Teile geteilt werden
kann, wovon der eine +, der andere — elektrisch ist. So z. B. ist das
schwefelsaure Natron nicht aus Schwefel, Sauerstoff und Natrium zusammengesetzt, sondern aus Schwefelsäure und Natron, die wiederum jedes für
sich in einen elektro-positiven und einen elektro-negativen Bestandteil
geteilt werden können. Ebenso kann auch der Alaun nicht als unmittelbar aus seinen einfachen Bestandteilen zusammengesetzt betrachtet werden,
sondern er ist zu betrachten als das Produkt der Reaktion der schwefelsauren Thonerde, als negativen Elementes, auf das schwefelsaure Kali,
als positives Element, und so rechtfertigt auch die elektrochemische Ansicht das, was ich über die zusammengesetzten
Atome der ersten, zweiten, dritten etc. Ordnung gesagt
habe. Lärbok i Kemien III, 82, 83, 1818.

darin das neue Moment und somit am meisten geeignet, die
Aufmerksamkeit auf sich zu lenken. Die Bezeichnungen elektrochemisch und dualistisch wurden darum auch bald gäng und
gäbe, wenn es galt, mit wenigen Worten die BERZELIUS'sche
Theorie zum Unterschiede von früheren oder späteren zu
charakterisieren. Durch die Suggestion, die oft ein blosser
Name ausübt, pflanzte sich diese Auffassung auch auf die Nachwelt fort und dürfte bis auf den heutigen Tag die gebräuchliche sein [1]). Und doch sind diese Epitheta, gleichviel ob man
sie im Zusammenhange oder jedes für sich anwendet, keineswegs Ausdrücke, welche den zu bestimmenden Begriff, auch
nur annähernd, erschöpfen. Es lässt sich — wie schon
oben angedeutet — nicht leugnen, dass lange vor BERZELIUS
eine dualistische Auffassung existierte. Sie herrschte sogar
gleichzeitig in sonst feindlichen Lagern, wie bei den Phlogistikern und den Anhängern LAVOISIER's. Auch ist bekannt,
dass andere dualistische Systeme sich etwa zu derselben Zeit
wie das Berzelianische entwickelten. WINTERL's abenteuerliche
Andronia-Theorie war ein solches im hohen Grade dualistisches
System [2]). Ähnlichen Verhältnissen begegnen wir andrerseits
auch innerhalb der Elektrochemie. DAVY hatte seine elektrochemische Theorie 1807 aufgestellt; SCHWEIGGER 1812 eine
andere, die sogenannte krystallelektrische Theorie, worin wir
sogar einige Punkte wiederfinden, die später für die Elektrochemie BERZELIUS' als besonders charakteristisch galten: ein
solcher ist die Lehre von der Polarität der kleinsten Teilchen
der Materie; ein anderer die Annahme von verschieden grossen
Ladungen oder Elektricitätsmengen in diesen Teilchen [3]). Wer
weiss endlich nicht, dass wir in der modernen Dissociationstheorie ein System haben, das gleichzeitig dualistisch und
elektrochemisch ist in völliger Übereinstimmung mit dem BER-

---

[1]) So spricht der hervorragende BERZELIUS-Kenner BLOMSTRAND noch
in der 4. Auflage seines Lehrbuches (1897) von der elektrochemischen
Theorie BERZELIUS'. „die stets als für sein chemisches System vorzugsweise bezeichnend angesehen wurde". Kort lärobok i oorganisk kemi.
S. 64.

[2]) Siehe KOPP, Geschichte der Chemie, II. 283.

[3]) Ebenda II. 338.

zelius'schen trotz der wesentlichen Verschiedenheiten, die zwischen den beiden sonst bestehen [1]). Kurz, elektrochemische und dualistische Theorien haben sowohl vor dem Berzelius-schen System, gleichzeitig mit ihm, wie auch nach demselben existiert. Will man nun die für dieses System gerade charakteristischen Eigentümlichkeiten hervorheben, so muss man also zugestehen, dass die genannten Ausdrücke nicht völlig prägnant sind. Vielmehr hat man den Kernpunkt des Systemes anderswo zu suchen, nämlich in der auffallenden, alles beherrschenden Centralstellung, die dort dem Sauerstoff zugewiesen ist, und die ihren kurzen und klassischen Ausdruck erhielt in dem bekannten Satze: „der Sauerstoff ist der Mittelpunkt, um den sich die ganze Chemie dreht [2])", ein Ausdruck, der zwar anfänglich auf einen speciellen Fall hinzielte, nämlich auf die Bestimmung der Atomgewichte, der aber mit Recht auf das ganze Lehrgebäude bezogen werden kann. Es ist der teils bewusste, teils unbewusste, immer aber leitende Grundgedanke, welcher für das gesamte theoretische Wirken Berzelius' von Anfang bis zu Ende massgebend war. Nur von diesem Gesichtspunkte aus lässt sich seine sonst oft schwer zu deutende Haltung in einer Menge wissenschaftlicher Streitfragen ungezwungen erklären, so z. B. in den Fragen von der elementaren Natur des Chlors, der Zusammensetzung des Ammoniaks und in späteren Jahren von dem Radikalbegriff u. s. w. Diese Idee erweist sich ebenfalls als ein Erbstück Lavoisier's, und es giebt vielleicht kein anderes Gebiet, wo Berzelius ebenso scharf als Vollender des unfertigen Lavoisier'schen Werkes hervortritt.

Lavoisier hatte das Phlogiston gestürzt, aber nur um dem Sauerstoff eine ebenso dominierende Stellung in der Wissen-

---

[1]) Die Anstrengungen, welche dann und wann gemacht worden sind, die Dissociationstheorie als eine Rückkehr zur Berzelius'schen Lehre auszugeben und dem schwedischen Meister so wenigstens einen Teil der Ehre zu vindizieren. die den Vertretern jener Theorie zu Teil geworden, dürften, trotz ihrer augenscheinlich wohlmeinenden Tendenz. höchstens als Kuriosa zu betrachten sein. Die wissenschaftliche Ehre Berzelius' ist gross genug, um fremden Glanz entbehren zu können.

[2]) Lärbok i Kemien III, 99, 1818. Vgl. Gilb. Ann. 46. 154 (1814): „Wenn wir nun das Gewicht des Sauerstoffgas. das Centrum aller Chemie, als Einheit annehmen" etc.

- 92 -

schaft zuzuteilen. Von wie vorurteilsfreier und moderner Denkart er sich auch in vieler Hinsicht erwies, war es ihm doch nicht gelungen, sich von gewissen älteren Anschauungen vollständig freizumachen[1]. Eine solche Anschauung, deren Ursprung sich bis in die Blütezeit der Alchemie verfolgen lässt, war die Vorstellung von einem gemeinsamen „Prinzip" für Körper mit ähnlichen Eigenschaften. Phlogiston war früher ein solches Prinzip. Nunmehr wurde es der Sauerstoff, und zwar zunächst für die Klasse von Körpern, woran der ihm von LAVOISIER erteilte Name erinnert: l'oxygène = „le principe acidifiant, la substance qui constitue l'acidité"[2]. Und LAVOISIER ist von der Richtigkeit dieser Auffassung so überzeugt, dass er nicht einen Augenblick zögert, den Sauerstoff als Bestandteil auch in solchen Säuren anzunehmen, wo man ihn experimentell nicht nachweisen konnte[3] Die Bedeutung des Sauerstoffs für das LAVOISIER'sche System ist hiermit nicht erschöpft. Indem dieser Grundstoff auch für die Oxyde ein gemeinsames Prinzip ist, spielt er eine keineswegs geringere Rolle bei der Salzbildung: „les métaux ne peuvent se combiner avec les acides, qu'autant qu'ils ont été préalablement plus ou moins

---

[1] Damit die Wahrheit seines eigenen Satzes beweisend: „dans les sciences comme dans la morale il est difficile de vaincre les préjugés dont on a été originairement imbu". Traité élémentaire I, 101.

[2] Traité élém. Disc. préliminaire XXI.

[3] Es ist interessant, die Sicherheit, mit welcher er diese verhängnisvolle Verallgemeinerung durchführt, mit den reservierten, ja beinahe zaghaften Redewendungen zu vergleichen, in welchen er die Zerlegung der Alkalien und Erdarten in Sauerstoff und eine „base oxidable" vorhersagt. An der einen Stelle heisst es: „Quoiqu'on on ne soit encore parvenu ni à composer, ni à décomposer l'acide qu'on retire du sel marin, on ne peut douter cependant qu'il ne soit formé, comme tous les autres, de la réunion d'une base acidifiable avec l'oxygène". Traité élém. 1, 75. Und an anderer Stelle: „Cette considération sembleroit appuyer ce que j'ai précédemment avancé à l'article des terres, que ces substances pourroient bien n'être autre chose que des métaux oxidés avec lesquels l'oxygène a plus d'affinité qu'il n'en a avec le charbon, et qui par cette circonstance sont irréductibles. Au reste ce n'est ici qu'une conjecture que des expériences ultérieures pourront seules ou confirmer ou détruire". Ebenda S. 180 vgl. S. 195.

oxygénés"[1]). Und weiter: „l'oxygène est donc le moyen d'union entre les métaux et les acides"[2]).

Was das eigentlich zu besagen hat, geht hervor aus der Erwägung, dass von den ca. 900 Substanzen, die LAVOISIER in seinen Traité élémentaire aufnimmt, nicht weniger als ungefähr 830 Säuren, Basen oder Salze, und dass 33 der übrigen Grundstoffe sind (darin sind die 2 Imponderabilien mit eingerechnet). Die Verbindungen, die keiner dieser genannten Gruppen angehören, belaufen sich also auf ungefähr nur 30 (wovon die überwiegende Anzahl Schwefelmetalle). Ihre Zahl ist so gering, dass sie eher wie Ausnahmen von einer allgemeinen Regel dastehen. Betrachtet man sie von diesem Gesichtspunkte aus, so kann man sich kaum über die geringe Aufmerksamkeit wundern, womit sie behandelt worden sind. Ihre raison d'être innerhalb des antiphlogistischen Systems erhalten sie eigentlich nach dem Grade ihrer Oxydationsfähigkeit, d. h. ihrer Fähigkeit, „zusammengesetzte Radikale" zu bilden und in dieser Form in Säuren oder Oxyden „à base double et triple" aufzugehen[3]).

Besonders bezeichnend für den Standpunkt LAVOISIER's ist folgender Passus: „J'appelle binaires les combinaisons des substances simples avec l'oxygène"(!)[4]). Angenommen, dass dieser Satz nur als Lapsus calami aufzufassen und vom Verfasser selbst nach genauerem Durchdenken in milderer Form ausgedrückt worden wäre, so bildet er immerhin ein interessantes Zeugnis von der Richtung seines Gedankenganges.

Manches in der LAVOISIER'schen Sauerstofftheorie macht den Eindruck eines blossen Entwurfes. Vor allem ist die Rolle, die der Sauerstoff in den salzbildenden Basen (les bases salifiables) spielt, etwas unklar. Er wird im allgemeinen nur als gemeinsames Prinzip für diese bezeichnet. Eine eigentliche Erklärung, warum derselbe Grundstoff, der in den Säuren das sauermachende Prinzip bildet, hier Träger ganz entgegengesetzter

[1]) Traité élém. I. 176.
[2]) Ebenda S. 179.
[3]) „Nous avons fait voir que les substances combustibles simples étoient susceptibles de se combiner les unes avec les autres, pour former des corps combustibles composés." Traité élémentaire I. 123.
[4]) Ebenda S. 207.

Eigenschaften wird, findet man nicht. Man muss BERZELIUS beipflichten, wenn er — allerdings in einem anderen Zusammenhange
sagt: „LAVOISIER wurde von einer unvollendeten Entwickelung
seiner Ideen fortgerissen; was hätte nicht aber die Wissenschaft erwarten können, wenn diesem ungewöhnlichen Manne,
der zuerst beobachtete, was seine Zeitgenossen erst nach langen
Streitigkeiten erkennen konnten, die Benutzung der Mittel zu
Gebote gestanden hätte, welche heute die vervielfältigten Erfahrungen und erstaunenswürdigen Entdeckungen dem theoretischen Chemiker darbieten [1])!“

Während des ersten Decenniums nach dem jähen Tode
LAVOISIER's hatte seine Lehre kaum eine wesentliche Entwickelung aufzuweisen. Von seinen nächsten Anhängern widmete sich GUYTON DE MORVEAU vorzugsweise Fragen mehr
formeller Natur und FOURCROY trug durch seine Schriften eher
zur Ausbreitung des antiphlogistischen Systems als zur
Ausbildung desselben bei. Die wichtigste theoretische Erscheinung in jener Zeit war ohne Zweifel BERTHOLLET's Arbeit
über die chemische Affinität und der durch dieselbe hervor-
gerufene Streit mit PROUST. Allein diese Frage lag schon
etwas abseits von dem Wege LAVOISIER's. Dasselbe gilt in
gewisser Hinsicht von den weittragenden Spekulationen RICH-
TER's, die jedenfalls von den Zeitgenossen wenig beachtet
wurden. KLAPROTH, der neben RICHTER unstreitig der hervorragendste Vertreter der damaligen deutschen Chemie war,
zeichnete sich bekanntlich — ebenso wie der ihm in wissenschaftlicher Hinsicht nahe stehende VAUQUELIN — weniger als
Theoretiker denn als geschickter Experimentator und glücklicher Entdecker aus. Und wenden wir uns zu den Chemikern
Englands, so war der Mann, der dort schnell zu einer führen-
den Stellung gelangte, ein viel zu origineller Geist, um ein
Werk zu vollbringen, an welches vor ihm schon ein anderer
die Hand angelegt. Besonders begeistert von LAVOISIER und
dem antiphlogistischen System überhaupt war HUMPHRY DAVY
übrigens niemals. Er schloss sich an dieses, wie er selbst sagt,
weniger an, weil er von dessen Richtigkeit überzeugt war, als

---

[1]) Lärbok i Kemien III. 50, 1818.

darum weil es kein besseres gab [1]). So geschah es, dass während
einer Reihe von Jahren niemand unmittelbar auf dem von LA-
VOISIER gelegten Grund weiterbaute, obwohl seine Theorie
schnell allgemeine Anerkennung fand. Erst BERZELIUS nahm
— seit 1808 — den Faden der Entwickelung der Chemie d o r t
wieder auf, wo ihn die Frevelthat von 1794 gewaltsam abge-
rissen hatte. Er liess es bei einem enthusiastischen Anschluss
an die LAVOISIER'schen Lehren oder bei einer passiven Bewunderung derselben nicht bewenden, sie wurden für ihn vielmehr
der Antrieb zu fortgesetzter Thätigkeit in gleicher Richtung.
Vor allem gilt dies von der Sauerstofftheorie, als deren Ritter
ohne Furcht und Tadel er schon von Anfang an auftrat, was
ihn allerdings zu seinen grössten Siegen, jedoch auch zu seinen
grössten Niederlagen führte.

Bereits seit dem Beginn seiner Thätigkeit als Theoretiker
betont BERZELIUS scharf die Sonderstellung des Sauerstoffs im
Verhältnis zu den übrigen Grundstoffen. Im ersten Bande
seines Lehrbuches (1808) teilt er die einfachen (wägbaren)
Körper in zwei Hauptklassen ein; die eine enthält den Sauerstoff allein, die andere alle übrigen sogen. brennbaren Körper
(= les combustibles) „die sich mit dem Sauerstoff verbinden
können [2].“ Es ist, wie man sieht, ganz die Anschauungsweise
LAVOISIER's, nur in, wenn möglich, noch prägnanterer Form.
Noch in einem weiteren Punkte sprach sich BERZELIUS schon
damals schärfer aus als LAVOISIER. Dieser hatte sich damit
begnügt, den Sauerstoff als einen niemals fehlenden Bestandteil
der Säuren hinzustellen; hinsichtlich der Basen hatte er sich
dagegen, wie wir gesehen haben, etwas mehr reserviert geäussert. BERZELIUS, der sich nun auf DAVY's Entdeckungen
sowie auf seine eigenen Versuche stützen kann, zögert nicht,
noch weiter zu gehen: selbst in den Fällen, wo die experimentellen Beweise noch fehlen oder lückenhaft sind, bringt er unzweideutig die Überzeugung zum Ausdruck, dass „alle Körper
welche Salzbasen werden können, aus Sauerstoff und einer
metallartigen Basis bestehen, [3]“ genau so wie seinerzeit LAVOISIER

---

[1]) Philosophical Transactions 1808. 303.

[2]) Lärbok i Kemien I, 86. 1808.

[3]) Lärbok i Kemien I, 240.

hinsichtlich der Säuren gethan. Hieraus folgte allerdings notwendig, dass die Ansicht über den Sauerstoff als säurebildendes Prinzip aufgegeben werden musste; es ist aber einleuchtend, dass die Centralstellung dieses Stoffes hierdurch nur an Umfang und Bedeutung gewinnen konnte. Übrigens hebt BERZELIUS diese Konsequenz im ersten Teile des Lehrbuches noch nicht ausdrücklich hervor; dies ist, wie oben angedeutet, erst im zweiten der Fall, wo im Zusammenhang mit der Behandlung des elektrochemischen Gegensatzes die Eigenschaft, Basen oder Säuren zu bilden, auf die brennbaren Grundstoffe selbst zurückgeführt wird[1]). Dass unter diesen Umständen der LAVOISIER'sche Satz von der Rolle des Sauerstoffs bei der Salzbildung und speciell bei der Metallauflösung als Verbindungsglied zwischen Säure und Metall aufrecht erhalten wird, versteht sich von selbst[2]). Die drei grossen Kategorien: Säuren, Basen und Salze, die damals wenn auch nicht das ganze, so doch wenigstens den bei weitem grössten Teil des erforschten chemischen Gebietes repräsentierten, waren sonach der unumschränkten Herrschaft des Sauerstoffs untergeordnet. Besonders charakteristisch ist es, dass den wenigen bekannten Verbindungen von brennbaren Stoffen untereinander überhaupt keine selbständige Stellung im System eingeräumt worden ist, was schon ein Blick auf das Inhaltsverzeichnis zur Genüge beweist[3]). Sie werden wie eine Art Anhängsel mit den einfachen Stoffen behandelt, während den Sauerstoffverbindungen dagegen je eine besondere Abteilung angewiesen worden ist. — Welche Ansicht man hinsichtlich dieser Sauerstofftheorie auch hegen mag, so kann man nicht umhin, die Konsequenz, mit der sie durchgeführt worden ist, zu würdigen, eine Konsequenz, die noch mehr hervortrat, seitdem diese Theorie durch Aufnahme der elektro-

---

[1]) Lärbok i Kemien II. 552, 553. 1812.

[2]) Dies ist sogar auf noch umfassendere Weise ausgedrückt: „Sie (die Metalle) haben die gemeinsame Eigenschaft . . . . . . dass sie weder mit einem Sauerstoff enthaltenden Körper verbunden noch von einem solchen aufgelöst werden können, ohne vorher oder gleichzeitig oxydiert zu werden." Lärbok i Kemien. II. 4. 1812.

[3]) In LAVOISIER's Traité hatten sie wenigstens ihre besonderen Tabellen.

chemischen und atomistischen Anschauungen an Einheit und innerem Zusammenhang gewonnen.

Von den zahlreichen Beschuldigungen, denen das sogen. BERZELIUS'sche System seitens der Nachwelt ausgesetzt war, ist es besonders eine, die sich vor andern durch die Stetigkeit und die Bitterkeit auszeichnet, mit der sie erhoben worden ist. Es ist dies der Vorwurf, die Oxyde anstatt der Metalle als die nächsten positiven Bestandteile der Salze aufgefasst und dadurch den Fortschritt der Wissenschaft aufgehalten zu haben. Nicht selten sogar hört man, wie BERZELIUS persönlich für diesen verhängnisvollen Missgriff verantwortlich gemacht wird, einen Missgriff den man mit Vorliebe von der Zeit datiert, wo er zusammen mit HISINGER die Untersuchung über die Elektrolyse der Salze ausführte und die Erscheinungen, die sich ihren Augen darboten, fälschlich deutete. Was hin und wieder noch ausser BERZELIUS verantwortlich gemacht wird, ist — der Zufall. Es war ein unglücklicher Zufall, sagt man, dass BERZELIUS gerade und vorzugsweise die Alkalisalze zum Gegenstand seiner Versuche machte; hätte er anstatt dieser die Salze der Schwermetalle gewählt, so würden seine theoretischen Ansichten ganz gewiss eine andere Richtung erhalten haben [1]).

---

[1]) Unter denjenigen, die in letzter Zeit dieser oder einer ähnlichen Auffassung Ausdruck gegeben haben, nimmt besonders der Verfasser des rühmlichst bekannten Werkes „Elektrochemie, ihre Geschichte und Lehre" eine hervorragende Stellung ein. Er sagt in Bezug darauf folgendes: „Sehr wesentlich für die Beschaffenheit der Schlüsse ist der Umstand, dass sie (BERZELIUS und HISINGER) fast ausschliesslich die Salze der Alkalien und der alkalischen Erden zu ihren Versuchen benutzten; dadurch hielten sie die Erscheinungen, welche diese Stoffe zeigten, für die typischen und gestalteten ihre allgemeinen Vorstellungen darnach. Hätten sie an Stelle der Salze der Leichtmetalle die der Schwermetalle der Untersuchung zu Grunde gelegt, so wären sie zu einer ganz anderen Auffassung der Vorgänge gelangt, und zwar zu einer, die viel besser mit den übrigen chemischen Thatsachen in Einklang zu bringen war, als die von ihnen gewählte. Der fragliche Unterschied besteht darin, dass bei der Zersetzung der Salze der Leichtmetalle nicht die Stoffe, welche von der Elektricität nach den Polen geführt werden, sich auch dort ausscheiden, sondern andere, die sich aus jenen unter dem Einflusse des Lösungswassers bilden. Wegen des Auftretens der letzteren an den Polen nahmen BERZELIUS und HISINGER ohne nähere Untersuchung sie auch für die eigent-

Um nicht auf die umstrittene Frage einzugehen, inwieweit der Zufall in der historischen Entwickelung eine Rolle spielt, möge hier nur hervorgehoben werden, dass BERZELIUS das elektrolytische Verhältnis der „Metallsalze" keineswegs übersah, dasselbe vielmehr sehr wohl kannte. Die Ursache, dass er „Neutral- und Mittelsalze" zu Versuchsobjekten wählte, dürfte vielmehr darin zu suchen sein, dass die Salze der schweren Metalle schon verhältnismässig eingehend untersucht waren. Und seine sicherlich auf Autopsie gegründete Kenntnis der Zersetzungsprodukte dieser Salze hindert ihn keineswegs, auch hier die Elektrolyse in Übereinstimmung mit der dualistischen Oxydtheorie zu deuten. Der natürlichste Erklärungsgrund für seine Deutung dürfte daher gerade darin liegen, dass er mit einer schon vorgefassten Meinung über den Bau der Salze an die Arbeit ging. Hätte er geglaubt, dass die „Metallsalze" etwa primär in Säure und Oxyd zerfallen ebenso wie die Neutralsalze und dass die Oxyde nachher einer sekundären Zerlegung in Metall und Sauerstoff unterliegen, so würde man mit einiger Wahrscheinlichkeit haben sagen können, dass seine bei der fraglichen Untersuchung gewonnene Erfahrung für seine allgemeine Auffassung von der Konstitution der Salze bestimmend war. Wie wir aber schon aus dem vorhergehenden ersehen, verhielt es sich keineswegs so. Vielmehr betrachtete er auch das Metall als ein primäres Zersetzungsprodukt: vorzugsweise das Oxyd der Metallsalze ist Gegenstand der Einwirkung des Stromes, während die Säure nur als Lösungsmittel dient[1]), was freilich nicht hindert, dass auch sie wiederum zersetzt werden kann (n. b. nachdem sie durch Absonderung des Metalls und des Oxydsauerstoffs frei geworden ist). Diese Auffassung mag

---

lichen Bestandteile der zersetzten Salze, und dadurch wurde in die Theorie der Chemie einer der erfolgreichsten Irrtümer eingeführt, dessen Beseitigung später nur unter den grössten Anstrengungen und unter dem Verlust eines grossen Teiles von dem wohlerworbenen Ansehen BERZELIUS' möglich war. Wenn dagegen die Salze von Schwermetallen untersucht worden wären, so wäre das Metall als der eine Bestandteil der Salze erkannt worden, und als anderer Bestandteil hätte dann notwendig das Halogen oder der Säurerest aufgefasst werden müssen." Elektrochemie etc. S. 317.

[1]) Afhandl. i Fysik etc. I, 36.

vielleicht eigentümlich, und in gewissem Grade inkonsequent
erscheinen, wir müssen jedoch in Betracht ziehen, dass den
Chemikern jener Zeit, d. h. vor der Zerlegung der Alkalien
und der Erden, nicht dieselben Voraussetzungen gegeben waren,
wie sie sich uns darbieten, um die Salze von einem einheitlichen Gesichtspunkt aus zu betrachten.

Übrigens wäre es sehr merkwürdig gewesen, wenn sich
BERZELIUS, der sich in so vieler Hinsicht von LAVOISIER's
Auffassung hat beeinflussen lassen, gerade in einer so wichtigen Frage wie die vorliegende (d. h. betreffs der Zusammensetzung der Salze) diesem Einfluss noch bis zum Jahre 1803
hätte entziehen können. Und LAVOISIER hat mit unverkennbarer Deutlichkeit die Säuren und Basen nicht nur als Kom-
ponenten sondern als fortdauernde Bestandteile der Salze bezeichnet [1]). Er deutet sogar an, dass diese Ansicht nicht ganz
neu, sondern unter den zeitgenössischen Chemikern schon damals ziemlich verbreitet sei. In der That ist sie eines der
wenigen Erbstücke, welche die Antiphlogistiker von ihren Vorgängern, in erster Linie von BERGMAN, übernommen haben.
Unter solchen Umständen lässt es sich mit der historischen
Gerechtigkeit nicht ganz vereinbaren, BERZELIUS allein für eine
Auffassung verantwortlich zu machen, die erweislich schon bei
einer früheren Generation Wurzel gefasst hatte.

Zwar kann nicht bestritten werden, dass BERZELIUS viel
zu der Ausbreitung und dem Fortbestand jener Auffassung
beigetragen hat. Die Ursache aber, dass ihm dies gelang,
dürfte eben darin zu suchen sein, dass der Boden von vornherein für ihre Aufnahme bereit war, und zwar von keinen ge-
ringeren Forschern als BERGMAN und LAVOISIER. Und wo
liegt das Geheimnis des grossen Einflusses, den BERZELIUS in
den Tagen seiner Manneskraft wie keiner vor ihm auf die Mitwelt ausübte, wenn nicht gerade darin, dass er in so hohem
Grade ein Kind seiner Zeit war, dass er ihr — in den meisten
Fällen wenigstens — gerade das gab, was sie bedurfte, aber
dabei nicht mehr als sie sich aneignen konnte? Übrigens hat

---

[1]) Traité élémentaire I, 193; Oeuvres de LAVOISIER II, 509—527,
Paris 1862; vgl. Korr. Geschichte der Chemie III, 80.

man sich ja schon damals keineswegs verhehlt, dass auch eine andere Lösung des Salzproblems denkbar sei. Die Theorie von den Wasserstoffsäuren zieht sich wie eine anfangs schwache, aber stets sichtbare, endlich immer stärker werdende Gegenströmung durch die ganze Berzelius'sche Periode, von Davy und Dulong bis zu Liebig. Dass sie trotzdem noch nicht durchdringen konnte, dürfte wohl weniger auf mangelhafter Fähigkeit ihrer Vertreter beruhen — Davy war wohl in dieser Hinsicht Berzelius ziemlich ebenbürtig — als vielmehr darauf, dass die Zeit für ihre Durchführung noch nicht reif war. Besonders gilt dies für den hier in erster Linie zu besprechenden Zeitabschnitt, nämlich die beiden ersten Decennien dieses Jahrhunderts.

An der von Lavoisier übernommenen Sauerstofftheorie hielt Berzelius Zeit seines Lebens treu fest. Zusammen mit dem unzertrennlich mit ihr verknüpften Dualismus bildet sie den Grundstock seiner theoretischen Auffassung. Gleichzeitig ist sie der älteste Teil seines Lehrgebäudes. In ihrer ursprünglichen Form kann man sie im ersten Bande seines Lehrbuches[1]) kennen lernen, wo sie noch nicht mit Zusätzen späteren Datums vermischt ist. Und auch nachdem sie in der Folge die elektrochemische Theorie in sich aufgenommen, blieb sie stets der wesentlichste Inhalt des Systems. Die elektrochemische Auffassung bezweckte eher, für den auf der Sauerstofftheorie begründeten Dualismus eine Erklärung zu geben als daran etwas abzuändern. Hätte diese elektrochemische Theorie kurz nach ihrem Hervortreten sich als unrichtig erwiesen oder aus andern Gründen keinen allgemeinen Anklang gefunden, so würde dies aller Wahrscheinlichkeit nach auf den Fortbestand der dualistischen Sauerstofftheorie nur wenig eingewirkt haben. Wäre nämlich die chemische Verwandtschaft nicht durch die Elektricität zu erklären gewesen, so hätte man nach einem andern Erklärungsgrunde gesucht oder auch sie überhaupt nicht erklärt. Ebenso wie die Sauerstofftheorie v o r der elektrochemischen bestanden hat, hätte sie auch nachher bestehen können, — wie das später in der That geschah. Seit der Entdeckung

---

[1]) Stockholm 1808.

des Gesetzes von Faraday wurde es klar, dass man im Ka-
liumatome keine grössere Elektricitätsmenge annehmen dürfte
als im Silberatom; die Unzuverlässlichkeit der Unterlage, worauf
sich die elektrochemische Theorie von Berzelius stützte, war
demnach physikalisch bewiesen. Damit war aber keineswegs
das Signal zum Sturz des ganzen Systems gegeben. Noch
10 Jahre später, 1844, konnte Kopp schreiben: „Die Berzelius'sche Theorie ist die noch von den meisten Chemikern
angenommene [1].“ Und als das System schliesslich doch fiel,
geschah dies, wie wir wissen, aus ganz anderen Ursachen. Die
elektrochemische Theorie Berzelius' als das hauptsächliche
Characteristicum seines chemischen Systems zu bezeichnen, entspricht daher kaum den Thatsachen.

So lange er konnte, versuchte Berzelius, die Sauerstofftheorie in ihrem ganzen ursprünglichen Umfang aufrecht zu
halten. Die Entdeckung, — zu welcher er selbst wesentlich
beigetragen — dass nämlich auch der mit dem Sauerstoff nahe
verwandte Schwefel dessen Rolle in den Säuren, Basen und
Salzen übernehmen könne, scheint er eigentlich niemals als eine
Einschränkung seines Systems aufgefasst zu haben. Vorzugsweise in den beiden Fragen betreffs der elementaren Natur der
Salzsäure und des Stickstoffs sah er sich gezwungen, auf
Kosten der Sauerstofftheorie wirkliche Konzessionen zu machen.
Die Streitigkeiten die der Entscheidung vorangingen, sind interessant als Beweis für die Beharrlichkeit, mit welcher er, so
lange es anging, aus der Auffassung Lavoisier's die Konse-
quenzen zu ziehen suchte.

Lavoisier's Hypothese von der Natur der Salzsäure und
des Fluorwasserstoffs ist allgemein bekannt. Sie ist auch im
vorhergehenden erwähnt und citiert worden [2]. Wir haben gesehen, wie Lavoisier, früh von der allgemeinen systematischen
Bedeutung des Sauerstoffs überzeugt, ex analogia den Schluss
folgerte, dass diese beiden Säuren Verbindungen von unbekannten
Radikalen (les radicaux muriatique et fluorique) und Sauerstoff
seien. Der Sauerstoffgehalt des Chlors wurde daraus eine unmittel-

---

[1] Geschichte der Chemie II, 340.
[2] Siehe S. 92.

bare Folge. Ebenso wie dieser Körper für seinen Entdecker
SCHEELE, und für STAHL's Anhänger im allgemeinen, dephlo-
gistizierte Salzsäure war, wurde er für LAVOISIER l'acide muriatique oxygéné, eine höhere Oxydationsstufe des muriatischen
Radikals. Diese im Traité élémentaire an vielen Stellen ausgesprochene Auffassung ging in unveränderter Form in BER-
ZELIUS' Lehrbuch der Chemie über. Im ersten Teile spricht
er sich über die unter der Rubrik „Säuren mit unbekannter
Basis" angeführte Salzsäure folgendermassen aus: „Es ist bisher auf keine Weise gelungen, diese Säure von ihrem Sauerstoff zu trennen oder sie auf eine niedrige Oxydationsstufe zu
bringen [1]." Dass die Salzsäure wirklich Sauerstoff enthalte,
wurde nunmehr offenbar als selbstverständlich betrachtet, so
dass eine Diskussion hierüber überflüssig schien. An Anzeichen
für das Bestehen einer entgegengesetzten Auffassung hatte es
früher allerdings nicht gefehlt. Von BERTHOLLET wurden schon
im Jahre 1789 die Blausäure und die Hydrothionsäure als
Beispiele sauerstoff-freier Säuren angeführt [2]. Es gelang ihm
jedoch nicht, seiner Stimme Geltung zu verschaffen; sie wurde
vielmehr vom Jubel der sich um den Triumphwagen der antiphlogistischen Theorie scharenden Sieger übertönt. BER-
THOLLET hatte übrigens seine Auffassung nicht auch auf die
Salzsäure ausgedehnt, sondern schon einige Jahre früher [3], gestützt auf eigene Beobachtungen über das Verhalten des Chlor-
wassers im Sonnenlicht, in betreff des gegenseitigen Verhältnisses des Chlors und der Salzsäure Ansichten ausgesprochen,
die mit den später von LAVOISIER im Traité entwickelten fast
ganz übereinstimmen. Die Frage über die Natur des angeblichen Radikals der Salzsäure hatte LAVOISIER selbst offen gelassen. Dieses Gebiet wurde später ein Tummelplatz für mehr
oder weniger abenteuerliche Spekulationen. PACCHIANI z. B.
nahm an (1805), dass das Radikal Wasserstoff und Sauerstoff
enthielte und glaubte in der vermeintlichen Entstehung von Salzsäure bei der Elektrolyse des Wassers eine Stütze für seine

---

[1] Lärbok i Kemien 1, 343, 1808.
[2] KOPP, Geschichte der Chemie III, 18; Mém. de l'Académie 1787. 148.
[3] KOPP, Gesch. III. 353; Mém. de l'Académie, 1785. 276.

Behauptung zu erhalten [1]). BERTHOLLET, ebenfalls durch eine weniger genaue Beobachtung irre geführt, hatte Wasserstoff, Stickstoff und Sauerstoff als Bestandteile des Salzsäureradikals angegeben (1800) [2]), andere Beispiele zu verschweigen.

BERZELIUS überlässt (1808), ebenso wie LAVOISIER, die Lösung dieser Frage der Zukunft. Zwar referiert er auch die beiden letztgenannten Ansichten, ohne jedoch denselben irgend welchen Wert beizulegen [3]). Im übrigen hat er die LAVOISIER'sche Auffassung insofern modifiziert, als er dem Chlor den Charakter einer Säure abspricht. Zwar hatte LAVOISIER gesagt, dass eine fortgesetzte Oxydation eine Verminderung der Acidität der Salzsäure herbeiführte [4]); gleichwohl hatte er nicht gezögert, dem Chlor die Eigenschaften einer Säure zuzuerkennen [5]). Dies scheint vornehmlich seinen Grund zu haben in einer unvollständigen Erforschung der Natur der kurz vorher von BERTHOLLET entdeckten Chlorate. LAVOISIER nennt diese Salze muriates oxygénés [3]) und fasst sie ohne weiteres als Verbindungen (combinaisons) von Salzbasen und l'acide muriatique oxygéné auf. Durch BERTHOLLET's fortgesetzte Arbeiten wie auch durch die Untersuchungen CHENEVIX' [6]) und anderer wurde später die Kenntnis der Chlorsäure und ihrer Derivate wesentlich erweitert. BERZELIUS kann daher schon von Anfang an eine scharfe Grenze ziehen zwischen den beiden Körpern, die er als

---

[1]) GILBERT's Annalen **21**. 113 (1805).

[2]) Journ. Phys. 1800, LI.

[3]) Seine allererste Auffassung von der Natur des Chlors ist aus folgenden Aussprüchen ersichtlich: „Oxydierte Salzsäure wird erhalten, wenn man Salzsäure mit einem Metalloxyd mischt und digeriert, welches zu viel Sauerstoff enthält, um sich mit der Säure zu einem Salze verbinden zu können. Ein Teil der Säure verbindet sich alsdann mit dem überschüssigen Sauerstoff des Oxyds und bildet oxydierte Salzsäure, ein anderer Teil der Säure giebt mit dem hierdurch gebildeten Metalloxydul ein Metallsalz. Solche Metalloxyde sind braunes und rotes Bleioxyd und das natürliche, schwarze Manganes-Oxyd, das gewöhnlich Braunstein genannt wird." Lärbok i Kemien I, 345. Betreffs der quantitativen Zusammensetzung werden CHENEVIX' und BERTHOLLET's Angaben angeführt (84 pCt. Salzsäure + 16 pCt. Sauerstoff bezw. 89 + 11 pCt.).

[4]) Traité élém. I, 77.

[5]) Ebenda S. 257.

[6]) Philosophical Transact. Vol. 20. 1802, S. 126.

verschiedene „Oxydationsgrade" der Salzsäure betrachtet:
„Vielleicht ist es unrichtig, diesen Körper (die oxydierte Salzsäure) eine Säure zu nennen, denn, nach den bisherigen Erfahrungen zu urteilen, fehlt ihm ganz und gar die Eigenschaft, sich mit Alkalien, Erden und Metalloxyden zu Salzen verbinden zu können. Wenn man ihn mit einem jener Substanzen vereinigt, wird er sofort zerlegt: ein Teil wandelt sich in gewöhnliche Salzsäure um, und der übrige Teil verbindet sich mit dem Sauerstoff des ersteren zu überoxygenierte Salzsäure ...... Ich kann nicht umhin, auf die Ähnlichkeit hinzuweisen, welche zwischen den Oxydationsstufen der Salzsäure und denen der einfachen Körper (Oxyden und Säuren) herrscht. Die erste Oxydationsstufe enthält 11—15 $^0/_0$ Sauerstoff, entbehrt aller Kennzeichen einer Säure und ist sonach den Oxyden ähnlich; die zweite enthält 65 $^0/_0$ Sauerstoff und ähnelt einer Säure in ihren Verhältnissen zu Alkalien u. s. w." [1]). Der Vergleich zwischen Chlor und Chlorsäure hat ihn demnach nur in seiner Auffassung von der Oxydnatur des ersteren bestärkt. Im übrigen fasst sich BERZELIUS zu dieser Zeit in Bezug hierauf sehr kurz. Die „chloristische" Frage war noch nicht brennend geworden. Sie wurde es erst in den Jahren, die zwischen der Herausgabe des ersten und zweiten Teiles des Lehrbuches liegen. GAY-LUSSAC und THENARD hatten 1809 betreffs des Salzsäuregases die Ansicht geäussert, dass es das Hydrat einer hypothetischen wasserfreien Salzsäure sei; durch den Verlust des Wasserstoffs könnte dieses Hydrat in Chlor verwandelt werden, das mithin ein Oxyd derselben wasserfreien Salzsäure sei [2]). DAVY, der ungefähr zu derselben Zeit (Ende 1808) ähnliche Ansichten ausgesprochen hatte, änderte bald seinen Standpunkt und trat 1810 mit seiner sog. SCHEELE'schen Hypothese hervor, die gegen LAVOISIER's und GAY-LUSSAC-THENARD's Auffassung zugleich gerichtet war. Dieser Hypothese zufolge enthält die Salzsäure als solche kein chemisch gebundenes Wasser, ja überhaupt keinen Sauerstoff, sie sei viel-

---

[1]) Lärbok i Kemien I, 348.

[2]) Mémoires de phys. et de chimie de la société d'Arcueil II. 339, 1809.

mehr eine Verbindung von Wasserstoff und einem einfachen
Körper [1]), the chlorine, ebenso wie ihre Salze Verbindungen
zwischen derselben Chlorine und den nicht oxydierten Metallen
seien. Wir wissen, dass diese Auffassung vielerorten schnellen
und grossen Anklang fand. Auch GAY-LUSSAC und THENARD,
die kurz zuvor anderen Ansichten gehuldigt hatten, schlossen
sich nach kurzem Widerstand den Anhängern der chloristischen
Theorie an [2]). Besonders interessant ist es, die Haltung
BERZELIUS' in dieser Frage zu beobachten, da sie ein scharfes
Licht auf seinen theoretischen Standpunkt im allgemeinen wirft.
Das Interesse wird noch durch den Umstand erhöht, dass er
gerade in dieser Zeit mit der Ausarbeitung seiner elektrochemischen Theorie beschäftigt war.

BERZELIUS hatte an und für sich weit weniger Grund als
ein BERTHOLLET, ein GAY-LUSSAC oder ein THENARD, sich der
DAVY'schen Theorie entgegenzustellen. Er hatte völlig freie
Hand, da er nicht wie seine genannten Vorgänger durch frühere
theoretische Schriften in dieser Frage gebunden war. Zwar
hatte er sich in seinem „Lärbok" der LAVOISIER'schen Auffassung angeschlossen, indessen in jener objektiven, unbefangenen
Form, in welcher der Verfasser eines Lehrbuchs eine Ansicht
citiert, von der er weiss, dass sie von der Mitwelt geteilt wird,
weshalb er selbst keinen Anlass hat, sich persönlich darin zu
engagieren. Für den Begründer der neuen Theorie empfand
er ausserdem eine Hochachtung, um nicht zu sagen Bewunderung,
der er zu wiederholten Malen Ausdruck gegeben. Auch konnte
er gegen die chloristische Auffassung keinen einzigen experimentellen Grund anführen, was er auch selbst von Anfang an
ausdrücklich hervorhebt [3]). Wenn er nichtsdestoweniger einer
der eifrigsten und beharrlichsten Vorkämpfer der alten Ansicht
wurde, so sind wir berechtigt, diesen Standpunkt einzig und
allein aus rein theoretischen Gründen herzuleiten.

Wäre nun die elektrochemisch-dualistische Theorie als

---

[1]) „An elementary substance". Elements of chem. Philosophy P. 1,
V. 1, 241. Ähnliche Ansichten hatten allerdings schon GAY-LUSSAC und
THENARD ausgesprochen, aber bald als unwahrscheinlich verworfen.

[2]) Um 1813.

[3]) Lärbok i Kemien II, 611.

solche das vorzugsweise bestimmende Moment in der theoretischen Auffassung Berzelius' gewesen, so hätte er ohne Widerrede der Davy'schen Hypothese beipflichten können. Denn es ist a priori nicht einzusehen, warum es schwerer sein sollte, die Einwirkung des elektrischen Stromes auf den binären Chlorwasserstoff als auf das binäre Oxyd des hypothetischen Muriaticums zu deuten; dies um so weniger als Davy die Übereinstimmung zwischen Chlor und Sauerstoff betont hatte und Berzelius selbst die Eigenschaft des Chlors, ähnlich dem Sauerstoff, die Verbrennung brennbarer Körper zu unterhalten wohl kannte[1]). Der Konflikt nahm erst seinen Anfang, als die neue Ansicht vom Standpunkte der Lavoisier'schen Sauerstofftheorie aus geprüft wurde. Schon das Zugeständnis, dass eine ausgeprägte Säure als sauerstofffrei aufgefasst werden konnte, dürfte bei einem eifrigen Anhänger dieser Theorie — oder richtiger dieses Systems — gewisses Bedenken erregen. Dieses Bedenken wäre jedoch vielleicht zu überwinden gewesen; wenigstens hatte Berzelius selbst die Hydrothionsäure als einen allerdings alleinstehenden Fall für eine Säure ohne Sauerstoff angeführt. Diese Substanz besass aber einen verhältnismässig schwach sauren Charakter und konnte — im Gegensatze zu der Salzsäure — kaum als typisch für die Klasse der Säuren betrachtet werden. Weit grössere Schwierigkeiten entstanden indessen durch die Konsequenzen, welche ein solches Geständnis hier unmittelbar nach sich ziehen musste, Konsequenzen, die Davy auch nicht hervorzuheben versäumte. Man würde nicht nur Säuren ohne Sauerstoff erhalten, sondern auch das Vorhandensein von sauerstofffreien Salzbasen und Salzen hätte zugegeben werden müssen: der Sauerstoff würde aufhören, der unentbehrliche Vermittler aller Salzbildung zu sein; die Metalle würden von einer Säure aufgenommen werden können, ohne sich vorher zu oxydieren. Mit einem Worte — die dominierende Centralstellung des Sauerstoffs wäre im System ernstlich bedroht gewesen. Berzelius glaubte nicht genügende Gründe zu haben, um die einfachere Auffassung einer Detailfrage zu erkaufen, durch Aufopferung

---

[1]) Lärbok i Kemien I. 346.

des ganzen Systems oder im besten Falle durch bedeutende Einschränkung der Theorie, die er von seinem ersten Auftreten an mit Begeisterung umfasst hatte und mit deren Anschauungsweise er sichtlich schon verwachsen war. Von diesem Gesichtspunkte aus betrachtet, ist seine energische Opposition gegen die chloristische Hypothese leicht erklärlich; sie ist die notwendige Folge seines unbedingten Anschlusses an die Sauerstofftheorie Lavoisier's, ebenso wie sie abermals bestätigt, dass diese Theorie nicht nur das ursprüngliche, sondern auch — trotz aller späteren Zusätze — das stets leitende Prinzip seines Systems ausmachte. Schreibt man hingegen z. B. der elektrochemischen Hypothese diese Führerrolle zu, so wird der Haltung Berzelius' in jener Streitfrage immer etwas Rätselhaftes anhaften. Was im ersten Falle ein ganz natürlicher Kampf pro aris et focis ist, wird im letzteren eine schwerverständliche Halsstarrigkeit.

Als Beweis für die Richtigkeit der eben erwähnten Auffassung mögen die Worte angeführt werden, mit welchen er zum ersten Male den Davy'schen Ansichten öffentlich entgegentritt: „Bevor ich diese Säure (die Salzsäure) verlasse, will ich mit einigen Worten eine von Davy aufgeworfene Hypothese anführen, dass nämlich die oxygenierte Salzsäure ein einfacher Körper sei; dass der Sauerstoff, den man erhält, wenn man oxygenierte Salzsäure über ein glühendes Metalloxyd leitet, nicht vom Gase, sondern vom Oxyde herrühre, und dass die Salzsäure eine Säure sei, in welcher der Wasserstoff die Basis [1]) bildet und worin die oxygenierte Salzsäure die Stelle des Sauerstoffs einnimmt. Alle wasserfreien Salze der Salzsäure sind nach dieser Hypothese Verbindungen von oxygenierter Salzsäure und dem metallischen Radikal der Salzbase ...... Diese Hypothese kann durch keinen direkten Versuch widerlegt werden und alle Erscheinungen lassen sich ebenso gut durch dieselbe erklären wie durch die vorhin angeführte, nach welcher das Salzsäuregas wasserhaltige Salzsäure ist und Salzsäure niemals gasförmig oder frei produziert werden kann, ohne wenigstens mit Wasser verbunden zu sein. Es wäre

---

[1]) = base oxydable nach Lavoisier.

schwer zu sagen, welche von diesen beiden Hypothesen die
richtige ist, wenn nicht diejenige Davy's widerlegt würde:
a) durch die Analogie mit den übrigen Säuren, b) durch die
völlige Analogie der wasserfreien salzsauren Salze mit anderen
wasserfreien Salzen und c) dadurch, dass basische salzsaure
Salze nach dieser Hypothese (der Davy'schen) als eine ganz
besondere Klasse von Körpern betrachtet werden müssen,
nämlich als Verbindungen von oxygenierter Salzsäure, einem
brennbaren Radikal und Sauerstoff. In diesem Falle stimmen
aber die Quantitäten des Sauerstoffs weder mit denjenigen
überein, welche die oxygenierte Salzsäure in ihren beiden
höheren Oxydationsstufen noch mit denjenigen, die das Metall
aufnehmen kann." Nachdem er dieses Argument durch ein
konkretes Beispiel (basisches Bleichlorid) verdeutlicht hat,
fährt er folgendermassen fort: „Die Hypothese, welche die
oxygenierte Salzsäure für einen einfachen Körper erklärt, ist
demnach in ihrer Anwendung ganz unvereinbar mit hinreichend
bestätigten chemischen Begriffen. — Ich habe hier diese
längere Widerlegung jener Hypothese gebracht, weil sie sich
durch die Berühmtheit ihres Urhebers ein ziemlich grosses
Vertrauen erworben hat [1]."

Ebenso wie Lavoisier seiner Zeit die Hypothese von dem
Sauerstoffgehalt der Salzsäure auf einen Analogieschluss
gründete, hat sich — wie man sieht — auch Berzelius bei
der Verteidigung derselben Hypothese fortwährend auf lauter
Analogieschlüsse gestützt. Nicht der Experimentator spricht
sondern der Systematiker, der noch vor Vollendung seines
Systems sich gezwungen sieht, den Grund zu verteidigen, auf
dem sein ganzes Lehrgebäude ruht [2].

[1] Lärbok i Kemien II, 610—612, 1812.
[2] Es verdient hervorgehoben zu werden, dass Berzelius in der oben
citierten Arbeit die Ansicht Gay-Lussac's und Thenard's über die Hydrat-
natur des Salzsäuregases adoptiert hat; („das Salzsäuregas enthält eine
Quantität Wasser, dessen Sauerstoff gleich ist dem Sauerstoff in den Basen,
welche dieselbe Quantität Säure sättigen") und ferner, dass das Verhältnis
zwischen den Sauerstoffmengen in der Salzsäure, dem Chlor und der Chlorsäure durch die Zahlen $1 : 1\frac{1}{2} : 4$ ausgedrückt wird. Als „fehlendes Glied"
in dieser Sauerstoffprogression hat er Davy's Euchlorine mit der relativen
Sauerstoffmenge 2 hinzugefügt. Lärbok i Kemien II, 605 u. f.

Eine neue Phase in der Opposition Berzelius' gegen „die
neue Lehre" macht sich ums Jahr 1815 bemerkbar. Trotz
aller Einwürfe zeigte es sich, dass Davy's Ansicht mehr und
mehr Eingang fand. Sie war geeignet, Klarheit in ein Gebiet
zu bringen, das lange dunkel und unerschlossen gewesen, und
bei der Mehrzahl der Chemiker, die nicht Systematiker ex
professo waren, galt dies mehr als die Fürsorge für die Inte-
grität der Lavoisier'schen Salztheorie. Berzelius konnte
sich nicht verhehlen, dass er sich mit seiner Auffassung immer
mehr isolierte. Jedoch scheint es, als ob sein Eifer nur an-
gefeuert wurde durch eine Situation, die den meisten hoff-
nungslos erschienen wäre. In einer ausführlichen Abhandlung
mit dem nicht weniger ausführlichen Titel: „Versuch einer
Vergleichung der älteren und der neueren Meinungen über die
Natur der oxydierten Salzsäure, zur Beurteilung des Vorzugs
der einen vor der andern[1])", macht er eine letzte Kraftanstrengung, um die Berechtigung der alten Auffassung zu beweisen. Auf den ersten Blick sieht man, dass er nun seine
Taktik geändert hat. Als er fand, dass die Argumente, welche
er vorher angeführt hatte, nämlich die Analogiebeweise, der
Hinweis auf die Forderung einer systematischen Einheitlichkeit
und Konsequenz nicht in erwünschter Weise berücksichtigt
wurden, bemühte er sich jetzt, seine Gegner mit ihren eigenen
Waffen zu bekämpfen (weshalb auch derjenige, der diese Arbeit studiert, ohne die vorhergehenden in Betracht zu nehmen,
leicht zu einem schiefen Urteil über die eigentlichen Beweg-
gründe seines Widerstandes verleitet werden kann).

In erster Linie wendet er sich gegen die Beobachtungen,
welche Davy veranlasst hatten, die neue Lehre aufzustellen,
und welche dieser zum Beweis für ihre Richtigkeit gebracht
hatte. Davy hatte mit Hilfe eines 2000 parigen Trogapparates
Kohle in einer Atmosphäre von trockenem Chlorgas bis zur
stärksten Weissglut erhitzt, ohne dass sich dieses dabei veränderte
bezw. desoxydierte, und daraus den Schluss gezogen, dass es
von elementarer Natur sei. Berzelius entgegnet, dass dieser

---

[1]) Afhandl. i Fysik, Kemi etc. V. 279. Gilbert's Ann. 50, 356
(1815).

Versuch „weder als Argument für DAVY's Lehre noch als
solches gegen die ältere angesehen werden könne," sondern
dass er höchstens beweise, dass „die Kohle in allen Tempe-
raturen eine schwächere Verwandtschaft zum Sauerstoff als die
Grundlage der Salzsäure habe [1])."

Vor allem hatte DAVY aber einen entscheidenden Beweis
für die Richtigkeit der neuen Lehre in dem Umstand gesehen,
dass „wenn oxydiert-salzsaures Gas auf einen oxydierten Körper
einwirkt, Sauerstoffgas in einer Menge entbunden wird, die
genau der des Sauerstoffs der Salzbasis gleich ist." Hiergegen
wendet BERZELIUS ein, dass die ältere Theorie die Ausscheidung
des Sauerstoffs dadurch erkläre, „dass der überschüssige Sauerstoff des Gases wegen der grösseren Verwandtschaft der Säure
zur Basis entweicht, ganz wie beim Einwirken von Schwefelsäure auf Mangansuperoxyd". — „Es kann", führt er fort,
„nicht als weniger wahrscheinlich angesehen werden, dass das
Superoxyd des Radikals einer Säure seinen überschüssigen
Sauerstoff abscheidet, und sich durch Einwirkung einer Basis
in Säure verwandelt, als dass das Superoxyd des Radikals einer
Salzbasis sich durch Einwirkung einer Säure mit der nämlichen
Erscheinung zur Salzbasis reduciert [2])." Was endlich die
Menge des (seiner Meinung nach aus der oxydierten Salzsäure)
entbundenen Sauerstoffs betrifft, so leitet er als notwendige
Konsequenz der Lehre von den chemischen Proportionen die
Behauptung her, dass diese Sauerstoffmenge gerade derjenigen
gleichkommen müsse, die schon in dem oxydierten Körper
(d. h. in der Base) vorhanden ist, auch wenn man von der
Voraussetzung ausgeht, dass der Sauerstoff sich aus der
oxydierten Salzsäure entwickelt [3]). „Da aber ein und dasselbe

---

[1]) Afh. V, 283; vgl. GILB. A. 50, 359.

[2]) Afh. V, 285. 286; vgl. GILB. A. 50, 361.

[3]) Mit Zuhilfenahme der von BERZELIUS selbst benutzten Symbole,
wie er sie zu jener Zeit schrieb, würde man seine Auffassung von der
Reaktion zwischen Chlor und z. B. Kali bezw. Eisenoxyd auf folgende
Weise veranschaulichen können:

$$2 \ MO^3 + KO^2 = KO^2 . 2 \ MO^2 + O^2$$
$$3 \ MO^3 + FeO^3 = FeO^3 . 3 \ MO^2 + O^3.$$

(M = Muriaticum).

Faktum nicht gleichzeitig die notwendige Folge einer Theorie und ein Beweis gegen die Richtigkeit derselben Theorie sein kann, so ist es ganz klar und zweifellos, dass die angeführten Umstände keine genügenden Gründe abgeben, um die ältere Lehre als unrichtig und die neue als richtiger zu bezeichnen [1]."

Einen direkten Wahrscheinlichkeitsgrund gegen DAVY's Ansicht leitet BERZELIUS ebenfalls von der Lehre über die bestimmten Proportionen her, indem er hervorhebt, dass die Oxydationsstufen der „Chlorine" hinsichtlich ihrer relativen Sauerstoffmengen nach DAVY auf einmal einen Sprung von 1 („Euchlorine") zu 5 („Chlorinesäure") machen, was ganz ohne Beispiel sei und sonach mit jener Lehre weniger gut übereinstimme, während die älteren Ansichten, nach welchen die Sauerstoffmengen der vier Oxyde des Muriaticums [2] sich wie $2 : 3 : 4 : 8$ verhalten, „damit in einer sehr schönen Harmonie stehen [3]."

Auch aus der elektrochemischen Theorie sucht er ein Argument für seine Auffassung zu holen. „Die Chlorine sollte nach der neuen Lehre zugleich mehr und weniger elektronegativ als der Sauerstoff sein [4]), was einen Widerspruch in sich birgt und demnach absurd ist." Es ist wohl kaum nötig, darauf hinzuweisen, auf wie schwachen Füssen dieses Argument steht; in seiner Unzulänglichkeit giebt es einen neuen Beleg dafür, wie wenig eigentlich BERZELIUS' Haltung in der Chlorinefrage mit seiner elektrochemischen Anschauung zu thun hatte.

Im folgenden zeigt BERZELIUS, wie die Verbindungen des Chlors mit Schwefel, Phosphor, Kohlenoxyd und Stickstoff, sowie deren wichtigeren Eigenschaften sich ebenso gut, wenn nicht besser, mit Hilfe der älteren Theorie erklären lassen.

---

[1] Afh. V, 287; vgl. GILB. A. 50, 362, 363.

[2] Nach BERZELIUS: 1. Salzsäure, 2. Oxydierte Salzsäure, 3. Euchlorine. 4. Überoxydierte Salzsäure.

[3] Afh. V. 291; GILB. A. 50, 365 (1815).

[4] Mehr elektro-negativ, weil sie Sauerstoff aus den Oxyden verdrängt; weniger elektronegativ, „weil sie sich mit Sauerstoff verbinden kann und in diesen Verbindungen das brennbare Radikal, d. h. den elektropositiveren Bestandteil bildet". Afh. V. 293.

Der Hinweis seiner Gegner auf die Analogie der Salzsäure
und der von ihm selbst als sauerstofffrei anerkannten Hydrothionsäure giebt ihm schliesslich willkommenen Anlass, auf die
Auslegung der Gründe zurückzukommen, die für ihn in dieser
Frage immer die in erster Reihe entscheidenden waren: die
Übereinstimmung der Salzsäure und anderer starken Säuren
in ihren Eigenschaften und die daraus hergeleitete Übereinstimmung in ihrer Zusammensetzung. Auf diesem mit sicht-
licher Vorliebe behandelten Gebiete entwickelt er vor allem
seine dialektische Schärfe. „Ich finde es immer sonderbar“,
sagt er, „wenn die Anhänger der neuen Lehre sich auf eine
Analogie berufen, denn es scheint, als mache es sich diese
Lehre zur Pflicht, Analogieen nicht zu beachten.......
Schwefel, Tellur, Phosphor, Arsenik, Kohle verbinden sich mit
Wasserstoff zu eigenen, meistens gasförmigen Körpern, welche
eine unverkennbare Analogie mit einander haben. Die Verbindungen der beiden erstgenannten besitzen dabei auch die
Eigenschaften von Säuren, welche den übrigen fehlen..... Es verbinden sich Schwefel, Arsenik, Phosphor, Kohle u. a. auch mit dem
Sauerstoff und geben Säuren, welche gleichfalls eine gemeinschaft-
liche Analogie mit einander sowohl in den physikalischen Charak-
teren als in den chemischen Eigenschaften haben. Es frägt sich
nun: mit welcher von diesen beiden Reihen hat die Salzsäure die
grössere Analogie? Giebt es einen einzigen Chemiker, der sich
einen Augenblick bedenken würde, die Salzsäure unter die sauerstoffhaltigen Säuren zu stellen?..... Giebt es einen einzigen
Grund (wenn man das Bedürfnis der neuen Lehre ausnimmt),
die Salzsäure eher mit Schwefelwasserstoff oder Tellurwasserstoff als mit Schwefelsäure oder Phosphorsäure zu vergleichen [1]?“

In geschickter Weise bedient sich BERZELIUS weiter der
Inkonsequenz, deren sich seine Gegner schuldig gemacht, als
sie, anstatt ihre Anschauungsweise durchzuführen und alle
Chlormetalle als Salze zu betrachten, auf halbem Wege stehen
geblieben waren und zaghaft eine Grenze zwischen Chloriden
und „chlorinewasserstoffsauren Salzen“ gezogen hatten, was
offenbar deshalb geschah, weil sie sich selbst noch nicht von der

---

[1] Afh. V. 333. 334; vgl. GILB. A. 50, 403, 404.

Lavoisier'schen Salztheorie ganz lossagen konnten. „Geradezu
lächerlich ist die Verlegenheit, in welche die Anhänger der
neuen Lehre geraten, wenn von salzsauren Salzen die Rede ist.
Sie sind weder unter einander noch jeder mit sich selbst darüber
einig, was als chlorinewasserstoffsaures Salz und was als
Chlorid zu betrachten sei, und rückt man ihnen auf den Leib,
so können sie keine andern chlorinewasserstoffsauren Salze zugeben, als die, welche man nicht in wasserfreiem Zustande erhalten kann" u. s. w. [1]).

Auch das dritte der Argumente, die Berzelius ursprünglich zu gunsten seiner Ansicht angeführt [2]), bringt er in
der Abhandlung über die Natur der oxydierten Salzsäure von
neuem zur Debatte. Es handelt sich, wie wir uns erinnern,
um die Zusammensetzung der basischen Chloride, welche sich
nach der neuen Auffassung nicht mit dem Satz verträgt, den

---

[1]) Afh. V, 343. In konziser und übersichtlicher Form findet man
diese Argumentation im I. Teile des Lehrbuchs (2. Aufl.) wieder: „Nach
der neuen Lehre giebt es keine anderen salzsauren Salze als solche, die
chemisch gebundenes Wasser enthalten..... Da dieses vermittelst Feuer
aus dem Salze verdrängt wird, so setzt es sich aus dem Sauerstoff des
Oxyds und dem Wasserstoff der Säure zusammen, und was die ältere
Lehre als ein Salz ohne chemisch gebundenes Wasser bezeichnet, ist in
der neueren kein Salz, sondern ein mit den Schwefel- und Phosphor-
metallen analoger Körper..... Demzufolge ist z. B. salzsaures Natron,
Kochsalz, dessen Ähnlichkeit mit anderen Salzen Veranlassung gab, den
Namen „Salz" als allgemeine Benennung der ganzen Salzfamilie zu ge-
brauchen, nach der neuen Theorie kein Salz, seiner Zusammensetzung nach
nicht analog dem salpetersauren, schwefelsauren, phosphorsauren Natron
u. s. w., sondern es ist Natrium an Chlorine gebunden, analog dem Schwefel-
natrium oder Phosphornatrium. Einige Anhänger der neuen Lehre haben
das unwahrscheinliche dieser Auffassung eingesehen und die Sache so erklärt, dass das Kochsalz in fester Form wohl kein Salz ist, sondern eine
Verbindung von Chlorine und Natrium, dass aber, wenn man es in Wasser
löst, Zersetzung eintritt, und zwar derart, dass das Natrium auf Kosten
des Lösungsmittels zu Natron oxydiert wird, während die Chlorine mit
dem Wasserstoff Salzsäure bildet. Man sieht jedoch leicht ein, dass diese
Erklärung nicht richtig sein kann, weil in diesem Falle, wo Wasser von
dem festen Kochsalz chemisch gebunden wird, Wärme entwickelt werden
müsste, wie es bei allen andern ähnlichen Gelegenheiten geschieht".....
Lärbok i Kemien I, 518, 1817.

[2]) Lärbok i Kemien II, 611. 1812.

Berzelius für die Verbindungen oxydierter Körper aufstellen zu müssen glaubte, dass nämlich der in einem der Oxyde enthaltene Sauerstoff die Einheit bilde, und dass der Sauerstoffgehalt der andern Oxyde entweder dieser Einheit gleich komme oder ein vielfaches derselben „nach einer ganzen Zahl" sei [1]. Während nun z. B. die Formel des basischen Kupferchlorids nach der älteren Auffassung

$$MO^2 . 2\,CuO^2 . 4\,H^2O \text{ [2])}$$

sein würde, wurde sie nach der neueren

$$Ch\,H^2 . 2\,CuO^2 . 3\,H^2O \text{ [3])}$$

also mit einem Sauerstoffverhältnis wie $1\frac{1}{3} : 1$. Berzelius zieht hieraus ganz korrekt den Schluss, dass „entweder die neue Lehre, oder das angeführte Gesetz unrichtig sei [4])."

Ebenso wie hinsichtlich des Chlors führt Berzelius seine Auffassung im einzelnen auch hinsichtlich des Fluors und des nach Beginn des Streites entdeckten Jods [5]) durch. Nachdem er so durch seine 100 Seiten starke Abhandlung zu gunsten seiner Ansicht Beweis auf Beweis gehäuft, die er aus den verschiedensten Teilen des chemischen Gebietes hergeholt, schliesst er mit folgenden, für seine ganze wissenschaftliche Haltung besonders charakteristischen Worten: „Ich fordere von einem jeden chemische Satze, dass er mit der übrigen chemischen Theorie übereinstimme und ihr einverleibt werden könne. Im entgegengesetzten Falle muss ich ihn verwerfen, bis die unumstössliche Evidenz desselben die Umwälzung der mit ihm nicht passenden Theorie notwendig macht [6])."

Die Abhandlung, deren Hauptpunkte hiermit angedeutet worden sind, ist, wie man leicht findet, in vieler Hinsicht unserer jetzigen Anschauung fremd. Dessen ungeachtet wirkt ihre Lektüre auch heutzutage immer noch anregend — ganz abgesehen von dem Interesse, das sie in ihrer Eigenschaft als

---

[1]) Gilbert's Ann. 50. 422. 1815.

[2]) M = Muriaticum.

[3]) Ch = Chlorine.

[4]) Gilbert's Ann. 50. 423, 1815; vgl. Afh. V. 355.

[5]) Von Berzelius damals „Jodsuperoxyd" genannt.

[6]) Afh. V, 378; vgl. Gilb. A. 50, 446.

besonders wichtige historische Urkunde hervorruft. Beinahe auf jeder Seite überrascht uns das ungewöhnliche stilistische Talent, die logische Klarheit, die strenge Folgerichtigkeit, welche die ganze Darstellung auszeichnen. Auch kann es kaum geleugnet werden, dass, rein formell betrachtet, die Stellung BERZELIUS' stärker war als die seiner Gegner. Er zeigt, dass alle in Betracht kommenden Thatsachen ebenso gut aus der alten wie aus der neuen Lehre erklärt werden können, dass beide sich somit in dieser Hinsicht das Gleichgewicht halten; dass aber ausserdem ein schwer wiegender Grund zu gunsten der ersteren hinzukommt: ihre Übereinstimmung mit dem was er nennt: „das übrige chemische Lehrgebäude, insofern man unter diesem eine Reihe zusammenhängender Erörterungen versteht, von welchen keine der andern widerspricht[1]).“ Und man muss zugeben, dass Konsequenz in der Auffassung nicht zu den Errungenschaften gehörte, welche die Chemie durch den Sieg der DAVY'schen Ansichten gemacht, dass vielmehr die dadurch geschaffene Kluft zwischen zwei scharf getrennten Salzklassen noch während mehrerer Jahrzehnte beständige Reibungen hervorrufen sollte, bis man sich entschliessen konnte, die LAVOISIER'sche Oxydtheorie ganz und gar über Bord zu werfen, um dadurch aufs neue zu der Folgerichtigkeit zu gelangen, die für die ältere BERZELIUS'sche Auffassung bezeichnend war. Und dass BERZELIUS selbst, als er sich kurz nachher veranlasst sah, seinen Widerstand endlich aufzugeben, die neue Auffassung nicht auf alle Salze anwandte, wie DULONG es wenige Jahre zuvor vorgeschlagen[2]), beweist vielleicht besser als irgend etwas anderes, wie unauflöslich die LAVOISIER'sche Salztheorie mit seiner Anschauungsweise verbunden war.

Oben ist gesagt worden, dass die Schrift über die Natur der oxydierten Salzsäure BERZELIUS' letzte Kraftanstrengung war, um die „antichloristische“ Lehre zu verteidigen. Zwar ergriff er in der zweiten Auflage seines Lehrbuches[3]) noch-

---

[1]) Afh. V, 377.

[2]) Mémoires de l'Académie 1813—15, CXCVIII (Analyse des travaux de l'académie royale des sciences. pour les années 1813, 1814. 1815. Partie physique. Par M. le Cher. CUVIER).

[3]) Teil I. Stockholm 1817.

mals das Wort in dieser Frage; was er aber hier anführt, ist der Hauptsache nach nur ein kurzgefasster Auszug aus der genannten Abhandlung und enthält sachlich nichts neues. Auch dürfte BERZELIUS bald genug die Fruchtlosigkeit eines ferneren Widerstandes eingesehen haben, selbst wenn er sich noch 1815 Illusionen über etwaige Erfolge hingegeben hat. Die im genannten Jahre erschienene Arbeit GAY-LUSSAC's über das Cyan [1]) wurde sowohl an und für sich als auch durch die fortgesetzten Untersuchungen, welche sie veranlasste, und an welchen BERZELIUS selbst einen keineswegs geringfügigen Anteil nahm, eine kräftige Stütze für die neue Lehre. Zwar haben wir Beweise, dass die oben erwähnte Abhandlung BERZELIUS' gerade in dem Lande, in dessen Sprache sie zuerst herausgegeben wurde, „sehr viele Chemiker" veranlasste, die DAVY'schen Ansichten über die Natur des Chlors nicht anzunehmen [2]). Allein dies bedeutete nur einen kurzen Aufschub des Unvermeidlichen.

Das erste Anzeichen für BERZELIUS' eigene Bekehrung kann man schon 1819 wahrnehmen, und zwar in seiner Untersuchung über die Zusammensetzung der eisenhaltigen blausauren Salze [3]), wo er sich folgendermassen ausspricht: „es kann einem aufmerksamen Leser nicht entgehen, dass die Erscheinungen, welche durch Cyanogene und Blausäure hervorgerufen werden, sich in jeder Hinsicht durch eine Theorie erklären lassen, welche derjenigen ähnlich ist, die von GAY-LUSSAC und THENARD betreffs der Verbindungen der Salzsäure und des oxydierten Salzsäuregases aufgestellt und später von ihnen wie auch von DAVY weiter entwickelt wurde; und diese Übereinstimmung wird zweifellos von vielen als ein weiterer Beweis für die Richtigkeit der Anwendung der neuen Theorie auch auf die Salzsäure betrachtet werden." Wie man sieht, eine sehr vorsichtige Äusserung, die dennoch durchblicken lässt, dass die erwähnte Übereinstimmung auch ihn selbst nicht ganz unberührt gelassen hat.

Im nächsten Jahre (1820) spricht er sich schon mit weit

[1]) Ann. Chim. 95, 136.
[2]) H. Rose. Gedächtnisrede, S. 40.
[3]) K. Vet. Akad. Handl. 1819, 274.

weniger Zurückhaltung aus, und man kann in der That sagen,
dass sein Übertritt nun eine vollendete Thatsache ist: „Aus
dem was ich schon sowohl hinsichtlich dieser Wasserstoffsäure
(des Sulfocyanwasserstoffs) wie auch der Blausäure gesagt habe,
ersieht man leicht, dass sich alle dazu gehörigen Erscheinungen
nur nach der Theorie erklären lassen, welche man in letzter
Zeit für die Salzsäure aufgestellt hat [1]). Ähnliche Äusserungen
sind auch in den beiden ersten Jahresberichten, für die Jahre
1821 und 1822, zu finden [2]). In dem ersten heisst es z. B.:
„Man wird sich davon überzeugen, dass es Körper giebt,
welche, ohne eine Säure oder eine oxydierte Basis zu enthalten,
alle Eigenschaften besitzen, welche die Salze auszeichnen, wodurch also alle die Beweise gegen die neue Theorie nichtig
werden, welche ich und mit mir viele Chemiker aus der vollständigen Analogie der salzsauren Salze und der aus einer
Säure und einer oxydierten Basis zusammengesetzten Salze
hergeleitet haben. Sonach kann man sagen, dass die neue
Theorie genau so wahrscheinlich ist wie die ältere. . . . . . Beide
muss man daher studieren und mit beiden sich vertraut

---

[1]) Om sammansättningen af svafvelhaltiga bläsyrade salter etc. K.
Vet. Akad. Handl. 1820, 82. Besonders beachtenswert ist das Urteil,
welches BERZELIUS in einer Anmerkung zu dieser Abhandlung (S. 92) über
DULONG's Theorie von den Wasserstoffsäuren fällt: „Trotzdem unsere gewöhnlichen Ansichten, meiner Meinung nach, hier (betreffs der wasserfreien, sauren und basischen Salze) eine natürlichere Erklärung geben,
verdient dennoch die Ausdehnung der neuen Theorie auf alle Salze die
grösste Aufmerksamkeit wegen der Konsequenz und der Übereinstimmung,
die hierdurch in der Anschauung entsteht". Es zeigt sich hier, dass BER-
ZELIUS damals gar nicht weit davon entfernt war, sich der Ansicht über
den Wasserstoff als dem für alle Säuren charakteristischen Bestandteil
anzuschliessen, und dass er jedenfalls kein so einseitiger und unerbittlicher
Gegner dieser Ansicht war, wie man versucht wäre anzunehmen, wenn
man seine Auffassung der BERZELIUS'schen Lehre mehr auf konstruierter
Tradition als auf das Studium seiner Schriften gründete. Die angeführte
Stelle lässt uns den inneren Konflikt ahnen, den er zweifelsohne gerade
in dieser Zeit durchzukämpfen hatte infolge der fruchtlosen Versuche, die
Forderungen der Systematik mit denjenigen der herrschenden Theorie in
Einklang zu bringen.

[2]) Årsberättelser om vetenskapernas framsteg etc. 1821. S. 63; 1822,
S. 79.

machen." In demselben Jahre, in welchem dies geschrieben
wurde, kam die zweite Auflage des zweiten Teiles des Lehrbuches heraus. Dieser enthält als Einleitung einen „kurzen
Bericht über die Veränderungen und Zusätze, welche die
Wissenschaft seit Erscheinen der zweiten Auflage des ersten
Teiles erfahren." Hier kann man behaupten, dass BERZELIUS
die Theorie von den Wasserstoffsäuren seinem chemischen
System endgültig einverleibt hat, nachdem „durch die Entdeckung
mehrerer Wasserstoffsäuren und besonders derjenigen mit zusammengesetztem Radikal die Analogie völlig wieder hergestellt
und somit von dieser Seite keine Widerlegung der neuen
Theorie von der Natur der Salzsäure zu befürchten war [1])."
Hier präcisiert er auch seine Auffassung der Haloidsalze, die
er als Verbindungen zwischen Säurenradikal und Basenradikal,
nicht aber zwischen Säure und Base, betrachtet. Dabei ist
er sich vollständig des Unterschiedes bewusst, welcher in
theoretischer Hinsicht zwischen Haloid- und Sauerstoffsalzen
entsteht trotz ihrer grossen äusseren Ähnlichkeit. „Daraus
könnte man schliessen, dass in der Theorie etwas liege, was
in Wirklichkeit nicht vorhanden ist", fügt er bezeichnenderweise
hinzu [2]). Man merkt deutlich, dass er in seiner Eigenschaft
als Systematiker noch nicht die nahe liegende Versuchung
überwunden hat, diesen Unterschied fortfallen zu lassen und
sich der DULONG'schen Auffassung ganz anzuschliessen. Und
wenn er in seiner gewöhnlichen Offenherzigkeit die Vorzüge
der letzteren betont, so geschieht es in Worten, aus denen
das Verlangen nach der verlorenen Einheitlichkeit der Salz-
lehre deutlich hervorklingt. „Es ist", so schreibt er, „kein
unbedeutendes Verdienst DULONG's, mit dieser Ansicht in die
Lehre von den Salzen jene Harmonie wieder zurückgebracht
zu haben, welche durch die neue Theorie von der Natur der
Salzsäure, wie überhaupt durch die Erscheinungen, welche die
Wasserstoffsäuren hervorbringen, gestört worden ist." Und im
Anschluss an den Bericht über die sauren und basischen Salze
der Wasserstoffsäuren heisst es: „Das Vorhandensein dieser

---

[1]) Lärbok i Kemien II, LXVII, 1822.
[2]) Ebenda S. LXXVI.

Salze spricht meiner Meinung nach mehr als alles andere für
den Vorzug der DULONG'schen Ansicht über die Zusammensetzung der Salze [1])." Wie man sieht, lässt sich mit vollem
Recht behaupten, dass BERZELIUS in der ersten Zeit nach
seinem Abfall von der antichloristischen Theorie stark zu der
DULONG'schen Auffassung hinneigte; und die Grenze, die er
zwischen den Salzen der Wasserstoffsäuren und denen der
Sauerstoffsäuren zu ziehen sich veranlasst fühlt, erscheint bei
weitem nicht so scharf[2]) und unübersteigbar wie in seinen
späteren Schriften, wo er von neuem und diesmal unwider-
ruflich der Herrschaft der LAVOISIER'schen Salztheorie anheim-
gefallen war und mit aller Macht diese Theorie auf den
Gebieten zu befestigen suchte, auf welchen sie sich noch aufrecht
erhalten liess. —

Eine andere Frage, die mit der nun behandelten sozusagen
parallel läuft, und die auch beinahe in dieselbe Zeit fällt, ist
diejenige über die Natur des Ammoniaks und des Stickstoffs.
— Seine Ansichten über den Sauerstoffgehalt der Salzsäure
hatte BERZELIUS, wie bekannt, direkt und ohne wesentliche
Veränderungen von LAVOISIER übernommen. Mit seiner Auffassung von der Zusammensetzung des Ammoniaks liegt die
Sache etwas anders; diese muss zwar in ihren innersten Kern
ebenfalls als eine Folge seines Anschlusses an die LAVOISIER'sche
Salztheorie angesehen werden, aus welcher er, wie in anderen
Fällen, auch in diesem in höherem Masse als selbst deren Urheber alle Konsequenzen zog. Allein der äussere Impuls zu
seinem Auftreten kam hier von ganz anderswo her.

Allerdings hatte LAVOISIER die allgemeine Bedeutung des
Sauerstoffs als Verbindungsglied zwischen Metallen und Säuren
hervorgehoben und im Zusammenhange hiermit die Vermutung
ausgesprochen, dass sämtliche Substanzen mit starker Affinität
zu Säuren, sauerstoffhaltig seien[3]). Jedoch führt er diese
Hypothese niemals im einzelnen aus, und was insbesondere den

---

[1]) Lärbok i Kemien II, LXXVIII, 1822.

[2]) Siehe LADENBURG. Vorträge über die Entwicklungsgeschichte der
Chemie, S. 91, 1887.

[3]) Traité élém. I, 179.

Ammoniak anbetrifft, so bezeichnet er diesen als ausschliesslich von Stickstoff und Wasserstoff zusammengesetzt, im Anschluss an die Analyse Berthollet's von 1784[1]). Den Stickstoff stellte er ohne Vorbehalt zu den einfachen Körpern, wenn man von seiner bekannten Auffassung über die imponderable Wärme als gemeinsamen Bestandteil aller Gase absieht. Erst Humphry Davy sprach, unmittelbar nachdem er die zusammengesetzte Natur der Alkalien entdeckt hatte, 1808 die auf ein weniger einwandsfreies Experiment gestützte Vermutung aus, dass auch der Ammoniak Sauerstoff enthielte[2]).

Es ist bemerkenswert, wie Berzelius, der den genialen Ideen Davy's, sobald diese mit den Lavoisier'schen Grundsätzen in Konflikt geraten, so skeptisch gegenübersteht, diesen Gedanken, der im Gegenteil die Möglichkeit zuliess, jene Grundsätze zu erweitern, von Anfang an mit grossem Eifer aufnahm. Der Ammoniak hatte bisher wie ein „Wilder" unter den übrigen Basen gestanden. Nun war der Augenblick gekommen, auch ihn der alles umfassenden Herrschaft des Sauerstoffs unterzuordnen.

Schon in einem vorhergehenden Abschnitt, gelegentlich der Erwähnung der von Berzelius in Gemeinschaft mit Pontin ausgeführten Arbeit über das Ammoniakamalgam, ist berichtet worden, wie ersterer unablässlich bestrebt war, auf experimentellem Wege die nicht besonders bindende Beweisführung Davy's über den Sauerstoffgehalt des Ammoniaks zu unterstützen, und wie er einen solchen Stützpunkt gefunden zu haben glaubte mit der Beobachtung, dass sich bei der Elektrolyse von Ammoniakflüssigkeit mit Quecksilberelektroden auf der einen Seite Quecksilberoxydul, und auf der anderen ein Amalgam bildete, ohne dass hierbei irgend welche Gasentwickelung wahrzunehmen war[3]).

Berzelius schliesst sich demnach anfangs vollständig der 1808 von Davy ausgesprochenen Ansicht über die Zusammensetzung des Ammoniaks an. Indessen änderte er seine Auffassung noch zweimal, bevor er endgültig die Hypothese über-

---

[1]) Traité élém. I, 170. Mém. de l'Académie, 1785, 316.

[2]) Philosophical Transactions 1808, 35.

[3]) Economiska Annaler VI. Juni 1808, 116.

den Sauerstoffgehalt des Ammoniaks aufgab, so dass seine Haltung in dieser Frage in allem fünf ziemlich streng von einander getrennte Phasen aufweist.

In der ersten, welche im I. (1808 veröffentlichten, 1807 verfassten) Teile des Lehrbuches wiedergegeben wird, bekennt er sich noch zu derselben Auffassung wie Lavoisier und stellt wie dieser den Ammoniak als eine Verbindung von Wasserstoff und Stickstoff hin, indem er sich auf die Untersuchungen Scheele's und des älteren Berthollet's bezieht [1]). In einer Anmerkung führt er an, dass man „in neuerer Zeit" die dem Ammoniak synonyme Benennung Ammonium anzuwenden begonnen habe, welcher er aus sprachlichen Gründen jedoch nicht beipflichten könne [2]). Der Sauerstoffgehalt des Ammoniaks findet sich in dem ursprünglichen Text überhaupt nicht erwähnt, ebensowenig wie derjenige der Alkalien oder Erden. Dagegen wird — vollständig unabhängig hiervon — die Frage von der elementaren Natur des Stickstoffs besprochen, besonders unter Berücksichtigung der Versuche Göttling's [3]) und Böckmann's [4]) betreffend das Leuchten des Phosphors im Stickstoff. Indessen hielt Berzelius diese Versuche für nicht entscheidend genug, um aus ihnen irgend welche bestimmte Schlussfolgerungen ziehen zu können.

Die zweite Phase begann 1808 unter Einwirkung der früher erwähnten Arbeit Davy's wie auch der eigenen, zusammen mit Pontin ausgeführten Untersuchungen. Der Ammoniak wird jetzt als eine Verbindung von Stickstoff, Wasserstoff und Sauerstoff betrachtet; bei der Elektrolyse wird er in Sauerstoff und eine Verbindung von Stickstoff und Wasserstoff zerlegt, welch' letztere sich „in Form eines Metalls" mit Quecksilber amalgamiert. Kommt dieses „Ammoniakmetall" mit Wasser in Berührung, so wird es augenblicklich unter Entwickelung

---

[1]) Lärbok i Kemien I, 256. 1808.

[2]) Ebenda S. 252.

[3]) J. F. A. Göttling, 1755—1809. Prof. zu Jena. Veröffentlichte 1795 eine Schrift „Über das Leuchten des Phosphors in Stickluft".

[4]) C. W. Böckmann, 1773—1821. Prof. zu Karlsruhe. Veröffentlichte 1800 „Versuche über das Verhalten des Phosphors in verschiedenen Gasen".

von Wasserstoffgas zu Ammoniak oxydiert. — Die Natur des Stickstoffs wird hier n i c h t erwähnt [1]).

Die dritte Phase währte von 1810 bis 1812. Henry's [2]) und Amédée Berthollet's Experimental-Untersuchungen [3]) machten bald die Auffassung unhaltbar, dass der Ammoniak als solcher Sauerstoff in gewöhnlicher Form enthielte. Sie bewiesen nämlich zur Evidenz, dass, im Gegensatz zu Davy's Auffassung, wasserfreies Ammoniakgas bei seiner Zersetzung nur Wasserstoff und Stickstoff ergiebt. Teils auf Grund dieses Thatbestandes, teils beeinflusst durch Davy's Untersuchungen betreffs des Verhältnisses von metallischem Kalium zum Ammoniak — änderte Berzelius — wie auch Davy selbst — nun seine Ansicht dahin, dass Ammoniak in erster Linie ausschliesslich aus Stickstoff und Wasserstoff bestehe, dass aber jeder dieser Bestandteile sich aus Sauerstoff und einem bis dahin unbekannten Körper, dem A m m o n i u m, zusammensetze, und zwar so, dass der Wasserstoff eine niedrigere, der Stickstoff eine höhere Oxydationsstufe dieser „Ammoniakbasis" sei. Demnach wird das Ammonium — um mit Davy zu reden — nicht nur die Base des Stickstoffs, Wasserstoffs und Ammoniaks, sondern — mittelbar — auch die des Wassers und sämtlicher Oxydationsstufen des Stickstoffs. Die Verschiedenheit aller dieser Körper schreibt Berzelius „ihren verschiedenen elektrischen Modifikationen" zu [4]). Was die quantitative Zusammensetzung des Ammoniaks betrifft, so wird dieselbe nach

---

[1]) Economiska Annaler VI. Juni 1808, 115.

[2]) W. Henry, 1774--1836. Englischer Fabrikbesitzer.

[3]) Philosophical transactions. 1809, 430; Mém. de la société d'Arcueil II. 268.

[4]) Lärbok i Kemien II, 64 (1812). Die Einwirkung des Ammoniaks auf Kalium wird in folgender Weise gedeutet: „Wenn Ammoniakgas durch Kalium zerlegt wird, entsteht eine Verbindung von Kaliumoxydul und Ammonoxydul, welche den olivenfarbenen Körper (= Kaliumamid) bildet; bei gelindem Erhitzen desselben wird das Ammonoxydul teils oxydiert, wobei sowohl Stickstoff als auch Ammoniak entstehen, teils aber zu Wasserstoff reduciert, wonach das Kalium, das dabei seinen Sauerstoff verliert, in Verbindung mit einem Teil des Ammoniums in Form einer Legierung zurückbleibt und den graphitähnlichen, leicht entzündlichen Körper bildet" (= Kaliumnitrid).

einer Analyse des Salmiaks durch die Zahlen 47,2 (% Sauerstoff) und 52,8 (% Basis = Ammonium) ausgedrückt. Ein späterer Versuch ergab 46,8867 % Sauerstoff und 53,1133 % Ammonium. Der Stickstoff hingegen soll aus 56,973 % Sauerstoff und 43,027 % Ammonium bestehen; also enthält der Stickstoff 1 ½ mal so viel mit Ammonium verbundenen Sauerstoff wie der Ammoniak [1]).

Beim ersten Anblick könnte es befremdend scheinen, dass BERZELIUS auf diesem Gebiete den Spekulationen DAVY's folgte, während er gleichzeitig die chloristische Theorie desselben entschieden bekämpfte, die doch auf ungleich festeren experimentellen Gründen aufgebaut war. Die Erklärung hierfür ist indessen leicht zu finden. Einerseits wollte er die Idee von dem Sauerstoffgehalt des Ammoniaks nicht ohne zwingenden Grund aufgeben. Passte sie doch nur allzugut in das chemische System, mit dessen Ausarbeitung er gerade damals beschäftigt war. Andrerseits war die Idee von dem Stickstoff als einem zusammengesetzten Körper weder neu noch ungewöhnlich, sondern sogar älter als die Hypothese von dem Sauerstoffgehalt des Ammoniaks [2]), und dürfte ihm deshalb nicht allzu befremdend vorgekommen sein. Wir sehen auch, dass BERZELIUS verhältnismässig lange an derselben festgehalten hat, während er die Annahme von der nicht elementaren Natur des Wasserstoffs ziemlich schnell fallen liess.

Letzteres dürfte wohl um 1813 geschehen sein, zu der Zeit, wo er mit seinen Anschauungen in die vierte Phase eintrat [3]). Von neuem fasst er den Wasserstoff als Element auf; dass keinesfalls Sauerstoff darin enthalten sein könne, wird durch eine ausführliche Argumentation dargelegt [4]). An dem Sauerstoffgehalt des Stickstoffs hält er aber nach wie vor fest. Als Grund hierfür führt er einerseits — wie früher — die wahrscheinliche Oxydnatur des Ammoniaks an, die er aus der mutmasslichen Analogie desselben mit den Alkalien und Salzbasen im allgemeinen folgert, und andrerseits die Zusammensetzung

[1]) Afh. V. 229.

[2]) Siehe KOPP, Geschichte der Chemie III, 216.

[3]) THOMSON's Annals of Philosophy II, 276—284, 357—368, 1813; GILB. Ann. 46, 131—175, 1814; Afh. V, 198—238.

[4]) Afh. V, 230.

der basischen salpetersauren Salze [1]), also ein Argument völlig
analog demjenigen, dessen er sich ungefähr gleichzeitig bediente,
um den Sauerstoffgehalt der Salzsäure zu verteidigen. Der
Stickstoff wird sonach als ein Oxyd oder genauer angegeben ein
Suboxyd eines unbekannten Radikals betrachtet. Dieses Radikal,
das Nitricum, ist vom Ammonium, oder dem Radikal des
Ammoniaks verschieden, welch' letzteres vielmehr eine Verbindung von Nitricum und Wasserstoff ist. Der Ammoniak
selbst ist also zusammengesetzt — nicht etwa aus Stickstoff
und Wasserstoff — ebensowenig wie z. B. Zucker aus „oxydiertem Kohlengas" (Kohlenoxydgas) und Wasserstoff oder aus
Wasser und Kohlenstoff besteht [2]) — sondern aus Nitricum,
Wasserstoff und Sauerstoff; er ist m. a. W. das Oxyd eines
zusammengesetzten Radikals, analog den aus Kohlenstoff
und Wasserstoff zusammengesetzten Radikalen, welche „die
Basen der organischen Natur ausmachen [3]." Genau an derselben Auffassung hält er noch 1817 fest in der damals erschienenen zweiten Auflage des ersten Teiles des Lehrbuches,
wie auch 1818 im Anhang zum dritten Teil. In der erstgenannten Arbeit findet sich noch angegeben, dass der Stickstoff aus 55,68 T. Sauerstoff und 44,32 T. Nitricum [4]), und der
Ammoniak aus 46,426 T. Sauerstoff, 18,475 T. Wasserstoff
und 35,099 T. Nitricum besteht.[5]) „Obwohl der Ammoniak bei
seiner Zersetzung Stickstoff und Wasserstoff hervorbringt,
können wir ihn dennoch nicht als eine Verbindung dieser
Stoffe betrachten; vielmehr müssen wir ihn uns aus Nitricum,
Wasserstoff und Sauerstoff zusammengesetzt denken, d. h. als
ein Alkali organischen Ursprungs und mit zusammengesetztem
Radikal, ein Alkali, das sich zum Kali und Natron, wie z. B.

[1]) BERZELIUS will nämlich zeigen, dass wenn der Stickstoff ein ein-
facher Körper wäre, so würde die Zusammensetzung jener Salze „eine
Ausnahme von den Gesetzen der chemischen Proportionen" sein. GILB.
A. 46, 138. 1814: vgl. Afh. V, 203. 204.

[2]) Vgl. LAVOISIER: „je supposois alors qu'il existoit de l'eau toute
formée dans le sucre, tandis que je suis persuadé aujourd'hui qu'il contient
seulement les matériaux propres à la former." Traité élém. I, 151.

[3]) Afh. V, 234.

[4]) Lärbok i Kemien I, 173, 1817.

[5]) Ebenda S. 349. 350.

Essigsäure oder Oxalsäure zu Schwefelsäure und Phosphorsäure verhält [1])."

Dass diese ganze Auffassung gewisse Mängel hatte, hat BERZELIUS übrigens weder sich selbst noch anderen verhehlt, und er vertrat sie niemals mit derselben Sicherheit, die er z. B. an den Tag legte, sobald es sich um die Oxyduatur der Salzsäure handelte. Eine solche Schwierigkeit, die zu erklären er für unmöglich hielt, bietet die Frage, „weshalb der Stickstoff, falls er wirklich ein Suboxyd ist, sich nicht durch irgend eines der bisher bekannten Mittel in reduciertes Radikal verwandeln liesse, wie andere Suboxyde, die leicht zu reducieren sind [2])." Als Kuriosum verdient erwähnt zu werden, dass er im Zusammenhange hiermit eine Zeitlang an die Möglichkeit einer Identität des Wasserstoffs mit dem Nitricum ernstlich gedacht zu haben scheint, was wohl in erster Linie darauf zurückzuführen ist, dass diese beiden Körper im Wasser und in der Salpetersäure (wie letztere damals von BERZELIUS aufgefasst wurde) mit beinahe ganz gleichen Sauerstoffmengen verbunden sind. „Ist es denkbar", ruft er aus, „dass der Wasserstoff und das Nitricum die nämliche ponderable Substanz in zwei entgegengesetzten elektrisch-chemischen Modifikationen sein können, und dass das Nitricum seine elektrisch-chemische Modifikation nur in Verbindung mit Sauerstoff behalte, ein isoliertes Nitricum folglich an und für sich nicht bestehen könne [3]) ?"

In welcher Zeit BERZELIUS von der Nitricumtheorie zu der endgültigen Ammoniumtheorie überging, lässt sich nur schwer mit Gewissheit bestimmen, da er während einer Reihe von Jahren in seinen Schriften beide Anschauungen als möglich hinstellt. KOPP scheint geneigt zu sein, das Jahr 1820 als diese Grenze zu bezeichnen [4]). Indessen steht es fest, dass BERZELIUS noch 1822 im zweiten Teile des Lehrbuches [5]) seine Nitricumtheorie anführt, indem er ausdrücklich hervorhebt,

---

[1]) Lärbok i Kemien I. 2. Aufl., 349, 1817.
[2]) Afh. V, 237.
[3]) Afh. V 337—338; GILB. A. 46, 174—175. 1814.
[4]) Entwickelung der Chemie S. 460.
[5]) Lärbok i Kemien II, 2. Aufl., 75.

„dass diese von allen auf die Lehre von den chemischen Proportionen gegründeten Berechnungen bestätigt wird." Anderseits giebt er zu, dass die direkten Versuche mehr für die (schon 1809 ausgesprochene) Ansicht Gay-Lussac und Thenard's über die Natur des Ammoniumamalgams [1]) sprechen, obwohl dieser stets das alte Argument gegenübergestellt werden kann, „dass sie nicht den Erklärungen der Reduktion der feuerfesten Alkalien in Berührung mit Quecksilber analog ist [2])." Er zeigt indessen, wie letztere Theorie leicht und ungezwungen die Zusammensetzung des Kaliumnitrids, sowie die des Kaliumamids erklärt (gemäss unserer noch jetzt gültigen Anschauungsweise). Überhaupt scheint er, soweit man nach seiner Darstellung urteilen kann, nicht abgeneigt, der Auffassung der französischen Chemiker einen gewissen Vorzug zu geben, obwohl diese, seiner Meinung nach, einer vollständigeren Beweisführung bedürfe, bevor sie als die richtigere anerkannt werden könne. Er schliesst das Kapitel über das Ammonium mit folgenden Worten: „Nachdem ich das, was in unseren Ansichten unsicher ist, dargestellt habe, muss ich ihre fernere Begründung späteren Forschungen überlassen [3])."

Es unterliegt übrigens keinem Zweifel, dass Berzelius' Übertritt zur neueren Ammoniumtheorie durch die 1816 ausgesprochene [4]), obwohl anfänglich wenig beachtete [5]) Auffassung Ampère's wesentlich erleichtert wurde. Denn die Annahme, dass das Ammonium aus 4 Vol. Wasserstoff und 1 Vol. Stickstoff bestehe, und dass es in den Ammoniumverbindungen in Form von Ammoniumoxyd (= 1 Vol. Ammoniak + 1 Vol. Wassergas) enthalten sei, bot einen Vorteil dar, der in Berzelius' Augen schwer ins Gewicht fallen musste. Die Analogie mit den feuerfesten Alkalien wurde beibehalten und die Salze des flüchtigen Alkalis liessen sich auch fernerhin den Gesichtspunkten der allgemeinen Salztheorie unterordnen, so dass die einzige Einschränkung, welche letztere durch die Meinungs-

[1]) Ann. Chim. 73, 197, 1810.
[2]) Lärbok i Kemien II, 2. Aufl. 75.
[3]) Lärbok i Kemien II. 77, 1822.
[4]) Ann. Chim. Phys. 11. 16, 1816.
[5]) Siehe Kopp. Entwickelung der Chemie, S. 460.

änderung zu erleiden hatte, darin bestand, dass der f r e i e Ammoniak, wenn auch mit allen Eigenschaften einer ausgeprägten Salzbase ausgerüstet, als sauerstofffrei aufgefasst werden musste.

So zeigt die Haltung BERZELIUS' hinsichtlich der Zusammensetzung des Ammoniaks, nicht weniger als sein Auftreten in der chloristischen Frage, ganz deutlich, wie die Aufrechterhaltung jener Salztheorie während der ganzen Zeit — etwas mehr als ein Jahrzehnt — in welcher diese Fragen auf der Tagesordnung standen, der leitende Grundgedanke seiner theoretischen Wirksamkeit war. Dass dies auch noch in einer weit späteren Periode der Fall gewesen, geht zur Genüge aus der Stellung hervor, die er z. B. gegenüber dem in den dreissiger Jahren mit so grossem Eifer diskutierten Radikalbegriff einnahm. Es liegt ausserhalb der Grenzen dieser Arbeit, auf einen genaueren Bericht über den Anteil BERZELIUS' an der Entwickelung dieses Begriffs einzugehen. Nur eines Umstandes möge im Anschluss hieran Erwähnung gethan werden. Für diejenige, welche im elektrochemischen Dualismus das Wesentliche, das vor allem Bestimmende in dem BERZELIUS-schen System erblicken, wird es immer mit grossen Schwierigkeiten verknüpft sein, auf ganz zufriedenstellender Weise die Beharrlichkeit zu erklären, mit welcher er — eine einzige kurze Periode ausgenommen — sich der Annahme von sauerstoffhaltigen Radikalen widersetzte. Das Vorhandensein von Sauerstoff in einer Atomgruppe konnte gewiss kein Hindernis für deren Unipolarität sein, mithin auch nicht für die Zusammenschliessung zweier Atomgruppen zu einem Komplex höherer Ordnung; ebenso wenig hätte es anderseits hindern können, dass die betreffende Atomgruppe in zwei einfachere Atomgruppen oder Atome zerfiel. Die elektrochemische Theorie schien daher keineswegs a priori eine Entwickelung des Radikalbegriffes zu seinem späteren Umfang ausschliessen zu müssen, vorausgesetzt, dass man dem Worte „elektrochemisch" nicht eine Bedeutung beilegt, die über seinen ursprünglichen Sinn hinausgeht. Wenn BERZELIUS trotzdem an dem Radikalbegriff in dessen älterer Form standhaft festhielt, so muss also der Grund hierfür a u s s e r h a l b der elektrochemischen Theorie zu suchen sein. Und es unterliegt keinem Zweifel, dass dieser Grund gerade in seinem ebenso standhaften Festhalten an der LAVOISIER'schen Sauerstofftheorie zu suchen ist, nach welcher diesem Grundstoff eine besondere, allen übrigen Elementen gegenüber ungleichartige Stellung zukam. Das Wort „Radikal", welches, wenn man der Angabe LAVOISIER's Glauben schenken darf, von GUYTON DE MORVEAU in die Wissenschaft eingeführt worden ist [1]), wurde von ersterem angewandt, um diejenigen Körper zu bezeichnen, die durch Aufnahme von Sauerstoff in Oxyde oder Säuren übergehen können [2]). Radikal ist also für LAVOISIER gleichbedeutend mit Sauerstoffverbindung weniger Sauerstoff, was natürlich nicht hindert, dass ein Radikal auch mit einem oder mehreren andern zu einem Radikal höherer Ordnung verbunden werden kann; Radikal ist für ihn mithin nur ein allgemeiner Ausdruck für combustible, weil es sowohl einen einfachen brennbaren Stoff, wie auch einen Komplex zweier oder mehrerer solcher bezeichnen kann. Genau dieselbe Auffassung ging in unveränderter Form in das BERZELIUS'sche System über, woraus unmittelbar folgt, dass jedes Wort von sauerstoffhaltigen Radikalen für BERZELIUS — ebenso wie seinerzeit für LAVOISIER — ganz einfach eine contradictio in adjecto werden musste. Es ist bemerkenswert, wie BERZELIUS bei einer Gelegenheit, und zwar in seinem ersten Enthusiasmus über LIEBIG-WÖHLER's Untersuchungen, betreffend das Radikal der Benzoësäure (1832), diese Auffassung fallen zu lassen schien, ganz wie er zehn Jahre früher im Begriff war, sich von der DULONG'schen Theorie für Wasserstoffsäuren fortreissen zu lassen. Allein es dauerte — wie früher — nicht lange, bis die LAVOISIER'sche Anschauungsweise ihre tief eingewurzelte Macht offenbarte, indem sie BERZELIUS' Ideenrichtung aufs neue — diesmal für immer — unter ihre Herrschaft brachte. Schon im Jahre 1833 deutet er das Benzoyl nicht mehr als ein Radikal, sondern als das Oxyd eines sauerstofffreien Radikals [3]).

[1]) Traité élém. 1, 69.
[2]) „Radicaux ou bases oxidables et acidifiables". Ebenda S. 196, 197.
[3]) Årsberättelse etc., 1833, 207.

Nicht nur in den allgemeinen Hauptzügen der chemischen Theorie machte sich LAVOISIER's Einfluss auf BERZELIUS geltend; auch in Einzelheiten lässt er sich bei einem aufmerksamen Vergleich der Schriften dieser beiden Verfasser in einer manchmal recht auffallenden Weise wahrnehmen. So hinsichtlich der Frage von der Natur der Wärme und des Lichtes. Die Art, wie dieselbe von LAVOISIER beantwortet worden ist, wurde schon bei seinen Lebzeiten von mehreren Seiten für den schwächsten Punkt seines Systems gehalten und bildete für die Anhänger der phlogistischen Lehren einen stets beliebten Angriffspunkt. Trotzdem zeigt es sich, dass seine Anschauung auch in dieser Hinsicht anfänglich in beinahe unveränderter Form von BERZELIUS übernommen wurde. LAVOISIER fasste bekanntlich die Wärme als „einen wirklichen Stoff ohne Schwere" auf [1]. Zwar deutet er in einer Stelle an, dass diese Art, die Sache auszudrücken, nicht allzu wörtlich genommen werden braucht, dass sie m. a. W. keine zwingende Verpflichtung enthält, die Wärme materiell aufzufassen, sondern dass man sich diese auch als eine Art abstossender Kraft denken kann, welche die Molekeln der Materie von einander entfernt [2]. Jedoch sieht man deutlich, dass er sich mit Vorliebe der ersterwähnten Anschauungsweise anschliesst, und besonders in der Lehre von den Gasen spielt das Wärmefluidum eine grosse Rolle als Lösungsmittel für die verschiedenen „Basen", welche Träger der jedem gasförmigen Körper charakteristischen Eigenschaften sind [3]. Sauerstoffgas ist demnach

---

[1] „Il est difficile de concevoir ces phénomènes (die Abhängigkeit der verschiedenen Aggregatzustände von der Temperatur) sans admettre qu'ils sont l'effet d'une substance réelle et matérielle, d'un fluide très-subtile qui s'insinue à travers les corps et qui les écarte . . . . . Nous avons en conséquence désigné la cause de la chaleur, le fluide éminnement élastique qui la produit, par le nom de calorique." Traité élém. I, 4, 5.

[2] „Une cause répulsive quelconque qui écarte les molécules de la matière." Ebenda.

[3] „Dans toute espèce de gaz on doit distinguer le calorique qui fait en quelque façon l'office de dissolvant et la substance qui est combinée avec lui et qui forme sa base." Traité élém. I, 17. „Le mot gaz est donc pour nous un nom générique, qui désigne le dernier degré de saturation d'une substance quelconque par le calorique." Ebenda S. 54, vgl. 200.

für Lavoisier eine Verbindung des einfachen Körpers „Sauerstoff" mit Wärme. Bei der Verbrennung des Phosphors zerlegt dieser das Sauerstoffgas und bemächtigt sich dessen Basis, sodass Wärme frei gemacht wird [1]. Wasserstoff und Sauerstoff haben grosse Neigung, sich mit dem Wärmestoff zu verbinden, wogegen Kohlenstoff eine sehr geringe Verwandtschaft zu demselben hat. Bei der Zersetzung vegetabilischer Stoffe durch Erhitzen verbindet sich Kohle mit Sauerstoff und bildet Kohlensäure, während der Wasserstoff sich mit der Wärme verbindet und Wasserstoffgas erzeugt [2]. An verschiedenen Stellen ist ausdrücklich von den Molekeln der Wärme die Rede u. s. w. [3].

Wenden wir uns darauf zu der Auffassung Berzelius', wie sie beinahe 20 Jahre später in der ersten Auflage des Lehrbuches (1808) dargestellt ist, so finden wir in der Theorie genau dieselbe reservierte Haltung wieder, in der Wirklichkeit aber dieselbe Neigung, den Imponderabilien eine materielle Natur beizulegen. „Unter den einfachen Körpern kommt eine gewisse Klasse von Stoffen vor, denen viele von den hauptsächlichen Eigenschaften der übrigen Körper fehlen, die wir demnach, wenn auch zögernd, zu den eigentlichen, materiellen Stoffen rechnen, und die von mehreren Forschern nur als Eigenschaften solcher Körper betrachtet werden, in denen sie gelegentlich zum Vorschein kommen [1]." — Zu dem Licht und der Wärme fügt er noch zwei einfache, nicht wägbare Stoffe, nämlich die Elektricität und den Magnetismus. Von den Gasen sagt er in völligem Anschluss an Lavoisier: „Durch Ver-

---

[1] Traité élém. I, 60.
[2] Ebenda S. 135.
[3] Ebenda S. 20, 25, 26 u.s.w. — Was das Licht anbetrifft, so spricht sich Lavoisier ziemlich unbestimmt aus: „La lumière est-elle une modification du calorique, ou bien le calorique est-il une modification de la lumière?" Tr. él. I, 6. Im allgemeinen schrieb er dem Lichte in dessen Verhältnis zu den wägbaren Stoffen Eigenschaften zu, die denjenigen der Wärme gleich sind. „A l'égard de la lumière — il paroit qu'elle a une grande affinité avec l'oxygène, qu'elle est susceptible de se combiner avec lui, et qu'elle contribue avec le calorique à le constituer dans l'état de gaz." Ebenda I, 201.
[4] Lärbok i Kemien I, 7, 1808.

bindung mit anderen Körpern können sie . . . . . dahin gebracht
werden, feste oder flüssige Form anzunehmen, wobei sie sich
von ihrer Wärme trennen, welche dann frei und wahrnehmbar
wird. So entsteht z. B. die Hitze bei der Verbrennung, weil
das Sauerstoffgas sich mit den brennenden Körpern verbindet
und die Wärme, welche den Sauerstoff in Gasform hielt, frei
lässt. Jedes Gas hat demnach zwei Hauptbestand-
teile: die Wärme und den wägbaren Teil, wovon
das Gas seinen Namen hat[1].“ Und ferner: „Wenn die
Metalle oxydiert werden, verbinden sie sich mit Sauerstoff in
verschiedenen Zuständen der Dichtigkeit und scheiden nachher
eine grössere oder kleinere Menge Wärme aus. Je geringer
die Affinität eines Körpers zum Sauerstoff ist, desto weniger
Wärme wird hierbei ausgeschieden . . . . . Der Stickstoff hat
die geringste Affinität zum Sauerstoff und bindet ihn mit beinahe seinem ganzen Wärmegehalt[2].“ In ganz analoger Weise
wird auch die Lichterscheinung erklärt: „Wir nehmen, um
unsere Erklärungen zu erleichtern, mutmassungsweise an, dass
jeder brennbare Körper, neben seiner wägbaren Grundlage
auch Leuchtstoff (schwed. „Lyse“) enthält, welcher bei der
Verbrennung des Körpers zusammen mit der Wärme des
gasförmigen Sauerstoffs entweicht und die Feuererscheinung
hervorruft[3].“

Es verdient erwähnt zu werden, dass die eben angeführten
Sätze beinahe unverändert noch in der zweiten Auflage des
Lehrbuchs beibehalten sind.

Lavoisier verblieb für Berzelius immer der Meister.
Der „Grosse“ und der „Unsterbliche“ sind die stehenden Ausdrücke, mit welchen sein Name in Berzelius' Schriften verknüpft wird. Zu wiederholten Malen hat Berzelius seine
aufrichtige Bewunderung für das Genie seines berühmten Vorgängers an den Tag gelegt und das tragische Schicksal be-
dauert, das ihn einem unvollendeten Werke entriss[4].

In völliger Übereinstimmung hiermit steht, man könnte

---

[1] Lärbok i Kemien I, 30, 1808.
[2] Ebenda II, 15. 16, 1812.
[3] Ebenda I, 97; vgl. II, 25.
[4] Siehe Lärb. I, 98, 1808; II, 22, 1812; III, 50, 1818; Afh. V, 539.

beinahe sagen die kindliche Pietät, welche er den LAVOISIER-
schen Ansichten entgegenbrachte: „LAVOISIER's schöne Lehre" [1]
war für ihn sozusagen ein teures Erbstück, das nicht leicht-
sinnig und ohne zwingende Notwendigkeit vergeudet werden
durfte. Allein dieses Erbstück war in BERZELIUS' Hand keineswegs ein totes Kapital. Ebenso energisch, wie er einerseits
so lange irgend möglich LAVOISIER's System aufrecht zu erhalten suchte, bestrebte er sich anderseits auch, dasselbe
unaufhörlich weiter zu entwickeln und auszudehnen, indem er
alle später hinzugekommenen Neuerungen von grösserer Bedeutung demselben einfügte und assimilierte, so die elektrochemische Theorie, so die Lehre von den multiplen Proportionen und die atomistische Betrachtungsweise; oder indem er
neue Gebiete den leitenden Gesichtspunkten des Systems unter-
ordnete, wie die Mineralogie und späterhin die organische
Chemie. BERZELIUS war, streng genommen, in höherem Grade
Systematiker als Theoretiker. Ein origineller Theoretiker in
dem Sinne, dass er neuen und ungewöhnlichen Ideen nachjagte,
in der bewussten oder unbewussten Absicht, dadurch die Aufmerksamkeit der Mitwelt auf seine Person zu lenken, wurde er
niemals. Für diejenigen, welche eine derartige „Originalität"
als den höchsten Exponent der wissenschaftlichen Produktion
betrachten, muss BERZELIUS immer auf sehr niedriger Stufe
stehen. Seine Stärke in Bezug auf die theoretische Behandlung
der Wissenschaft lag vielmehr, wie übrigens schon von einigen
seiner älteren Biographen angedeutet worden ist, in seiner un-
gemeinen Fähigkeit, von verschiedenen Richtungen hergeholte
und ursprünglich von einander unabhängige Theorien zu einem
harmonischen Ganzen, zu einem einheitlichen Lehrgebäude zu-
sammenzufügen. Nicht ohne Ursache nannte ihn LIEBIG „unsern
ersten Baumeister". [2] Und obwohl der Grund, auf welchem
er sein Gebäude aufführte, und der im wesentlichen dessen
Plan bestimmte, schon von LAVOISIER gelegt war, entwickelte
BERZELIUS bei der Vollendung des Systems eine so selbständige

---

[1] Lärbok i Kemien II, 558, 1812.

[2] BERZELIUS und LIEBIG. Ihre Briefe, herausgeg. v. J. CARRIÈRE,
2. Aufl. S. 63.

Thätigkeit in der Bearbeitung. Anordnung und Verschmelzung des, wenn auch manchmal von andern Forschern zuerst hervorgebrachten Materials, dass er es wohl verdient, neben LAVOISIER als einer der grössten Förderer der antiphlogistischen Sauerstofftheorie genannt zu werden. LAVOISIER hatte seine Ideen zum Siege geführt, BERZELIUS hat den Sieg organisiert.

Die Mitwelt enthielt ihm auch dieses Verdienst nicht vor. Sie wusste es im Gegenteil wohl zu würdigen und ging dabei mitunter so weit, dass BERZELIUS nicht selten allein die Lorbeern einheimste, die dem unter seinem Namen vorzugsweise bekannt gewordenen System zukamen, indem man den Anteil anderer entweder ganz übersah oder doch nicht gebührend berücksichtigte. Was besonders LAVOISIER betrifft, so dürfte dies teils darin seinen Grund haben, dass zwischen seinem Tode und BERZELIUS' erstem Auftreten als Theoretiker eine verhältnismässig lange Zeit vergangen war, teils auch darin, dass die früheren Schriften BERZELIUS', in welchen die nahe Zusammengehörigkeit zwischen seinen und LAVOISIER's Lehren am deutlichsten hervortritt, niemals so bekannt wurden wie die späteren, wo diese Zusammengehörigkeit durch neuere Zusätze, die in erster Reihe die Aufmerksamkeit auf sich lenkten, teilweise in den Schatten gestellt wurde. BERZELIUS selbst trägt jedenfalls hieran keine Schuld; denn gewissenhaft hob er stets die Verdienste seiner Vorgänger hervor.

Die Überschätzung aber, welche ihm gewissermassen, ohne sein Hinzuthun, bei Lebzeiten zu Teil geworden ist, rächte sich gar schwer nach seinem Tode. Als die Opposition gegen seine Auffassung sich erhob, als sein System fiel, und als man sich über die — von unserm Gesichtspunkte aus betrachtet — unstreitigen Mängel desselben zu Gericht setzte, war es in erster Reihe stets BERZELIUS und oft er allein, dem die volle Verantwortung zugeschoben wurde, selbst dort, wo die historische Gerechtigkeit es verlangte, dass auch andere neben ihm zur Verantwortung gezogen worden wären. — Wenn man von der phlogistischen Theorie absieht, giebt es wohl kaum ein chemisches System, das so herbe beurteilt, ja so verhöhnt wurde wie gerade das BERZELIUS'sche. Dies ist um so unbefugter, als BERZELIUS verschiedentlich betonte, dass seine Theorie keineswegs darauf

Anspruch mache, ein unmittelbarer, geschweige denn unfehlbarer Ausdruck der Wahrheit zu sein, dass sie vielmehr nur ein Versuch sei, sich von der uns umgebenden Welt der Phänomene eine Vorstellung zu machen.

Was man BERZELIUS besonders vorgeworfen, ist bekanntlich gerade die Sauerstofftheorie, seine Auffassung, dass jedes Salz aus Metalloxyd + einer (wasserfreien) Säure anstatt aus Metall + einem Säurerest (einer Wasserstoffsäure weniger Wasserstoff) bestehe, und die Hindernisse, welche diese Auffassung der Entwicklung der Wissenschaft in den Weg gelegt haben sollte. Dass wenigstens ein Teil der Vorwürfe eigentlich auch LAVOISIER hätte treffen müssen, daran scheint zu jener Zeit keiner gedacht zu haben. ja. die Ironie des Schicksals hat es sogar gewollt, dass der, welcher am kräftigsten zum Sturz der alten dualistischen Salztheorie beitrug, kein geringerer war als der pontifex maximus des übertriebenen gallischen LAVOISIER-Kultus, JEAN BAPTISTE DUMAS. Übrigens kann noch in Abrede gestellt werden, inwieweit man nicht den Einfluss der BERZELIUS'schen Auktorität in jener Hinsicht überschätzt hat. Dass die neuere Auffassung nicht schon damals durchdrang, als sie zum ersten Male in allgemeingültiger Form von DULONG dargestellt wurde, kann jedenfalls um so weniger BERZELIUS zugeschrieben werden, als dieser — weit entfernt, sie unbedingt zu verwerfen [1] — gerade im Gegenteil ihre Vorzüge in systematischer Hinsicht ausdrücklich betonte; sondern dürfte wohl vielmehr nur als ein Zeichen dafür zu betrachten sein, dass die allgemeine Denkart unter den Vertretern der Wissenschaft damals für die Reform noch nicht genügend reif war. Aber

[1] Noch im Jahre 1836 schreibt BERZELIUS: „Die Versuche mit wasserfreier Schwefelsäure und Chlorsalzen (salter af klor) interessiren mich sehr. Sie scheinen zu dem schon lange erwarteten Resultat zu führen. dass die starke Schwefelsäure nicht etwa SO^3 oder $SO^3 + HO$, sondern $SO^4 + H$ ist, und dass dieselbe Theorie für die Salze der Salzbildner und die Sauerstoffsalze gilt.“ Brief an H. ROSE 26. 2. 1836. Und zwei Jahre später äussert er in derselben Frage folgendes: „Mir begnügt es vollkommen, die neue Ansicht neben die alte zu stellen als eine andere Erklärungsart. und was sind in der That unsere Ansichten anders als Erklärungsarten?“ Brief an LIEBIG 4. 5. 1838.

dies scheint noch kein Grund zu sein, weshalb diese Männer — BERZELIUS eingerechnet — dem Tadel der Nachwelt in höherem Grade ausgesetzt sein sollten als andere Gelehrte, deren theoretischen Anschauungen, nachdem sie längere oder kürzere Zeit ihre Aufgabe im Dienste der Wissenschaft erfüllt hatten, verbraucht wurden und von der Bühne abtreten mussten.

Die Erfahrung lehrt uns, dass sich jede Theorie, mag sie bei ihrer Entstehung dem damaligen empirischen Wissen noch so sehr angepasst gewesen sein, gleichwohl in demselben Masse, wie sich dieses Wissen erweitert, nach einiger Zeit damit in Widerspruch gerät, zuerst in einem einzelnen Punkte, später in mehreren, bis sie — trotz der grossen Verdienste, welche sie sich etwa um die Wissenschaft erworben — endlich gänzlich aufgegeben und von einer andern, für den Augenblick bessern ersetzt werden muss, die ihrerseits schliesslich demselben unabänderlichen Schicksal verfällt. Wenn dem aber so ist — und das dürfte wohl kaum von jemand ernstlich bestritten werden — scheint es kaum mit der Gerechtigkeit vereinbar, das Verdienst eines Forschers nur deshalb zu schmälern, weil seine Theorien sich als unfähig erwiesen, der Vergänglichkeit zu widerstehen.

In der historischen Kritik dürfte der Vorgänger dem Nachfolger gegenüber jedenfalls ein gewisses Recht haben, so weit wie möglich nach dem Massstabe des wissenschaftlichen Standpunktes seiner eigenen Zeit beurteilt zu werden. Es ist ein erfreuliches Zeichen, dass dieses Prinzip in letzterer Zeit begonnen hat, sich selbst bei Beurteilung der früher so verpönten und verlachten phlogistischen Theorie geltend zu machen, und man darf wohl hoffen, dass die gleiche Gerechtigkeit seiner Zeit auch BERZELIUS und seinen Anhängern widerfahren wird.

IV.

Die bestimmten Proportionen.

In seinem chemischen System war LAVOISIER auf die Lehre von den chemischen Proportionen nicht näher eingegangen, offenbar deshalb, weil das damals vorhandene Material, zu dem er allerdings selbst wertvolle Beiträge gegeben, ihm nicht umfassend genug oder nicht hinreichend genau erschien, um daraus irgend welche allgemeine Schlüsse zu folgern. Der grosse Förderer der quantitativen Forschungsmethode war jedoch weit davon entfernt, die hervorragende Bedeutung dieser Lehre für die weitere Entwicklung der Chemie zu unterschätzen, obwohl es ein für seine ganze Auffassungsweise besonders charakteristischer Zug ist, dass er hierbei fast ausschliesslich die S a l z e berücksichtigte. In dieser Hinsicht bezeichnend sind vor allem die Worte, mit welchen er den ersten Teil des Traité élémentaire abschliesst: „Je ne me dissimule pas qu'il auroit été nécessaire pour completter cet ouvrage, d'y joindre des observations particulières sur chaque espèce de sel, sur sa dissolubilité dans l'eau et dans l'esprit de vin, sur la proportion d'acide et de base qui entre dans sa composition, sur sa quantité d'eau de cristallisation, sur les différens degrés de saturation dont il est susceptible, enfin sur le degré de force avec laquelle l'acide tient à sa base. Ce travail immense ...... n'est encore que médiocrement avancé, et les bases sur lesquelles il repose ne sont pas même encore d'une exactitude rigoureuse ...... C'est un vaste champ ouvert au zèle et à l'activité des jeunes chimistes; mais qu'il me soit permis de recommander, en terminant ici ma tâche, à ceux qui auront le courage de l'entreprendre, de s'attacher plutôt à faire bien qu'à faire beaucoup; à s'assurer d'abord par des expériences précises et multipliées de la composition des acides, avant de s'occuper de celle des sels neutres. Tout édifice destiné à braver les outrages du tems, doit être établi sur des fondemens solides; et dans l'état où est parvenue la Chimie, c'est en retarder la marche que d'établir ses progrès sur des expériences qui ne sont ni assez exactes, ni assez rigoureuses" [1]).

Man könnte sagen, dass diese bemerkenswerten Schlussworte einer bemerkenswerten Arbeit LAVOISIER's wissenschaftliches Testament enthalten. Als sie niedergeschrieben wurden, waren die Stürme der Revolution über Frankreich schon hereingebrochen und es scheint, als ob LAVOISIER geahnt hätte, dass ihm selbst wenig Zeit gelassen werden würde, sich einem Werke zu widmen, dessen ausserordentliche Bedeutung für die Wissenschaft keiner so klar einsah wie er. Trotzdem er sich aber gezwungen sah, die Arbeit einer jüngeren Generation zu überlassen, konnte er dennoch nicht umhin, in grösster Allgemeinheit eine Andeutung über die Art ihrer Ausführung zu geben. Es dauerte indessen beinahe zwei Jahrzehnte, ehe jemand hervortrat, der den Mut einerseits besass, dieses „Riesenwerk" zu übernehmen und anderseits das mit Ausdauer gepaarte Geschick, es gemäss den von LAVOISIER aufgestellten Forderungen durchzuführen.

In diesem, wie in so vielen andern Fällen, war es BERZELIUS vorbehalten, den Mantel des Meisters aufzuheben; und während er — man wird nicht unterlassen dies zu bemerken — als Theoretiker seine Thätigkeit in vieler Hinsicht von den Schranken des LAVOISIER'schen Systems im voraus bestimmt, begrenzt, ja bisweilen geradezu gehemmt sah, hatte er hingegen auf dem in Frage kommenden, rein experimentellen Gebiete bei weitem freiere Hand, weit grössere Gelegenheit, seine individuelle Forscherbegabung zu entwickeln, die für Arbeiten solcher Art eigens geschaffen zu sein schien. Auch wurde das

---

[1]) Traité élém. I. 186, 187.

Werk, welches er auf diesem Gebiete schuf, weit monumentaler und dauerhafter: es wurde, um LAVOISIER's Worte anzuwenden, ein Bau, bestimmt, den Stürmen der Zeit zu trotzen, nachdem das theoretische Lehrgebäude BERZELIUS' längst in Trümmer gegangen.

Dass BERZELIUS in seinen Arbeiten über die chemischen Proportionen keineswegs ohne Vorgänger war, ist wohl bekannt. Ausser den von LAVOISIER an der eben citierten Stelle angeführten Chemikern, möge es hinreichen, in diesem Zusammenhange an die Namen WENZEL, RICHTER, BUCHOLZ, KLAPROTH, VALENTIN ROSE D. J. zu erinnern. Wie wenig aber alle diese Forscher, trotz vieler verdienstvoller Einzelarbeiten, vermocht hatten, die Lösung der grossen Hauptfrage herbeizuführen, geht zur Genüge daraus hervor, dass gerade zu der Zeit, wo BERZELIUS zum ersten Male Hand an die Arbeit legte, noch der interessante Streit zwischen BERTHOLLET und PROUST fortdauerte, ob es überhaupt bestimmte chemische Proportionen in dem gewöhnlichen Sinne des Wortes gab oder nicht.

Wir wissen aus BERZELIUS' eigener Darstellung, dass seine Arbeiten zur Erforschung der chemischen Proportionen im Jahre 1807 ihren Anfang nahmen und dass der erste Antrieb zu denselben in den Schriften J. B. RICHTER's zu suchen ist, welche er zwecks Ausarbeitung seines im darauf folgenden Jahre herausgegebenen Lehrbuchs einem genauen Studium unterwarf [1]).

RICHTER's Rolle in der ersten Entwicklung der chemischen Proportionslehre ist zu allgemein bekannt, um hier noch weiter hervorgehoben zu werden. Dagegen scheint es im Anschluss hieran angemessen zu sein, die Beschuldigungen zu erwähnen, die gegen BERZELIUS gerichtet worden, weil er die Verdienste RICHTER's nicht gebührend gewürdigt haben soll. So sagt z. B. KOPP anlässlich des Neutralisationsgesetzes [2]): „WENZEL wurde als der Entdecker dieser Regelmässigkeit wesentlich auf den Bericht hin betrachtet, welchen BERZELIUS über die Entwick-

---

[1]) Siehe z. B. Afh. V, 546.

[2]) Die Fortdauer der Neutralität bei der wechselseitigen Zersetzung neutraler Salze.

lung der Lehre von den chemischen Proportionen gegeben hat[1]) ..... Wenige Beispiele bietet die Geschichte unserer Wissenschaft, wo in gleichem Grade wichtige und wohlbewiesene Wahrheiten längere Zeit übersehen wurden, und wo, als das Verdienst der Entdeckung derselben endlich zur Würdigung kam, es dem Entdecker noch geschmälert und zu erheblichem Teile mit Unrecht einem andern zugesprochen wurde"[2]). Ähnlich sprechen sich LÖWIG[3]), LADENBURG[4]) und E. VON MEYER aus. Der letztere erkennt anderseits an, dass BERZELIUS RICHTER's Verdienste nicht unbeachtet gelassen: „Nach FISCHER haben namentlich GEHLEN, SCHWEIGGER und BERZELIUS auf die ausgezeichneten Leistungen RICHTER's nachdrücklich hingewiesen. Die Entdeckung des Neutralitätsgesetzes wurde infolge eines Missverständnisses von BERZELIUS WENZEL zugeschrieben; diesen Irrtum deckte H. HESS erst 33 Jahre nach dem Tode RICHTER's auf"[5]).

Diese Aussprüche entbehren keineswegs eines faktischen Grundes: nichts destoweniger können sie, so wie sie dargestellt worden, leicht zu einem in Bezug auf BERZELIUS nicht ganz korrekten Urteil führen. — Im ersten Teil der Specialarbeit, in welcher BERZELIUS vorzugsweise seine Untersuchungen über die chemischen Proportionen niedergelegt hat[6]), findet sich als Einleitung eine kurzgefasste geschichtliche Übersicht, worin als die wichtigsten Leistungen auf dem fraglichen Gebiete aufgezählt werden: der Streit zwischen PROUST und BERTHOLLET, die quantitativen Untersuchungen von BUCHOLZ und ROSE, die Versuche WOLLASTON's saure Salze betreffend, DALTON's kurz vorher dargestellte Hypothese von den multiplen Proportionen und RICHTER's gerade auf das Neutralisationsgesetz gegründete

[1]) Die Entwickelung der Chemie S. 251. Fussnote.
[2]) Ebenda S. 252—253.
[3]) JEREMIAS BENJAMIN RICHTER, Eine Denkschrift. S. 27 (1874).
[4]) „RICHTER war der erste, der das Neutralitätsgesetz ausgesprochen hat. Mit Unrecht hat man dies Verdienst früher WENZEL zugeschrieben ..... Dieser Irrtum, der in viele ältere Lehrbücher übergegangen ist, scheint durch BERZELIUS veranlasst worden zu sein und wurde erst kürzlich von SMITH berichtigt." Vorträge über die Entwicklungsgeschichte der Chemie S. 54.
[5]) Geschichte der Chemie S. 150.
[6]) Versuche über die bestimmten Proportionen etc. Afh. III, 162.

Beweisführung, dass die Zusammensetzung der Salze „durch Kalkul berechnet werden kann". Von WENZEL ist hier überhaupt nicht die Rede. Erst weiterhin sind einige seiner Specialuntersuchungen citiert [1]). In der Reihe von Abhandlungen, die als die unmittelbare Fortsetzung der eben erwähnten Arbeit betrachtet werden können [2]), giebt BERZELIUS sogar ausdrücklich und mit einer nicht misszuverstehenden Deutlichkeit an, dass er gerade durch das Studium der RICHTERschen Schriften und besonders des Werkes: Über die neueren Gegenstände in der Chemie „die ersten Begriffe von bestimmten Proportionen erhalten hat". In keiner dieser Abhandlungen findet sich der Name WENZEL's im Zusammenhang mit dem Neutralisationsgesetz oder mit der allgemeinen Entwicklung der chemischen Proportionslehre überhaupt erwähnt. Aus den Originalarbeiten, in welchen sich BERZELIUS vornehmlich mit den chemischen Proportionen beschäftigt, kann für die Auffassung, dass er RICHTER's Verdienst auf diesem Gebiete zu Gunsten WENZEL's geschmälert oder dem ersteren die Ehre aberkannt habe, der Grundleger der Stöchiometrie zu sein, kaum eine Stütze hergeleitet werden.

Gehen wir nachher zum Lehrbuch über, so finden wir im ersten Teile (1808) das Neutralisationsprinzip noch ziemlich kurz behandelt; auch ist es auf keinen bestimmten Autor hingeführt. BERZELIUS hebt hervor, dass „den Analysen der meisten Salze noch die Präcision fehlt, die unbedingt gefordert werden muss, um sie der Berechnung zu Grunde zu legen" [3]). Unter den Forschern (sechs an der Zahl), denen die zuverlässigsten Beiträge zur Kenntnis der quantitativen Zusammensetzung der Salze zugeschrieben werden, ist wohl RICHTER, nicht aber WENZEL erwähnt. In der darauf folgenden, den Salzen der Alkalien und Erden gewidmeten Abteilung sind die Untersuchung RICHTER's mehr als dreissig [4]), diejenigen WENZEL's nicht ein einziges Mal citiert. — Im zweiten Teile des Lehr-

---

[1]) Afh. III. 172, 192.
[2]) Afh. V. 94 f.
[3]) Lärbok i Kemien I. 400.
[4]) Besonders betreffs der Quantitäten von Basen, die erforderlich sind, um eine bestimmte Quantität Säure zu sättigen.

buches wird die Entdeckung des Neutralisationsgesetzes und
die daraus hergeleitete Schlussfolgerung, dass Mengen von
Oxyden, die gleich viel Sauerstoff enthalten, gleicher Mengen
einer Säure bedürfen, um neutralisiert zu werden, ausdrücklich
RICHTER zugeschrieben [1]. Dass diese Auseinandersetzungen von
den Zeitgenossen RICHTER's nicht gebührend berücksichtigt
wurden, ist, nach BERZELIUS, auf mangelhafte Genauigkeit bei
einigen der experimentellen Belege zurückzuführen. Ungefähr
in derselben Weise spricht sich BERZELIUS im Anhang zu der
eben citierten Arbeit aus. Was dort über RICHTER gesagt
wird, ist zum Teil eine Wiederholung des Vorerwähnten [2]. Und
wenn es kurz vorher von WENZEL heisst, er habe das Verhältnis dargethan, „welches zwischen den Quantitäten der Basen,
von welchen die Säuren gesättigt werden, besteht u n d w a s
z u r F o l g e h a t, d a s s b e i d e r w e c h s e l s e i t i g e n Z e r-
l e g u n g z w e i e r n e u t r a l e n S a l z e d i e N e u t r a l i t ä t e r-
h a l t e n w i r d"[3], so braucht dies nicht u n b e d i n g t so gedeutet werden, dass WENZEL s e l b s t den letztgenannten Schluss
aus seinen Versuchen gezogen. Indessen dürfte gerade diese
Stelle mit ihrem etwas schwebenden Wortlaut als der erste
Ursprung des verhängnisvollen Irrtums betrachtet werden müssen.
Und man kann eigentümlicherweise Schritt für Schritt die
Entwicklung dieses Irrtums verfolgen, der wahrscheinlich dadurch entstanden ist, dass der Schreibende, sich seiner eigenen
Worte erinnernd, in dieselben einen andern Sinn hineinlegte,
als er von anfang an beabsichtigt hatte. So heisst es nämlich
S. 561 „WENZEL's u n d RICHTER's Sätze betreffend die Erhal-
tung der Neutralität" und hieraus wurde schliesslich S. 565
„WENZEL's Regel für die Dekomposition der Salze unter Er-
haltung der Neutralität". Da diese Ausdrücke, besonders der
letztgenannte, mit der ganzen früheren Darstellung BERZELIUS'
in schroffem Widerspruch steht, so ist es klar, dass hier von

---

[1] „RICHTER bemerkte schon vor etwa 15 Jahren, dass die Salze
hierbei ihre Neutralität behielten, woraus notwendig folgte, dass die Menge
des Sauerstoffs in den Oxyden, welche die Säure sättigten, dieselbe sein
musste." Lärbok i Kemien II, 37, 1812.

[2] Ebenda S. 557.

[3] Ebenda.

keinem Missverständnis, geschweige denn von einer mehr oder weniger absichtlichen Ignorierung der Verdienste eines Vorgängers die Rede sein kann. Das Ganze reduciert sich auf einen Lapsus Calami, der im übrigen in Anbetracht der erstaunlichen Produktivität Berzelius' leicht erklärlich und sogar verzeihlich ist. Durch ein eigentümliches Übersehen ist dieser fehlerhafte Ausdruck aber auch im 3. Teile des Lehrbuchs (1818) stehen geblieben und von da aus in die deutschen Auflagen übergegangen wie auch in den „Versuch über die Theorie der chemischen Proportionen" (1820), der eigentlich nur ein Auszug aus dem Lehrbuch ist. Später ist die Stelle von vielen nachfolgenden Verfassern abgeschrieben worden, ohne auf ihre Richtigkeit näher geprüft zu werden.

Es verdient indessen bemerkt zu werden, dass Berzelius gerade in dem eben erwähnten 3. Teil auch die Beiträge Bergman's zur Lösung der Proportionalitätsfrage [1] hervorhebt, wozu er noch die Anmerkung hinzufügt, dass Richter „den dunkel ausgedrückten Ideen Bergman's von der gegenseitigen Ausfällung der Metalle eine Klarheit und Deutlichkeit gab, welche sie beinahe zu Richter's eigene Entdeckung machen[2]."

Auf Grund des oben angeführten will es scheinen, dass die vermeintliche Nichtbeachtung der Verdienste Richter's, die man zu wiederholten Malen Berzelius vorgeworfen hat, nicht wenig übertrieben ist, und dass die irrtümliche Angabe, welche er sich wirklich zu Schulden kommen liess — weit entfernt, eine spätere, mit grossem Apparat ausgeführte „Entdeckung" Richter's nötig zu machen — am einfachsten durch einen Vergleich mit seinen früheren Äusserungen in derselben Frage hätte berichtigt werden können.

Wie schon gesagt, fing Berzelius seine Experimentaluntersuchungen betreffend die chemischen Proportionen im Jahre 1807 an und der erste Ausgangspunkt bildete, seiner eigenen

---

[1] Die vorzugsweise im folgenden Satze zum Ausdruck kommen: „phlogisti mutuas quantitates praecipitatis et praecipitandi ponderibus esse inverse proportionales." De diversa phlogisti quantitate in metallis. Opuscula III, 151 (1783).

[2] Lärbok i Kemien III. 4. 1818.

Angabe gemäss, sein Versuch zur Bestimmung der Zusammensetzung des Ammoniaks [1]).

Die Arbeit nahm, wie nicht anders zu erwarten, mehrere
Jahre in Anspruch und dauerte streng genommen während
seiner ganzen späteren Lebenszeit fort. Den bei weitem grössten
Teil derselben führte er jedoch während der ersten zwölf Jahre
d. h. 1807 bis 1818 aus, während einer Periode also, deren
Abschluss durch die im letztgenannten Jahre (als Anhang zum
dritten Teil des Lehrbuchs) erschienene umfangreiche Tabelle
über die Zusammensetzung chemischer Verbindungen und die
Atomgewichte der Grundstoffe bezeichnet wird [2]). Nach dieser
Zeit hat er vorzugsweise einzelne Zusätze und Berichtigungen
zu den bereits gewonnenen Hauptresultaten gemacht. Die
Schriften, in denen BERZELIUS die Ergebnisse dieser wahrhaft
klassischen Untersuchung niederlegte, sind in schwedischer
Sprache zumeist in den „Afhandlingar i Fysik, Kemi och Mineralogi“ veröffentlicht und zwar im III. bis VI. Teile (1810
bis 1818), teils unter dem allgemeinen Titel „Versuche betreffend die bestimmten Verhältnisse, nach welchen die Bestandteile der anorganischen Natur verbunden sind“, teils unter verschiedenen andern, specielleren Rubriken. Auch die Publi-
kationen der schwedischen Akademie der Wissenschaften enthalten mehrere der diesbezüglichen Abhandlungen. In deutscher
Sprache sind sie teils in GILBERT's Annalen der Physik [3]),
teils in SCHWEIGGER's Journal für Chemie und Physik [4]) sowie in
TROMMSDORFF's Journal der Pharmacie [5]) wiedergegeben, ausser-

---

[1]) „Unter meinen Versuchen zur Bestimmung der Zusammensetzung
des Ammoniaks beschloss ich, dieses wichtige Theorem (RICHTER's Neutralitätsgesetz) gewissenhaft zu prüfen, und nach vielen mühsamen und zum
Teil auch misslungenen Versuchen hat es sich vollkommen bestätigt.“
Lärbok i Kemien II. 37, 1812.

[2]) Tabell. som utvisar vigten af . . . . . enkla och sammansatta kroppars
atomer etc., Stockholm 1818, 4°.

[3]) Bd. 37, 38 (1811); 40, 42 (1812); 46 (1814); 53 (1816).

[4]) Bd. 2 (1811); 6 (1812); 7 (1813); 11 (1814); 15 (1815); 16 (1816);
21 (1817); 23 (1818); 30 (1820).

[5]) Bd. XX, XXI (1812); Neues Journ. d. Pharm. 11 (1818).

dem noch französisch in den Annales de Chimie [1]) und englisch
in Philosophical Magazine [2]) sowie in Thomson's Annals of
Philosophy [3]).

In der geschichtlich chemischen Litteratur findet man diese
Untersuchungen in der Regel in ziemlicher Kürze behandelt,
selbst dort, wo man ihre grosse Bedeutung für die Wissenschaft hervorhebt. Zum Teil findet dies in ihrer streng experimentellen Natur seine ungezwungene Erklärung. Man hat sich
mit Vorliebe mit den Hypothesen beschäftigt, die in verschiedenen
Zeiten Berzelius bei der Formulierung der chemischen Verbindungen zur Richtschnur gedient haben. Wie die Formeln
je nach den wechselnden Auffassungen von Zeit zu Zeit ihre
Gestalt veränderten, und welche Streitigkeiten sich daran
knüpften, ist daher ziemlich eingehend behandelt worden. Die
Entstehung der unveränderlichen analytischen Grundlage, worauf das eine Formelsystem wie das andere ruht, ist dagegen
meistens in allgemein gehaltenen Worten geschildert worden.
Daher war es auch ohne eingehendes Studium der umfassenden,
weit zerstreuten und nicht überall leicht zugänglichen Quellen-
litteratur bisher kaum möglich, sich weder von dem Umfang
noch von der Genauigkeit der fraglichen Untersuchungen eine
exakte Vorstellung zu machen. Von diesem Gesichtspunkte
aus dürfte es nicht ganz überflüssig sein, an dieser Stelle in
gedrängter Form eine möglichst vollständige Übersicht dieser
Untersuchungen zu geben, insofern sie in den hier in Betracht
kommenden Zeitraum fallen.

Berzelius selbst hat die Ergebnisse seiner stöchiometrischen
Forschungen im allgemeinen in chronologischer Reihenfolge
angegeben. Im Interesse einer grösseren Übersichtlichkeit
mögen sie hier in alphabetischer Ordnung angeführt werden;
durch Hinweis auf die betreffenden, mit Jahreszahl versehenen
Originalabhandlungen ist jedoch gleichzeitig eine annähernde
Bestimmung der Zeitfolge der einzelnen Versuche ermöglicht
worden. Die in Klammern hinzugefügten Zahlen sind, um den

---

[1]) Bd. 78—83 (1811, 1812); 94, 95 (1815); 2 (1816); 5. 6 (1817);
9 (1818); 11 (1819).

[2]) Bd. 41—43 (1813).

[3]) Bd. 2—20 (1813—1820).

Vergleich zu erleichtern, auf Grund der jetzt (1899, nach dem Vorschlag der 1898er Kommission) angenommenen Atomgewichten berechnet worden.

Aluminium.

Aluminiumoxyd; die Zusammensetzung wurde durch Analyse des Aluminiumsulfats (siehe unten) bestimmt: 53.274% Aluminium, 46.726% Sauerstoff [1]) (53.03, 46.97).

Aluminiumsulfat; direkte Analyse durch Glühen des mittels Alkohols ausgefällten Salzes: 29.934% Thonerde, 70.066% Schwefelsäure ($= SO_3$)[1]).

Alaun; das Krystallwasser wurde durch Erhitzen, die Schwefelsäure mittels Chlorbaryum, die Thonerde durch Fällen mit Ammoniak, das Kali durch Fällen mit Strontiumkarbonat und Eindampfen des Filtrats bestimmt: 9.81% Kali. 10.86% Thonerde. 34.23% Schwefelsäure, 45.00% Wasser [2]).

Antimon.

Antimonoxyd „Oxydum stibiosum" ($= Sb_2O_3$); die Zusammensetzung wurde aus der des Schwefelantimons berechnet. Antimon: Sauerstoff = 100 : 18,6 oder in % 84.32 : 15.68 [3]) (83.33, 16.67).

„Antimonige Säure, weisses Antimonoxyd, spiessglanzige Säure" ($= Sb_2O_4$); die Zusammensetzung wurde auf synthetischem Wege, durch Oxydation des Metalls mit rauchender Salpetersäure ermittelt: 80.13% Antimon, 19.87% Sauerstoff [4]) (78.95, 21.05).

Antimonsäure, „gelbes Antimonoxyd" ($= Sb_2O_5$); durch Oxydation des metallischen Antimons mit Königswasser, Trocknen, Erhitzen und Glühen: 76.34% Antimon, 23.66% Sauerstoff (75.00, 25.00). Das Verhältnis zwischen den Sauerstoffmengen in den verschiedenen Oxyden des Antimons sonach 1 : $1\frac{1}{3}$: $1\frac{2}{3}$ [5]).

---

[1]) Afh. V. 141; Gilb. A. 40, 260, 1812.

[2]) Afh. V, 170; Gilb. A. 40, 311.

[3]) Afh. V, 490; K. Vet. Akad. Handl. 1812. 189; Gilb. A. 42, 283, 1812; Schweigg. J. 6. 155. 1812.

[4]) Afh. V, 492; K. Vet. Akad. Handl. 1812. 192; Schweigg. J. 23, 200, 1818. Nach einer älteren Bestimmung Sb : O = 78.19 : 21.81. Gilb. A. 42, 283. 1812; Schweigg. J. 6, 155, 1812.

[5]) Afh. V, 494; K. Vet. Akad. Handl. 1812. 194; Schweigg. J. 23, 202, 1818. Sb : O = 100 : 37.2 Gilb. A. 42, 283, 1812; Schweigg. J. 6. 155.

Schwefelantimon, „svafvelbunden antimon" schwed. ($= Sb_2S_3$); durch Synthese: Antimon: Schwefel $= 100 : 37.3$ oder in $^0/_0 = 72.83 : 27.17$ [1]) (71.39. 28.61).

Kaliumantimonit ($= K_2Sb_2O_5$); 23.4 $^0/_0$ Kali, 76.6 $^0/_0$ „antimonige Säure" ($= Sb_2O_4$) [2]) (23.68, 76.32).

Antimonite von Baryum, Calcium, Blei, Mangan, Eisen, Kobalt, Kupfer [2]).

Kaliumantimoniat ($= KSbO_3$): 20.8 $^0/_0$ Kali, 79.2 $^0/_0$ Antimonsäure [3]) (22.76, 77.23).

Antimoniate von Baryum, Calcium, Blei, Zink, Mangan, Eisen, Kobalt, Kupfer und Quecksilber [3]).

Betreffs der Analyse der Antimonverbindungen hat BERZELIUS zu wiederholten Malen die damit verbundenen Schwierigkeiten hervorgehoben und auch selbst seine Resultate nur als annähernde bezeichnet. Bekanntlich dauerte es bis Ende der fünfziger Jahre, ehe wesentlich genauere Werte (durch SCHNEIDER) erzielt wurden.

Arsen.

Arsenige Säure: durch Überführen derselben in Schwefelarsen: 75.782 $^0/_0$ Arsen, 24.21 $^0/_0$ Sauerstoff (75,76, 24.24), Sättigungskapacität der Säure 7.972 [4]).

Arsensäure; die Zusammensetzung wurde aus der Sättigungskapacität, 13.886, berechnet: 65.283 $^0/_0$ Arsen, 34.717 ($= 13.886 \times 2^1/_2$) $^0/_0$ Sauerstoff [5]) (65.22, 34.78). Das Verhältnis der Sauerstoffmengen in der arsenigen Säure und der Arsensäure $= 3 : 5$ berechnet.

Die Schwefelverbindungen des Arsens. Realgar und Auripigment waren früher von KLAPROTH und LAUGIER [6]) untersucht worden [7]). BERZELIUS wies nach, dass der Schwefel in diesen

---

[1]) Afh. V, 490; vgl. K. Vet. Akad. Handl. 1812, 191.

[2]) K. Vet. Akad. Handl. 1812, 235: SCHWEIGG. J. 6, 167.

[3]) K. Vet. Akad. Handl. 1812, 227 f.; SCHWEIGG. J. 6, 160 f.. 1812.

[4]) Afh. V, 459; SCHWEIGG. J. 23, 173. 174, 1818. Unter Sättigungskapacität versteht BERZELIUS die Sauerstoffmenge, welche in der zur Sättigung von 100 Teilen Säure erforderlichen Quantität einer beliebigen Base enthalten ist.

[5]) Afh. V. 464. 468; SCHWEIGG. J. 23, 180. 1818; vgl. TROMMSD. N. J. Pharm. 11, 2 St., 49, 1818; TROMMSD. J. Pharm. XXI, 2 St., 164, 1812.

[6]) ANDRÉ LAUGIER, geb. 1770. gest. 1832, Prof. am Muséum d'hist. nat. Paris.

[7]) An dieser sowie an folgenden Stellen sind in erster Linie die-

beiden Verbindungen sich wie 2 : 3 verhält, und dass im Auripigment 61 $^0/_0$ Arsen und 39 $^0/_0$ Schwefel enthalten sind [1]), welche Zahlen fast völlig mit denjenigen übereinstimmen, die sich aus den jetzigen Atomgewichten berechnen lassen (60.93, 39.07). Laugier hatte 61.86 bezw. 38.14 gefunden.

„Neutraler arsensaurer Baryt", Baryumpyroarseniat (= $Ba_2As_2O_7$); aus Baryumnitrat und Natriumarseniat hergestellt, durch Waschen und Glühen des entstandenen Niederschlags: 57.06 $^0/_0$ Baryt, 42.94 $^0/_0$ Arsensäure [2]) (57.15, 42.85.)

„Basisches" (Ortho-)Salz (= $Ba_3As_2O_8$), aus der vorhergehenden Verbindung durch Digerieren mit Ammoniak und nachheriges Glühen des Produktes gewonnen; 66.56$^0/_0$ Baryt, 33.44$^0/_0$ Arsensäure [3]) (66.68, 33.32).

Arsenigsaures Bleioxyd, a) neutrales Salz (= $PbAs_2O_4$). Aus krystallisierter arseniger Säure und einer genau abgewogenen Menge Bleinitrat synthetisch dargestellt; 52.654 $^0/_0$ Bleioxyd, 47.356 $^0/_0$ arsenige Säure (52.96, 47.04), woraus die Sättigungskapazität der letzteren berechnet wurde (siehe oben). b) Basisches Salz mit 68.7$^0/_0$ Bleioxyd [4]).

„Neutrales arsensaures Bleioxyd", Pyrosalz: 65.86$^0/_0$ Bleioxyd, 34.14 $^0/_0$ Arsensäure[5]) (65.97, 34.03). „Basisches" (Ortho-) Salz: 74.75 $^0/_0$ Bleioxyd, 25.25 $^0/_0$ Arsensäure [5]) (74.41, 25.59).

Baryum.

Baryterde; die Zusammensetzung wurde aus der Menge Baryt berechnet, die einer bestimmten Quantität Salzsäure zur Sättigung dient: 89.529 $^0/_0$ „Barytium", 10.471 $^0/_0$ Sauerstoff [6]) (89.57, 10.43).

Baryumchlorid, a) „wasserfreier, salzsaurer Baryt"; durch Ausfällung des Chlors mit Silbernitrat: 73.63 $^0/_0$ Baryt, 26.37 $^0/_0$ „Salzsäure", d. h. nach der jetzigen Anschauungsweise Chlor weniger

jenigen Forscher angeführt worden, welche Berzelius selbst als seine Vorgänger citiert.

[1]) Afh. V, 473.

[2]) Afh. V, 461; vgl. Schweigg. J. 21, 329, 1817.

[3]) Afh. V, 462; Schweigg. J. 21, 331, 1817; 23, 175, 1818.

[4]) Afh. V, 463. 464; Schweigg. J. 21, 333, 334; 23, 176; vgl. Trommsd. J. Pharm. XXI, 2 St., 161, 1812; Gilb. A. 38, 206, 1811.

[5]) Afh. V. 461; Schweigg. J. 21, 331; 23. 175; vgl. Trommsd. J. Pharm. XXI. 2 St., 164.

[6]) Afh. V, 111; Trommsd. J. Pharm. XXI, 85, 1812. Vgl. Gilb. A. 37, 457; 38. 170, 1811.

Sauerstoff (= Cl_2—O)[1]) (73.65, 26.35). Ältere Analysen hatten 73.7728 und 26.2272[2]) bezw. 74.25 und 25.75[3]) ergeben. V. Rose und Bucholz hatten früher einen um 1 – 2 $^0/_0$ zu niedrigen Salzsäuregehalt gefunden. b) Wasserhaltig: 61.852$^0/_0$ Baryt, 23.349$^0/_0$ Salzsäure, 14.799 $^0/_0$ Krystallwasser. „Das Krystallwasser enthält doppelt so viel Sauerstoff als die Erde"[4]).

Baryumfluorid wurde durch Zerlegung mittels Schwefelsäure und darauf folgendes Glühen analysiert: 87.18 $^0/_0$ Baryt, 12.82 $^0/_0$ „Fluss-spathsäure" (= Fl_2—O)[5]) (87.46, 12.54).

Baryumkarbonat; frühere Bestimmungen von Klaproth und V. Rose hatten 78 $^0/_0$ Baryt und 22 $^0/_0$ Kohlensäure ergeben. Bucholz fand 79 bezw. 21 $^0/_0$. Nach Berzelius enthält das Salz 22.38 $^0/_0$ Kohlensäure und somit 77.62 $^0/_0$ Baryt[6]) (22,29, 77.71).

Baryumnitrat; durch Überführung in Sulfat: 58.25 $^0/_0$ Baryt, 41.75 $^0/_0$ Salpetersäure (= N_2O_5)[7]) (58.67, 41.33).

Baryumsulfit; 69.74 $^0/_0$ Baryt, 41.75 $^0/_0$ Salpetersäure, 1.42 $^0/_0$ Wasser[8]).

Baryumsulfat; ältere Analysen von Klaproth und Bucholz[9]) hatten 67 bezw. 67.52 $^0/_0$ Base und 33 bezw. 32.48 $^0/_0$ Säure ergeben. Berzelius, der diese wichtige Verbindung zu wiederholten Malen einer erneuten Untersuchung unterwarf (besonders durch Überführung des Chlorbaryums in Chlorsilber und Baryumsulfat), gelangte zuletzt zu Resultaten von einer solchen Genauigkeit, dass sie auch später, bis in die letzten Jahre als musterhaft angesehen werden könnten, nämlich 65.643 $^0/_0$ Baryt und 34.357 $^0/_0$ Schwefelsäure[10]) (65.71, 34.29).

---

[1]) Afh. V. 400; Schweigg. J. 23, 117. 1818.

[2]) Afh. V. 110; Trommsd. J. Pharm. XXI. 84. 1812. Gilb. A. 38, 169, 1811.

[3]) Afh. III. 193; Gilb. A. 37, 286, 1811; Trommsd. J. Pharm. XX. 2 St.. 332.

[4]) Afh. V, 150; Gilb. A. 40. 283, 1812.

[5]) Afh. V. 451.

[6]) Afh. V, 111. Fussnote; vgl. S. 116; ältere Versuche Afh. III, 180; Trommsd. J. Pharm. XX, 2 St.. 316, 1811; XXI, 84; 2 St.. 151. 1812; Gilb. A. 37, 269; 38. 169, 1811.

[7]) Afh. V. 128; Gilb. A. 40, 165, 1812.

[8]) Afh. III. 186; Gilb. A. 37, 275, 1811; Trommsd. J. Pharm. XX. 2 St.. 322, 1811.

[9]) Scherer's Journal 10, 385.

[10]) Afh. V. 401; Schweigg. J. 23, 117. 1818; ältere Bestimmungen Afh. V. 111 sowie III, 181; Trommsd. J. Pharm. XX, 2 St., 316, 1811; XXI. 84, 85, 1812; Gilb. A. 37, 270; 38. 169. 1811.

Beryllium.

Beryllerde: 68.861 % Metall, 31.136 % Sauerstoff [1]).

Berylliumchlorid: 49.135 % Beryllerde, 50.865 % „Salzsäure" [1]).

Berylliumsulfat (= $BeSO_4$); Ausfällung mit Ammoniumkarbonat bezw. Chlorbaryum: 24.33 % Beryllerde und 75.67 % Schwefelsäure (23.87, 76.13). BERZELIUS fasste indessen diese Verbindung als saures Salz auf und wurde dadurch zu einer fehlerhaften Berechnung des Sauerstoffgehaltes der Beryllerde verleitet [2]).

Blei.

Bleioxyd, „gelbes Bleioxyd" auch „Bleioxydul" genannt; früher von BUCHOLZ untersucht. Wenige Verbindungen hat BERZELIUS einer so genauen und so oft wiederholten Analyse unterworfen wie gerade das Bleioxyd. Die verschiedenen Methoden, denen er sich hierbei bediente, waren folgende: 1) Glühen des Bleinitrats; 2) Bestimmung des Chlors im Bleichlorid; 3) Glühen des Karbonats und 4) direkte Analyse des Oxyds durch Reduktion mit Wasserstoffgas. Als Mittel einer grossen Anzahl mit ausserordentlicher Sorgfalt ausgeführter Bestimmungen giebt er schliesslich an: 92.829 % Blei, 7.171 % Sauerstoff oder auf 100 T. Blei 7.725 T. Sauerstoff [3]), welche Zahlen fast völlig mit denen übereinstimmen, die sich aus STAS' Analysen berechnen lassen (92.82, 7.18).

---

[1]) SCHWEIGG. J. 15, 299, 300, 1815.

[2]) Försök att ..... grundlägga ett rent vetenskapligt System för Mineralogien, Bilaga 5, S. 98, 1814; SCHWEIGG. J. 15, 297.

[3]) Afh. V, 394. SCHWEIGG. J. 23, 112, 1818; vgl. Afh. V, 101, TROMMSD. J. Pharm. XX, 2 St., 301, 1811; XXI, 68, 1812; GILB. A. 37, 330, 1811. Noch genauere Angaben in TROMMSD. N. J. Pharm. II. 2 St., 45, 1818. wonach 100 T. Bleioxyd durch Reduktion 7.182 T. Sauerstoff verlieren. Eine ältere Bestimmung (Afh. III. 168; GILB. A. 37. 257, 1811) hatte das Verhältnis Blei: Sauerstoff = 100 : 7.75 — 7.8 ergeben. Schon von dieser verhältnismässig weniger genauen Bestimmung äussert OSTWALD folgendes (Klassiker der exakten Wissenschaften 35. 212): „Das richtige Verhältnis ist 7.733 Th. Sauerstoff auf 100 Th. Blei, statt der von BERZELIUS gefundenen Zahl 7.75 bis 7.8. Man kann nicht umhin, die Genauigkeit zu bewundern, die BERZELIUS zu einer Zeit zu erreichen wusste, in welcher die Technik der quantitativen Analyse erst zu schaffen war." Der Leser bleibt indessen hier in Unwissenheit, dass es kurz nachher BERZELIUS selbst gelang, eine noch weit höhere Genauigkeit zu erreichen. Seine Analyse des Bleichlorids kommt dem von O. angegebenen Normalwert (7.733) sogar noch näher als der oben genannte Mittelwert; sie hat nämlich 7.7316 T. Sauerstoff auf 100 T. Blei ergeben. Afh. V, 394; SCHWEIGG. J. 23, 111, 1818.

Mennige „rotes Bleioxyd"; durch Umwandlung in Bleioxyd: 90 % Blei, 10 % Sauerstoff [1] (90.65, 9.35).

Bleisuperoxyd, „braunes Bleioxyd"; in ähnlicher Weise wie das vorhergehende analysiert: 86.51 % Blei [2] 13.49 % Sauerstoff [3] (86.60, 13.40). „Als Resultat scheint aus diesen Versuchen zu folgen, dass das Blei in seinen drei verschiedenen Oxydationsgraden den Sauerstoff in Mengen aufnimmt, die zu einander in dem Verhältnis von $1 : 1\frac{1}{2} : 2$ stehen." Demgemäss formulierte er noch im Jahre 1818 diese Oxyde PbO_2, PbO_3, PbO_4.

Schwefelblei, früher von WENZEL untersucht, welcher 86.8 % Blei und 13.2 % Schwefel gefunden hatte [4]. Die von BERZELIUS angegebenen Werte, durch direkte Synthese der Verbindung aus den Elementen ermittelt, sind 86.64 % Blei und 13.36 % Schwefel [5], nach einem älteren Versuche 86.51 bezw. 13.49 [6] (86.58, 13.42).

Bleichlorid; durch Überführen des gelben Bleioxyds in „Hornblei", durch Fällen mit Silbernitrat sowie durch Fällen mit Schwefelsäure erhielt BERZELIUS Werte, die für Bleioxyd zwischen 80.82—80.26 und für „Salzsäure" zwischen 19.18—19.74 % schwankten [7] (80.24, 19.76).

Bleikarbonat; durch Glühen des Salzes und Wägen des rückständigen Oxyds: 83.5 % Bleioxyd, 16.5 % Kohlensäure [8] (83.51, 16.49) und bei einem spätern Versuche 83.333 % Bleioxyd, 16.447 % Kohlensäure, 0.22 % Feuchtigkeit [9].

Bleinitrat, neutrales; das Salz wurde durch Glühen zer-

---

[1] Afh. III, 169. Tabell etc. 58. 1818: GILB. A. 37. 258, 1811; TROMMSD. XX. 2 St., 301, 1811.

[2] Im Texte steht eines Druckfehlers zufolge 86.81.

[3] Afh. III, 170; GILB. A. 37, 259, 1811; TROMMSD. J. Pharm. XX, 2 St., 303, 1811.

[4] Lehre von der Verwandtschaft S. 394. Nach BERZELIUS.

[5] Afh. V. 97; GILB. A. 37. 326, 1811; TROMMSD. J. Pharm. XXI. 64, 1812.

[6] Afh. III. 172; GILB. A. 37, 260, 1811; TROMMSD. J. Pharm. XX. 2 St.. 305. 1811.

[7] Afh. III. 201: V. 110. 392; GILB. A. 37, 294; 38. 168, 1811; TROMMSD. J. Pharm. XX. 2 St., 340, 1811; XXI. 83, 1812; SCHWEIGG. J. 23. 110. 1818.

[8] Afh. V, 116; GILB. A. 38, 197. 1811; TROMMSD. J. Pharm. XXI. 2 St.. 151, 1812.

[9] Afh. V. 393; SCHWEIGG. J. 21, 324, 1817; 23. 111, 1818.

legt: 67.22 bezw. 67.31% Bleioxyd, 32.78 bezw. 32.69% Salpetersäure [1]) (67.35, 32.65).

Bleinitrat, basisches. 1. „Subnitras biplumbicus", entsteht, „wenn man zu einer Auflösung von neutralem salpetersaurem
Blei weniger Ammoniak hinzusetzt, als erforderlich ist, um die
ganze Menge des neutralen Salzes zu zersetzen". Salpetersäure:
Bleioxyd = 100 : 411.82. 2. „Subnitras triplumbicus", aus neutralem Nitrat und „so viel kaustischem Ammoniak, als ²/₃ der
Salpetersäure zu sättigen vermag". Salpetersäure: Bleioxyd = 100
: 617.73. 3. „Subnitras seplumbicus", aus den beiden vorhergehenden Salzen durch Digerieren mit überschüssigem Ammoniak
hergestellt. Salpetersäure: Bleioxyd = 100 : 1235.46 [2]). Die ein-
gehende Untersuchung dieser drei basischen Salze bezweckte —
wie schon oben angedeutet — in erster Linie die von BERZELIUS
damals noch verteidigte Nitricumtheorie experimentell zu stützen.

Bleinitrit, „neutrales salpetrigsaures Bleioxyd": (von
BERZELIUS $NO_4 + PO$ formuliert) 70.375% Bleioxyd, 23.925%
salpetrige Säure, 5.700% Wasser [3]).

Bleinitrit. 1. Basisches Salz, früher von PROUST und
THOMSON beobachtet. Ersterer hielt es für ein Salz, „worin das
Blei auf eine niedrigere Stufe der Oxydation gebracht sei". Letzterer
betrachtete es als basisches Bleinitrat. BERZELIUS fand: 79.75%
Bleioxyd, 13.57% salpetrige Säure, 6.68% Wasser und drückte die
Zusammensetzung durch die Formel $NO_4 + 2PO$ aus [4]). 2. „Über-
basisches" Salz, $NO_4 + 4PO$: 90.42% Bleioxyd, 7.74% salpetrige
Säure, 1.84% Wasser [5]).

Bleisulfat; metallisches Blei sowie auch Bleioxyd wurde in
Sulfat umgewandelt: 73.65% Bleioxyd, 26.35% Schwefelsäure [6])
bezw. 73.615 und 26.385% [7]) (73.57, 26.43).

Bor.

Borsäure, „Boraxsäure". Die Zusammensetzung wurde aus
der Sättigungskapacität (siehe oben) berechnet. Frühere Versuche

---

[1]) Afh. V, 129, 163; GILB. A. 40, 166. 1812; SCHWEIGG. J. 23, 109.
1818.

[2]) Afh. V, 208 f.; eine ältere Untersuchung ebenda S. 161; GILB. A.
46, 142—145. 1814; vgl. 40, 176, 1812.

[3]) Afh. V, 183, 222; GILB. A. 40, 200, 1812.

[4]) Afh. V, 178, 222; GILB. A. 40, 191.

[5]) Afh. V, 227; vgl. S. 184 und GILB. A. 40, 201.

[6]) Afh. V, 103, 395; vgl. III, 176; TROMMSD. J. Pharm. XXI, 70,
1812.

[7]) GILB. A. 37, 331. 1811.

hatten von einander sehr abweichende Resultate ergeben. So hatte DAVY 73° Sauerstoff, GAY-LUSSAC und THENARD hingegen nur 33° gefunden, ein treffendes Beispiel der Unsicherheit, die damals in bezug auf die Kenntnis der chemischen Proportionen noch herrschte [1]). Die älteren Untersuchungen BERZELIUS' ergaben einen Wert, der demjenigen DAVY's ziemlich nahe kommt, oder 74°/₀. Er charakterisierte indessen diese Bestimmung als einen blossen „Versuch" und hob ausdrücklich hervor, dass die Frage einer näheren Untersuchung bedürfe, ehe sie als endgültig beantwortet angesehen werden könne [2]), weshalb er auch später (1824) die Untersuchung wieder aufnahm, wobei er — diesmal durch Analyse des Natriumbiborats — den Sauerstoffgehalt der Borsäure zu 68.81°/₀ bestimmte (68.57). Sättigungskapazität 11.468 [3]).

Borate des Ammoniums und Magnesiums, siehe Afh. V, 446 [4]).

Calcium.

Calciumoxyd: die Zusammensetzung wurde aus der Analyse des wasserfreien Chlorcalciums berechnet: 71.733° „Basis", 28.267°/ Sauerstoff [5]); später 71.84° Calcium, 28.16° Sauerstoff [6]) (71.43, 28.57).

Calciumhydrat: 100 T. Kalk aus carrarischem Marmor ergaben 132.1—132.5 T. Kalkhydrat. „Wasser und Kalkerde enthalten somit gleiche Quantitäten Sauerstoff [7]).

Calciumchlorid. 1. Wasserfrei: 51.9° Kalk, 48.1°/₀ „Salzsäure" [8]), später 51.117 bezw. 48.883°/₀ [9]) (50.50, 49.50).

---

[1]) Siehe DAVY. Elements of Chemical philosophy Part I, Vol. I, 317, 1812.

[2]) Afh. V. 444; vgl. SCHWEIGG. J. 21, 317. 1817; 23. 163, 1818.

[3]) K. Vet. Akad. Handl. 1824. Årsberättelse. Stockholm 1825, 89.

[4]) Auch SCHWEIGG. J. 21, 317.

[5]) Afh. III, 268; vgl. die „Berichtigungen" der letzten Seite! GILB. A. 37, 457. 1811.

[6]) Afh. V, 114, vgl. S. 138. Betreffs früherer Versuche, die Zusammensetzung des Kalkes aus der Menge Karbonat bezw. Sulfat zu berechnen, die aus einer gegebenen Quantität Calciumamalgam erhalten wurde, sowie durch Analyse des Calciumsulfats und Umwandlung des Karbonats in wasserfreies Chlorid, siehe Afh. III. 265—267; GILB. A. 38, 172. 1811; TROMMSD. J. Pharm. XXI. 88. 1812.

[7]) Afh. V, 137; GILB. A. 40. 254, 1812.

[8]) Afh. III. 268; GILB. A. 37, 456.

[9]) Afh. V. 114; GILB. A. 38. 172. 1811; TROMMSD. J. Pharm. XXI. 88. 1812.

2. Wasserhaltig ($= CaCl_2 + 6H_2O$): 25.71 $^0/_0$ Kalk, 24.69 $^0/_0$ „Salzsäure“, 49.60 $^0/_0$ Wasser [1]) (25.57, 25.07, 49.36).

Calciumfluorid; reinster natürlicher Flussspath wurde in
wasserfreies Calciumsulfat umgewandelt: 72.137$^0/_0$ Kalk, 27.863$^0/_0$
„Flussspathsäure“ ($= Fl_2 - O$) [2]) (71.80, 28.20).

Calciumkarbonat; früher von Bucholz[3]) und Klaproth[4]) untersucht; Berzelius bestimmte den Kalk durch heftiges
Glühen in einem Windofen, die Kohlensäure aus der beim Zerlegen mit einer gewogenen Menge Salpetersäure eintretenden Gewichtsabnahme: 56.4$^0/_0$ Kalk, 43.6 $^0/_0$ Kohlensäure[5]) (56.00, 44.00).

Calciumsulfat, Gyps; 33 $^0/_0$ Kalk, 46 $^0/_0$ Schwefelsäure,
21 $^0/_0$ Wasser (letztere Angabe nach Bucholz) bezw. 32.86, 46.24,
20.90[6]) (32.54, 46.52, 20.94).

Chlor.

„Oxydiertes Salzsäuregas“; die Zusammensetzung wurde
teils aus der Sättigungskapacität der Salzsäure, 30.75, berechnet:
76.5 $^0/_0$ Salzsäure, 23.5 $^0/_0$ Sauerstoff[7]), teils durch Erhitzen von
Kaliumchlorat und Analyse des rückständigen Kaliumchlorids:
77.232 $^0/_0$ Salzsäure, 22.768 $^0/_0$ Sauerstoff (nach den jetzt angenommenen Atomgewichten: 77.43 $^0/_0$ Salzsäure, d. h. $Cl_2 - O$, und
22.67 $^0/_0$ Sauerstoff) oder 31.742 $^0/_0$ „Grundlage“ = „Muriaticum“
und 68.258 $^0/_0$ Sauerstoff[8]). Im Zusammenhang mit dieser Untersuchung erhielt er für die

Chlorwasserstoffsäure, „gewöhnliche Salzsäure“, 41.098$^0/_0$
Grundlage, 58.902 $^0/_0$ Sauerstoff bezw. 41.63 und 58.37 $^0/_0$[9])

---

[1]) Afh. V, 151; Gilb. A. 40, 284. 1812.

[2]) Afh. V, 453; Schweigg. J. 23. 168. 1818.

[3]) Neues allgem. Journ. d. Chemie 4, 410. Bucholz, C. F. (1770
—1818) Professor in Erfurt, erhält von Berzelius folgendes Zeugniss: „B.
ist der genaueste und zuverlässigste der analytisierenden Chemiker unserer
Zeit.“ Afh. III. 115.

[4]) Beiträge zur chemischen Kenntnis der Mineralkörper (1795—1815),
Bd. 4. 210.

[5]) Afh. III. 117. 267; V, 116; Gilb. A. 38, 198, 1811; Trommsd. J.
Pharm. XXI. 2 St., 151, 1812.

[6]) Afh. V, 150; Tabell etc. 1818, 78; Gilb. A. 40, 284. 1812.

[7]) Afh. III, 270; vgl. Gilb. A. 37, 459, 1811, wo angeblich aus derselben Sättigungskapacität die Zahlen 23.37 und 76.63 hergeleitet werden.

[8]) Afh. V. 123; Trommsd. J. Pharm. XXI. 2 St., 179, 1812.

[9]) Afh. V. 121, 122, 389; Tabell etc. S. 15, 1818; Trommsd. N. J.
Pharm. II. 2 St., 44, 1818.

(Cl$_2$- O$_3$ = 41.7; O$_2$ = 58.29) [Sättigungskapacität: 29.454 bezw. 29.184] und für die

Chlorsäure, „überoxygenierte Salzsäure", 36.35 ^{0}„ Salzsäure, 63.65 ^{0}„ Sauerstoff (Cl$_2$—O = 36.38; O$_6$ = 63.62) oder 15.1 ^{0}„ Grundlage, 84.9 ^{0}„ Sauerstoff [1]). Es verdient hervorgehoben zu werden, dass die von BERZELIUS zum ersten Male angewandte Methode, die Verbindungsgewichte des Chlors, der Salzsäure und der Chlorsäure zu erforschen, später von MARIGNAC und STAS acceptiert wurde, und dass die von Letzterem mit unübertroffener Genauigkeit ermittelten Zahlen nur sehr wenig von den BERZELIUS-schen abweichen.

Chrom.

Chromoxyd, „Chromoxydul": 70 ^{0}„ Chrom, 30 ^{0}„ Sauerstoff (68.46, 31.54).

Chromsäure, 53.913 ^{0}„ Chrom, 46.087 ^{0}„ Sauerstoff (52.05, 47.95). Diese Werte, ebenso wie die für das Oxyd angegebenen sind aus der Analyse des

Bleichromats berechnet, welches durch Ausfällen einer gewogenen Menge Bleinitrats mit Kaliumchromat dargestellt wurde. Der hierbei erhaltene Niederschlag war jedoch nicht ganz rein: 10 g Nitrat ergaben 9.8772 g Chromat statt der nach den jetzigen Atomgewichten berechneten 9.759 g. Die Zusammensetzung des Bleichromats würde nach dieser Synthese 68.147 ^{0}„ Bleioxyd, 31.853 ^{0}„ Chromsäure (statt 69.01, 30.99) sein [2]). Der nicht unerhebliche Fehler, der sich somit eingeschlichen hat, hatte zur Folge, dass die Bestimmung der Zusammensetzung der Chromverbindungen ungenauer ist als die meisten andern Analysen, die von BERZELIUS herrühren. Einer Analyse von Baryumchromat haftet eine ähnliche Ungenauigkeit an: 59.88 ^{0}„ Baryt (statt 60.45) etc. [2]). Letztere wurde von BERZELIUS selbst für weniger sicher gehalten als die Synthese des Bleisalzes, weshalb sie auch bei den definitiven Berechnungen nicht in Betracht kam. Bekanntlich hat unsere Kenntnis von den chemischen Proportionen der Chromverbindungen erst durch N. J. BERLIN [3]), einen Schüler von BERZELIUS, einen höheren Grad von Genauigkeit erhalten (1846).

---

[1]) Afh. V. 123; TROMMSD. J. Pharm. XXI, 2 St., 180, 1812; N. J. Pharm. II. 2 St., 45, 1818.

[2]) Afh. V. 477 f.; SCHWEIGG. J. 23, 188—193, 1818.

[3]) K. Vet. Akad. Handl. 1845, 65. NILS JOHAN BERLIN, geb. 1812, gest. 1891, Professor der Chemie an der Universität Lund, später Generaldirektor des schwedischen Medizinalwesens.

Eisen.

Eisenoxydul. Hier lagen frühere Untersuchungen von THENARD[1]) und BUCHOLZ vor, von welchen letzterer einen Sauerstoffgehalt von 23 °/₀ gefunden hatte[2]). BERZELIUS leitete aus seinen früheren Versuchen (Analyse des Eisenvitriols) 77.22 °/₀ Eisen und 22.78 °/₀ Sauerstoff her[3]) (77.78, 22.22).

Eisenoxyd. Auch hier lagen frühere Arbeiten von BUCHOLZ vor, welche jedoch trotz der genauen Ausführung ungenügende Resultate ergeben hatten, und zwar deshalb, weil dabei der Kohlenstoffgehalt des Eisens übersehen wurde. BERZELIUS bestimmte zunächst den Kohlenstoffgehalt, indem er die bei der Auflösung des Metalls in Salzsäure entwickelten Gase mit Sauerstoff verbrannte und die Verbrennungsprodukte in Kalkwasser hineinleitete, worauf das ausgefüllte Karbonat gewogen wurde. Das gelöste Eisen wurde dann durch Fällen mit Ammoniak und nachheriges Glühen in Oxyd umgewandelt. Als Resultat dieses frühesten Versuches erhielt er 69.34 °/₀ Eisen und 30.66 °/₀ Sauerstoff[4]) (70.00, 30.00). Das Verhältnis zwischen den Sauerstoffmengen der beiden Oxydationsstufen wurde zu 1 : 1¹/₂ bestimmt. Erst gegen Ende seiner Laufbahn hat BERZELIUS obige Werte teils selbst, teils durch seine Schüler[5]) in nähere Übereinstimmung mit dem jetzt geltenden gebracht.

Eisenoxydoxydul, „Oxydum ferroso-ferricum", 71.86 °/₀ Eisen, 28.14 °/₀ Sauerstoff[6]) (72.41, 27.59).

Eisenoxydhydrat, siehe Afh. V, 143.

Eisensulfuret, „Schwefeleisen zum Minimum"; früher von PROUST und BUCHOLZ untersucht. BERZELIUS fand 63 °/₀ Eisen und 37 °/₀ Schwefel[7]) (63.59, 36.41).

Schwefelkies, „Schwefeleisen zum Maximum": 46.08 °/₀ Eisen, 53.92 °/₀ Schwefel[8]) (46.62, 53.38).

Ferrosulfat; 25.7 °/₀ Eisenoxydul, 28.9 °/₀ Schwefelsäure, 45.4 °/₀ Wasser. „Das Wasser enthält 7 mal so viel Sauerstoff als die Base"[9]) (27.27, 30.32, 42.41).

[1]) Annales de Chimie 56, 59, 1806.
[2]) GEHLEN's J. Chem. Phys. III, 700, 1807.
[3]) Afh. III, 227; GILB. A. 37, 322, 1811; TROMMSD. J. Pharm. XXI, 49, 1812.
[4]) Afh. III, 220; V. 143; GILB. A. 37, 315.
[5]) SVANBERG und NORLIN; siehe K. Vet. Akad. Handl. 1843, 45.
[6]) SCHWEIGG. J. 15, 294, 1815.
[7]) Afh. III, 204; GILB. A. 37, 298, 1811; TROMMSD. J. Pharm. XX, 2 St., 345, 1811.
[8]) Afh. III, 207; GILB. A. 37, 301; TROMMSD. J. Pharm. XX, 2 St., 348.
[9]) Afh. V, 151; GILB. A. 40, 285, 1812.

Ferrisulfat. 1. Neutrales schwefelsaures Eisenoxyd, früher von Thenard untersucht [1]), der es indessen als saures Salz auffasste. Berzelius fand: 39.56 % Eisenoxyd. 60.44 % Schwefelsäure [2]) (39.98, 60.02). 2. Basisches Salz, durch freiwillige Abscheidung aus einer Lösung von Eisenvitriol erhalten (2 $Fe_2 O_3$. SO_3 . $6H_2O$): 62.4 % Eisenoxyd, 15.9 % Schwefelsäure, 21.7 % Wasser [3]) (62.97, 15.75, 21.28).

Fluor.

Fluorwasserstoff, „Flussspathsäure": früher von Wenzel, Richter, Klaproth, Dalton, Thomson, Humphry Davy und John Davy untersucht, welche jedoch zu von einander abweichenden Resultaten gekommen waren. Aus mehreren Analysen des Fluorsilbers, Fluorbaryums und Fluorcalciums, besonders aus denen des letztgenannten Salzes, berechnete Berzelius für die Flusssäure folgende Zusammensetzung: 27.28 % „Fluoricum" und 72.72 % Sauerstoff [4]). Um nun die von Berzelius benutzten Ausdrücke in die jetzt gebräuchliche chemische Sprache übersetzen zu können, muss man bedenken, dass die Substanz, welche Berzelius in einem Salz, z. B. Flussspath, Flussspathsäure nannte, aus 1 Mol. Fluorcalcium weniger 1 Mol. Calciumoxyd oder m. a. W. aus 1 Mol. Fluor (= 38) weniger 1 Atom Sauerstoff (= 16) = 22 bestand, und dass er in dieser Flussspathsäure eine Sauerstoffmenge voraussetzte, welche der des Calciumoxyds gleich kam. „Da die Flussspathsäure nicht doppelt so viel Sauerstoff enthalten kann wie die Base, welche sie sättigt, so lässt sich vermuthen, dass sie eben die gleiche Menge enthält." Das Verhältnis zwischen Fluoricum und Sauerstoff wird demgemäss, nach den jetzigen Atomgewichten berechnet, 6 : 16 = 27.27, 72.73 sein oder beinahe das von Berzelius gefundene.

Gold.

Goldoxydul; Goldchlorür wurde durch siedendes Wasser zerlegt und das entstandene Goldchlorid mit Ferrosulfat gefällt: 96.13 % Gold. 3.87 % Sauerstoff [5]) (96.10, 3.90).

---

[1]) Annales de Chimie 56. 59. 1806.

[2]) Afh. III. 213; Gilb. A. 37. 308. 1811; Trommsd. J. Pharm. XXI, 41. 1812.

[3]) Afh. V. 158; Gilb. A. 40. 294. 1812; über einen älteren Versuch siehe Afh. III. 214; Gilb. A. 37. 308; Trommsd. J. Pharm. XXI. 42.

[4]) Afh. V. 455; Schweigg. J. 23. 170. 1818.

[5]) K. Vet. Akad. Handl. 1813. 188; Schweigg. J. 7, 47, 1813.

Goldoxyd, früher von Proust, Richter und Oberkampf, jedoch mit sehr verschiedenen Resultaten [1] untersucht. Berzelius schlug aus einer Lösung von Goldchlorid das Gold mit Hülfe einer gewogenen Menge Quecksilber nieder und berechnete die Zusammensetzung des Goldoxyds aus der des gebildeten Quecksilberoxyds: 89.225 % Gold, 10.775 % Sauerstoff [2] (89.15, 10.85).

Jod.

Das Atomgewicht dieses Grundstoffs wurde von Berzelius erst im Jahre 1828 bestimmt. Dasselbe gilt auch vom

Iridium [3]).

Kalium.

Kaliumoxyd; früher von H. Davy untersucht, welcher das Verhältnis zwischen Metall und Sauerstoff durch die Zahlen 85 : 15 ausdrückte [4]. Berzelius fand durch Synthese des Chlorkaliums aus Kaliummetall 82.97 % Kalium, 17.03 % Sauerstoff, durch Analyse desselben Salzes 83.0222 bezw. 16.9778 % [5] und später im Anschluss an die Bestimmung des Verbindungsgewichts des Chlors 83.0484, 16.9515 % [6]. Die Werte, welche sich aus den von Stas ermittelten Atomgewichten berechnen lassen, sind 83.03 und 16.97 % und stimmen sonach mit den von Berzelius zuletzt gefundenen sehr genau überein [7].

Kaliumchlorid: früher von V. Rose untersucht. Das Salz ist nach Berzelius aus 63.257 % Kali und 36.743 % Salzsäure zusammengesetzt [8] (63.20, 36.80).

---

[1] Proust hatte z. B. in zwei verschiedenen Experimenten 8.57 bezw. 31, Richter hingegen 25.16 T. Sauerstoff auf 100 T. Gold gefunden, während Oberkampf für das Oxyd 90 % Gold und 10 % Sauerstoff angiebt.

[2] K. Vet. Akad. Handl. 1813, 186; Schweigg. J. 7. 45. 1813.

[3] K. Vet. Akad. Handl. 1828. 117 bezw. 58.

[4] Brief von Davy an Berzelius 18. 10. 1809. Handschr. Sammlung d. Akad. der Wissenschaften Stockholm.

[5] Afh. III, 245; V. 112. 113; Gilb. A. 37, 433; 38. 171, 1811; Trommsd. J. Pharm. XXI, 86; XXI, 2 St., 205, 1812.

[6] Afh. V, 388; Schweigg. J. 23, 106, 1818.

[7] Die älteste der diesbezüglichen Untersuchungen Berzelius', wobei eine gewogene Menge Kalium(amalgam) in Chlorkalium umgewandelt wurde, datiert sich vom Jahre 1808 (nicht 1811, wie bisweilen angegeben wird): K. V. A. Econ. Ann. VI, Mai 1808, S. 115.

[8] Siehe Anmerkung 6; ältere Bestimmungen Afh. V, 112; III, 245; Gilb. A. 37, 432; 38, 170, 1811; Trommsd. J. Pharm. XXI, 85; 2 St., 204, 1812.

Kaliumchlorat, „überoxygeniert salzsaures Kali",

„100 Th. werden von 38.4917 Kali

und 22.3583 Salzsäure gebildet. Über-
schüssiger Sauerstoff 39.1500 [1])."

Kaliumsulfat, früher von BUCHOLZ untersucht [2]). Besteht
nach BERZELIUS aus 53.786 $\%$ Kali und 46.214 $\%$ Schwefelsäure
oder, einer späteren Angabe zufolge, aus 54.07 bezw. 45.93 $\%$ [3])
(54.08, 45.92).

Kaliummagnesiumkarbonat, „$\ddot{K}\ddot{C}^4 Aq^6 + 2 M\ddot{u} \ddot{C}^2 Aq$"
(oder nach einer späteren Formulierung $K_2O . 2MgO . 4CO_2 .$
$9H_2O$): durch Mischen von Kaliumkarbonat mit einer Chlor-
magnesiumlösung erhalten: 18.28 $\%$ Kali, 15.99 $\%$ Talkerde,
34.49 $\%$ Kohlensäure (ein kleiner Verlust mit einbegriffen), 31.24 $\%$
Wasser [4]) (18.37, 15.73, 34.29, 31.61).

Kohlenstoff.

Kohlensäure. Noch im Jahre 1818 [5]) giebt BERZELIUS,
hauptsächlich auf GAY-LUSSAC's Versuche gestützt, die Zusammensetzung der Kohlensäure mit 27.376 $\%$ Kohlenstoff und 72.624 $\%$
Sauerstoff an. Die von BERZELIUS selbst in Gemeinschaft mit
DULONG ausgeführte Untersuchung über das Atomgewicht des
Kohlenstoffs erschien erst zwei Jahre später [6]). Aus dem hier
angeführten Gewichtsverhältnis gleicher Volume Sauerstoff und
Kohlensäure lassen sich für letzteres Gas folgende Prozentzahlen
berechnen: 27.68, 72.32 (27.27, 72.73).

Schwefelkohlenstoff. Dieser 1796 von LAMPADIUS ent-
deckte Körper wurde anfangs von einigen Forschern (z. B. BER-
TOLLET d. Ä.) als aus Schwefel, Kohlenstoff und Wasserstoff zu-
sammengesetzt betrachtet, während andere (VAUQUELIN und P. J.
ROBIQUET [7]), BERTHOLLET d. J. [8]) und H. DAVY [9])) Schwefel und
Wasserstoff als seine alleinigen Bestandteile annahmen, obwohl
CLEMENT und DESORMES [10]) schon früh gezeigt hatten, dass der

---

[1]) TROMMSD. N. J. Pharm. II. 2 St., 44, 1818.

[2]) SCHERER's J. 10, 396; BUCHOLZ hatte 53.66 $\%$ Kali, 45.34 $\%$ Säure
und 1.0 $\%$ Wasser gefunden.

[3]) Afh. V, 112; GILB. A. 38, 170; TROMMSD. J. Pharm. XXI, 86, 1812.

[4]) Afh. VI, 14.

[5]) Afh. V, 116.

[6]) Ann. Chim. phys. XV, 386, 1820.

[7]) Ann. Chim. 61, 1807.

[8]) Mém. de la Soc. d'Arcueil I, 1807.

[9]) Elements of Chemical philosophy, Part 1, Vol. I, 1812, S. 282.

[10]) Ann. Chim. 42, 134, 1802.

sogen. Schwefelalkohol gebildet wird, wenn man Schwefeldämpfe über glühende Kohle hinüberleitet, und obwohl sie daraus gefolgert hatten, dass die Verbindung wasserstofffrei sei. Eine genauere Untersuchung ist ihr erst ums Jahr 1812 zu Teil geworden, als VAUQUELIN [1]) bei der Analyse 15 %₀ Kohlenstoff und 85 %₀ Schwefel fand. Fast gleichzeitig haben BERZELIUS und ALEXANDER MARCET ihre Untersuchung über den Schwefelkohlenstoff ausgeführt, die im Sommer 1812 in London begonnen, später in Stockholm abgeschlossen wurde. Sie bestimmten die relativen Mengen von Schwefel und Kohlenstoff, indem sie die Verbindung in Dampfform auf glühendes Hämatit einwirken liessen und die gasförmigen Produkte über Quecksilber auffingen. Das direkte Resultat ihrer Versuche wurde 15.17 %₀ Kohlenstoff und 84.83 %₀ Schwefel, also etwas genauer als dasjenige VAUQUELIN'S. Schon damals hat indessen BERZELIUS die Richtigkeit dieser Analyse angezweifelt und ist auf rechnerischem Wege zu einem Kohlenstoffgehalt von 15.5 %₀ gekommen [2]). Im Jahre 1818 giebt er schliesslich die Zahlen 15.77, 84.23 an [3]) (15.76, 84.24).

Kupfer.

Kupferoxydul; früher von CHENEVIX untersucht, der 11.5 %₀ Sauerstoff gefunden hatte. Die von BERZELIUS angewandte Methode bestand darin, dass er ein Gemisch von Kupferoxyd und metallischem Kupfer mit konzentrierter Salzsäure behandelte und nach beendigter Operation das Gewicht des rückständigen Kupfers bestimmte: 88.89 %₀ Kupfer, 11.11 %₀ Sauerstoff [4]) (88.83, 11.17).

Kupferoxyd. PROUST hatte 80 %₀ Kupfer und 20 %₀ Sauerstoff [5]) gefunden. Bei seiner ersten Untersuchung dieses Oxyds, das er auf verschiedenen Wegen aus einer gewogenen Menge Kupfer darstellte, erhielt BERZELIUS zwar einen etwas niedrigeren Sauerstoffgehalt, nämlich auf 100 T. Metall 24.5 — statt 25 — T. Sauerstoff, betrachtete aber seine Resultate als nicht genügend einwandsfrei, um daraus endgültige Schlüsse ziehen zu können, weshalb er vorläufig die von PROUST gefundenen Werte annimmt, allerdings unter ausdrücklicher Betonung ihrer nur annähernden Richtigkeit [6]). Bei einer späteren Gelegenheit, wobei das Oxyd

---

[1]) GILB. A. 43, 421.
[2]) Afh. V, 254.
[3]) Tabell etc. S. 82.
[4]) Afh. III, 191; GILB. A. 37, 284, 1811; TROMMSD. J. Pharm. XX, 2 St.. 328, 1811.
[5]) Ann. Chim. 32. 28, 1800.
[6]) Afh. III, 190; GILB. A. 37, 283. 1811; TROMMSD. J. Pharm. XX, 2 St.. 327, 1811.

mittels Wasserstoffgas reduciert wurde, erhielt er 79.825 $^0{}_{00}$ Kupfer, 20.175 $^0{}_{00}$ Sauerstoff [1]) (79.90, 20.10).

Kupferchlorür, „murias cuprosus“. Der Chlorgehalt wurde mittels Silbernitrats bestimmt: 73.58 $^0{}_{00}$ Kupferoxydul, 26.42 $^0{}_{00}$ Salzsäure [2]); später 72.23, 27.77 $^0{}_{00}$ [3]) (72.29, 27.71).

Kupferchlorid. 1. Neutrales Salz, „murias cupricus“. Methode analog der vorhergehenden: 59.8 $^0{}_{00}$ Kupferoxyd, 40.2 $^0/_0$ Salzsäure [4]); später 59.13, 40.87 $^0{}_{00}$ [5]) (59.18, 40.82). 2. Basisches Salz, „murias quadricupricus, salzsaures mit Grundlage übersättigtes Kupferoxydul“; aus dem neutralen Salze durch partielle Fällung mit Kali erhalten: 85.64 $^0{}_{00}$ Kupferoxyd, 14.36 $^0{}_{00}$ Salzsäure [6]): später 85.27, 14.73 $^0{}_{00}$ [5]) ($4CuO = 85.29$, $Cl_2 - O = 14.71$ $^0{}_{00}$).

Kupferkarbonat, basisches Salz, „carbonas bicupricus cum aqua: $Cu\overset{..}{C} + aq$ ($2CuO . CO_2 . H_2O$) 71.70 $^0{}_{00}$ Kupferoxyd, 19.73 $^0{}_{00}$ Kohlensäure, 8,57 $^0{}_{00}$ Wasser [7]) bezw. 71.842, 19.950, 8.208 $^0{}_{00}$ [8]) (71.96, 19.89, 8.15).

Kupfernitrat, basisches, „nitras tricupricus“ ($3CuO . N_2O_5 . H_2O$) durch gelindes Erhitzen des neutralen Salzes gewonnen, sowie auch durch partielle Fällung desselben mit Ammoniak: 65.25 $^0{}_{00}$ Kupferoxyd, 29.60 $^0{}_{00}$ Salpetersäure, 5.15 $^0{}_{00}$ Wasser [7]) (65.44, 29.62, 4.94).

Kupfersulfat; 1. wasserfreies, bis auf den Schmelzpunkt des Zinnes erhitztes Salz: 50.90 $^0{}_{00}$ Kupferoxyd, 49.10 $^0{}_{00}$ Schwefelsäure [9]) bezw. 49.73, 50.27 $^0{}_{00}$ [10]) (49.86, 50.14). 2. Krystallisiertes Salz: 32.32$^0/_0$ Kupferoxyd, 31.38$^0{}_{00}$ Schwefelsäure, 36.30$^0{}_{00}$ Wasser[11]) bezw. 32.06, 31.71, 36.23 $^0{}_{00}$[10]) (31.87, 32.06, 36.07). 3. Basisches Salz, „sulphas tricupricus“ ($3CuO, SO_3, 3H_2O$): 64.22 $^0{}_{00}$ Kupfer, 21.28 $^0{}_{00}$ Schwefelsäure, 14.50 $^0{}_{00}$ Wasser[12]) bezw. 63.87, 21.53, 14.60 $^0{}_{00}$[10]) (64.03, 21.47, 14.50).

---

[1]) Afh. VI, 1: SCHWEIGG. J. 30, 384. 1820.

[2]) Afh. III, 198: GILB. A. 37, 291, 1811; TROMMSD. J. Pharm. XX, 2 St., 336, 1811.

[3]) Tabell etc., S. 46, 1818.

[4]) Siehe Anmerkung 2.

[5]) Siehe Anmerkung 3.

[6]) Afh. III, 200; GILB. A. 37, 293, 1811; TROMMSD. J. Pharm. XX, 2 St., 336, 1811.

[7]) Afh. V., 164; GILB. A. 40, 302.

[8]) Tabell etc., 1818, S. 26.

[9]) Afh. III, 195; GILB. A. 37, 288, 1811; TROMMSD. J. Pharm. XX, 2 St., 333, 1811.

[10]) Tabell etc., 1818, S. 78.

[11]) Afh. V, 152.

[12]) Afh. V, 160; GILB. A. 40, 300, 1812.

Kupferammoniumsulfat, „schwefelsaures Ammoniak mit schwefelsaurem Kupferoxyd", siehe Afh. V, 168.

Kupraminsulfat, „cuprum ammoniacum"; 34.00 % Kupferoxyd, 26.40 % Ammoniak, 32.25 % Schwefelsäure, 7.35 % Wasser [1]) (32.36, 27.76, 32.55, 7.33).

Magnesium.

Magnesiumoxyd; um den Sauerstoffgehalt dieses Oxyds zu bestimmen, ging BERZELIUS vom Sulfat aus, das teils durch Chlorbaryum gefällt, teils aus einer gewogenen Menge reiner Talkerde synthetisch hergestellt wurde. Er erhielt im ersten Falle 38.8, im zweiten 39.8 % Sauerstoff [2]). Letztere Zahl kommt der aus MARIGNAC's Atomgewicht (1883) 24.38 berechneten ziemlich nah (39.62).

Magnesiumhydrat; durch Synthese der Verbindung aus Magnesia wurde das Verhältnis Hydrat: Wasser = 144 : 44 = 100 : 30.55 gefunden [3]) (30.86).

Magnesiumkarbonat, basisch, magnesia alba; BERGMAN und KIRWAN hatten 45, BUTINI [4]) 43, KLAPROTH hingegen nur 40 % Magnesia gefunden. Die auf eigene Beobachtung gestützten Werte von BERZELIUS sind 44.58 % Talkerde, 35.70 % Kohlensäure, 19.72 % Wasser [5]).

Magnesiumsulfat: 1. neutrales, wasserfreies Salz: 33.9 % Magnesia, 66.1 % Schwefelsäure, bezw. 33.36, 66.64 % [2]) (33.52, 66.48). 2. Basisches, siehe Afh. VI, 40.

Ammoniummagnesiumsulfat: 11.11 % Magnesia, 24.9 % Wasser; „die Sauerstoffmengen verhalten sich wie 1 : 1 : 6 : 7" [6]).

Kaliummagnesiumkarbonat siehe unter Kalium.

Mangan.

Manganoxyde. Die erste Untersuchung, die BERZELIUS über diese Verbindungen angestellt, ist wahrscheinlich diejenige, welche er in seiner Abhandlung: „Versuche zur Analyse des Roheisens" beiläufig erwähnt [7]). Nach derselben soll das „Manganesoxyd"

---

[1]) Afh. V, 172 (im Texte sind die Zahlen für Ammoniak und Kupferoxyd vertauscht worden); GILB. A. 40. 317, 1812.
[2]) Afh. V, 138; GILB. A. 40. 256.
[3]) Afh. V. 139.
[4]) PIERRE BUTINI, Arzt in Genf.
[5]) Afh. VI. 30.
[6]) GILB. A. 40, 307.
[7]) Afh. III, 143.

aus $29^3/_4 \, {}^0/_0$ Sauerstoff und $70^1/_4 \, {}^0/_0$ „metallischem Manganes" bestehen. Drei Jahre später lieferte er, gleichzeitig auf die Arbeiten von JOHN [1]), BERGMAN, SCHEELE, KLAPROTH und FOURCROY hinweisend, eine Übersicht der damals bekannten oder mutmasslichen Sauerstoffverbindungen des Mangans, nämlich „suboxidum manganosum, suboxidum manganicum, oxidum manganosum (Manganoxydul) oxidum manganicum (Manganoxyd) und superoxidum manganicum", deren Sauerstoffmengen sich angeblich wie $1:2:4:6:8$ verhalten [2]). In der Tabelle von 1818 [3]) sind nur noch die drei letztgenannten beibehalten, wogegen das oxidum manganosum-manganicum hinzugefügt worden ist. Die Angabe über den Sauerstoffgehalt des Oxyds ist hier in 29.66 abgeändert worden, was freilich ihren Abstand von dem jetzt für richtig gehaltenen Werte (30.38) um ein wenig vergrössert.

Molybdän.

Molybdänsäure: früher von BUCHOLZ [4]) untersucht, der metallisches Molybdän mit Salpetersäure oxydierte und so aus 100 T. Metall 149—150 T. Säure erhielt. BERZELIUS bediente sich der Synthese des Bleimolybdats: $66.613 \, {}^0/_0$ Molybdän, $33.387 \, {}^0/_0$ Sauerstoff, oder Molybdän: Molybdänsäure $= 100:150.12$ [5]) (66.67, 33.33).

Bleimolybdat: aus Bleinitrat und Ammoniummolybdat gewonnen: $60.815 \, {}^0/_0$ Bleioxyd, $39.185 \, {}^0/_0$ Molybdänsäure [5]) (60.75, 39.25).

Natrium.

Natriumoxyd. Die erste Analyse von HUMPHRY DAVY hatte „zwischen 25 und 27 % Sauerstoff" ergeben [6]). Im Jahre 1810 [7]) führte BERZELIUS mehrere Versuche an, die Zusammensetzung des Oxyds zu ermitteln, und zwar sowohl durch Synthese des Chlornatriums aus Natriumamalgam, wie auch durch Analyse desselben Salzes und des Natriumsulfats. Auf Grund mangelhafter Übereinstimmung der Resultate begnügte er sich vorläufig mit den nur annähernd richtigen Werten $74 \, {}^0/_0$ „Natronbasis" und 26 % Sauer-

---

[1]) JOHANN FRIEDRICH JOHN, geb. 1782, gest. 1847 (Berlin).

[2]) K. Vet. Akad. Handl. 1813, 212—215; SCHWEIGG. J. 7. 76—78, 1813.

[3]) S. 57.

[4]) GEHLEN's Journ. 1804. IV. 598.

[5]) Afh. V, 477; SCHWEIGG. J. 23. 188, 1818.

[6]) Brief von DAVY an BERZELIUS 18. 10. 1809.

[7]) Afh. III, 245 f.

stoff, d. h. mit einem Mittel der DAVY'schen Grenzzahlen. Wiederholte Berechnungen aus der Zusammensetzung der genannten Salze ergaben schliesslich die genaueren Werte: 74.3383 $^0/_{00}$ Natrium, 25.6617 $^0/_{00}$ Sauerstoff[1]) bezw. 74.29, 25.71 [2]) (74.235, 25.765).
Natriumchlorid; ältere Analyse von ROSE. BERZELIUS fand 53.4404 $^0/_{00}$ Natron und 46.5596 $^0/_{00}$ Salzsäure [3]) (53.08, 46.92).
Natriumkarbonat; 1. neutrales Salz; durch Umwandlung in Chlornatrium analysiert: 58.757 $^0/_{00}$ Natron, 41.243 $^0/_{00}$ Kohlensäure (58.53, 41.47). 2. Saures Salz, „mit Kohlensäure völlig gesättigtes Natron": 37 $^0/_{00}$ Natron, 52 $^0/_{00}$ Kohlensäure, 11 $^0/_{00}$ Wasser [4]) (36.94, 52.34, 10.72).
Natriumsulfat; 1. wasserfreies, durch Überführen in Baryumsulfat analysiert: 43.724 $^0/_{00}$ Natron, 56.276 $^0/_{00}$ Schwefelsäure [5]) (43.68, 56.32). 2. Wasserhaltiges; früher von BUCHOLZ analysiert. BERZELIUS fand 19.24 $^0/_{00}$ Natron, 24.76 $^0/_{00}$ Schwefelsäure, 56 $^0/_{00}$ Wasser. „Das Krystallwasser enthält also genau 10 mal so viel Sauerstoff als die Basis" [6]).

Osmium; die Untersuchung BERZELIUS' über das Atomgewicht dieses Metalls rührt von einer späteren Periode (1828) her; dasselbe gilt teilweise auch vom

Palladium. Eine vorläufige Analyse hatte ergeben, dass 100 T. Palladium 14.209 T. Sauerstoff bezw. 28.15 T. Schwefel aufnehmen. BERZELIUS fügt jedoch die Bemerkung hinzu, dass diese Versuche in einem zu kleinen Massstabe ausgeführt worden seien, um als endgültig angesehen werden zu können [7]).

Phosphor.
Phosphorige Säure. DAVY hatte diese Verbindung als

---

[1]) Afh. V, 114; GILB. A. 38. 172, 1811; TROMMSD. J. Pharm. XXI, 87: 2 St., 210, 1812.
[2]) GILB. A. **37**, 437. 1811.
[3]) Afh. V. 113; GILB. A. 38. 171, 1811; TROMMSD. J. Pharm. XXI, 87, 1812; vgl. XXI. 2 St., 209; Afh. III, 249; GILB. A. 37, 436, 1811.
[4]) Afh. V, 117; GILB. A. 38, 198, 1811; TROMMSD. J. Pharm. XXI, 2 St., 152.
[5]) Afh. V. 113; GILB. A. 38, 171, 1811; TROMMSD. J. Pharm. XXI, 87, 1812. Vgl. Afh. III, 248; GILB. A. 37, 436; TROMMSD. J. Pharm. XXI, 2 St., 208.
[6]) Afh. V. 147; GILB. A. 40, 278, 1812.
[7]) K. Vet. Akad. Handl. 1813, 206; vgl. SCHWEIGG. J. 7. 68; GILB. A. 42, 286, 1812.

11*

aus 100 T. Phosphor und 76.5 T. Sauerstoff bestehend angegeben.
BERZELIUS ging vom Phosphortrichlorid aus, welches mit Wasser
zerlegt wurde, worauf er die gebildete Salzsäure mittels Silbernitrats
bestimmte. Er erhielt 56.72 bis 56.24 % Phosphor und 43.28 bis
43.76 % Sauerstoff [1]) (56.36, 43.64).

Phosphorsäure. Wenige Verbindungen waren schon vor
BERZELIUS so häufig und von so hervorragenden Forschern zum
Gegenstand einer quantitativen Untersuchung gemacht worden wie
gerade diese Säure. LAVOISIER hatte gelegentlich seiner klassischen
Versuche über die Verbrennung des Phosphors in Sauerstoffgas
gefunden, dass sich dabei 100 T. Phosphor mit 154 T. Sauerstoff
vereinigen [2]), eine Zahl, die später von DAVY in 153 abgeändert
wurde. THOMSON hatte anfänglich 163.4, später 121.8—133.3
und V. ROSE schliesslich 114 T. gefunden [3]). Selbst hatte BER-
ZELIUS als Resultat seiner ältesten Versuche, „aus der Zusammensetzung der phosphorsauren Salze die der Phosphorsäure zu berechnen" die Zahl 122.2 erhalten. Nachher ging er zu zwei anderen
Methoden über, indem er einmal die Quantität Gold oder Silber
wog, die durch eine gegebene Menge Phosphor niedergeschlagen
wurde, und ein anderes Mal die bei der Zerlegung des Pentachlorids
entstandene Salzsäure bestimmte. Im ersten Falle erhielt er
44.066—43.823 % Phosphor und 55.934—56.177 % Sauerstoff =
100 : 126.93 — im letzteren 55.65 % Sauerstoff [4]) (43.66, 56.34).

Phosphite des Baryums und Bleis, siehe Afh. V. 436—440 [5]).

Phosphate des Baryums, Calciums, Bleis, Silbers und Natriums,
siehe Afh. V. 402—426 [6]).

Phosphortrichlorid (siehe oben); 40.276 bezw. 40.2 %
phosphorige Säure (= P_2O_3). 59.724 bezw. 59.8 % Salzsäure
(= $Cl_6—O_3$) [7]) (40.04, 59.96).

Phosphorpentachlorid, „feste salzsaure Phosphorsäure"
(siehe oben); 34.4 % Phosphorsäure (= P_2O_5), 65.6 % Salzsäure
(= $Cl_{10}—O_5$) [7]) (34.09, 65.91).

[1]) Afh. V. 433; SCHWEIGG. J. 23. 153; GILB. A. 53. 439, 1816.

[2]) Traité élém. I, 60; Oeuvres I, 51, 52.

[3]) Nach BERZELIUS' Angaben.

[4]) Afh. V. 401—433; SCHWEIGG. J. 23, 148; GILB. A. 53. 434, 1816.

[5]) Vgl. SCHWEIGG. J. 23, 153—157.

[6]) Vgl. SCHWEIGG. J. 23, 119—122, 129—145; GILB. A. 38. 201. 1811;
53. 397—403. 1816; THOMSON. J. Pharm. XXI. 155. 1812.

[7]) Afh. V. 433—435; SCHWEIGG. J. 23, 151—153; GILB. A. 53. 437
—439.

Platin.

Platinoxydul: von BERZELIUS selbst entdeckt, durch Zersetzung von Platinchlorür mittels Kali dargestellt. Behufs Feststellung der Zusammensetzung wurde das durch Glühen des Chlorürs erhaltene Metall gewogen: 92.35 "/₀ Platin, 7.65 "/₀ Sauerstoff [1]) (92.41, 7.59).

Platinoxyd: die Zusammensetzung wurde durch Zerlegung mittels Quecksilbers bestimmt: 85.93 "/₀ Platin, 14.07 "/₀ Sauerstoff (85.89, 14.11). CHENEVIX hatte 87 bezw. 13, RICHTER 89.29 bezw. 10.71 gefunden [1]).

Platinsulfid, siehe K. Vet. Akad. Handl. 1813, 203.

Platinchlorür (siehe oben): 79.375 "/₀ Platinoxydul, 20.625 "/₀ Salzsäure [1]) (79.34, 20.66).

Wie man sieht, besteht eine sehr genaue Übereinstimmung zwischen diesen Werten und den aus SEUBERT's Atomgewicht 194.8 (1881) berechneten. Das lange angewandte höhere Gewicht 197.2 rührt von einer späteren Analyse des Kaliumplatinchlorids her (1828).

Quecksilber.

Quecksilberoxyd; die Zusammensetzung dieser Verbindung ist zwar nicht von BERZELIUS selbst, indessen in seinem Laboratorium bestimmt worden und, wie er selbst angiebt, von seinem Schüler SEFSTRÖM [2]) unter seiner unmittelbaren Aufsicht. Dieser fand [3]), dass 100 T. Metall 7.9 T. Sauerstoff aufnehmen (7.988).

Rhodium.

Die älteren Analysen von den Sauerstoff- und Chlorverbindungen dieses Metalls haben einen nur annähernden Charakter. Wie die meisten übrigen Metalle der Platingruppe wurde auch das Rhodium erst im Jahre 1828 von seiten BERZELIUS' Gegenstand einer genaueren stöchiometrischen Untersuchung.

Rhodiumoxydul: 93.756 "/₀ Metall, 6.244 "/₀ Sauerstoff.

Rhodiumoxyd: 88.25 "/₀ Metall, 11.85 "/₀ Sauerstoff.

Rhodiumchlorid: 82.374 "/₀ Oxyd, 17.626 "/₀ Salzsäure [1]).

---

[1]) K. Vet. Akad. Handl. 1813. 199, 200; SCHWEIGG. J. 7, 60, 61, 1813; vgl. GILB. A. 42, 286, 1812.

[2]) NILS GABRIEL SEFSTRÖM. geb. 1787. gest. 1845. Professor an der Bergschule in Fahlun. Entdecker des Vanadiums.

[3]) K. Vet. Akad. Handl. 1813, 186.

[4]) Afh. V, 504; SCHWEIGG. J. 23. 289, 290, 1818.

Schwefel.

Schweflige Säure. Bei seinem ersten Versuche, die Zusammensetzung dieser Verbindung zu bestimmen, bediente sich Berzelius der Analyse des neutralen Baryumsalzes und berechnete daraus 50.57 %, Schwefel, 49.43 %, Sauerstoff[1]). Später finden wir diese Werte in 49.968 bezw. 50.032 %, abgeändert, und zwar durch Berechnung aus der Zusammensetzung des Bleisulfats mit der des Bleisulfurets verglichen[2]) (50.05, 49.95). Ein noch später beschriebener Versuch, aus dem specifischen Gewicht der schwefligen Säure den Schwefelgehalt zu berechnen, scheint keinerlei zufriedenstellende Resultate gegeben zu haben[3]).

Schwefelsäure, früher von Klaproth, Bucholz, Richter, Davy und anderen untersucht. Letzgenannter sprach die Vermutung aus, dass Schwefel (wie auch Phosphor) kein einfacher Körper sei, sondern einen bisher unbekannten, „metallischen Körper“ enthalte, der mit kleinen Mengen Wasserstoff und Sauerstoff verbunden sei[4]). Berzelius bestimmte die Zusammensetzung der Schwefelsäure, indem er teils Bleioxyd, teils Schwefelblei ins Sulfat überführte. Hierbei erhielt er 40.58 %, Schwefel und 59.42 %, Sauerstoff[5]); später nach erneuten Synthesen von Bleisulfat aus Bleioxyd 40.03 bezw. 59.97 %[6]) und aus Blei 40.1395, 59.8605 %[7]). Die letzteren Werte und insbesondere der vorletzte kommen, wie man sieht, dem aus Stas’ Atomgewicht berechneten sehr nahe (40.045, 59.954).

Schwefelwasserstoff. Von den Analysen, welche Berzelius zur Bestimmung der Zusammensetzung des Schwefelwasserstoffs ausführte, stimmt gerade die älteste am genauesten mit den richtigen Werten überein: 94.2 %, Schwefel auf 5.8 %, Wasserstoff (94.073, 5.927). Spätere auf Analysen des Schwefeleisens begründete Berechnungen ergaben 93.756 bezw. 6.244 %[8]).

---

[1]) Afh. III. 187; Gilb. A. 37, 276, 1811; Trommsd. J. Pharm. XX, 323, 1811.

[2]) Afh. V. 104; Gilb. A. 37, 333, 1811.

[3]) Afh. V. 399.

[4]) Briefe von Davy an Berzelius 5. 11. 180 .. (die letzte Ziffer ist unleserlich; wahrscheinlich 8?) und 20. 3. 1809. Handschr.-Sammlung der Akademie d. Wissenschaften Stockholm.

[5]) Afh. III, 176; Gilb. A. 37, 266, 1811. Trommsd. J. Pharm. XX, 2 St., 312, 1811.

[6]) Afh. V, 104; Gilb. A. 37, 333, 1811. Trommsd. J. Pharm. XXI, 72, 1812.

[7]) Afh. V. 395; vgl. Trommsd. N. J. Pharm. II. 2 St., 48, 1818. $Pb : PbSO_4 = 100 : 146.5$.

[8]) Afh. III, 273 f.; Gilb. A. 37, 463, 1811.

Selen.

Selendioxyd, „Selensäure"; die Zusammensetzung wurde durch Synthese der „salzsauren Selensäure" (Selentetrachlorid) bestimmt: 71.261 $^0/_0$ Selenium, 28.739 $^0/_0$ Sauerstoff (71.20, 28.80 nach dem von EKMAN und PETTERSSON gefundenen Atomgewicht). Sättigungskapacität 14.37 [1]).

Selenwasserstoff; durch Hineinleiten des Gases in eine Lösung von Silberacetat und durch Analyse des ausgeschiedenen Selensilbers: 97.4 $^0/_0$ Selen, 2.6 $^0/_0$ Wasserstoff [1]) (97.51, 2.49).

„Selensaures Natron": 100 T. „Selensäure" (Dioxyd) mit 55 T. Natron verbunden (100 : 55.9). Baryumsalz: 100 : 137.7 (100 : 137.7). Bleisalz 100 : 200 (100 : 200.6). Silbersalz 100 : 205.75 (100 : 208.7) [1]).

Silber.

Silberoxyd, „Silberoxydul". Nach älteren Versuchen: 92.67 $^0/_0$ Silber, 7.33 $^0/_0$ Sauerstoff [2]), später 93.075 bezw. 6.925 $^0/_0$ [3]) und schliesslich aus dem Verhältnis Chlorkalium: (Kali): Silber 93.112—93.103 bezw. 6.888—6.897 $^0/_0$ [4]). (Aus STAS' berühmten, zum Teil nach derselben Methode ausgeführten Atomgewichtsbestimmungen folgen die Werte 93.10 und 6.90 $^0/_0$.)

Silbersulfuret; durch direkte Synthese aus reinem Silber und Schwefel: 87.032 $^0/_0$ Silber, 12.968 $^0/_0$ Schwefel [5]) (87.07, 12.93).

Silberchlorid: Früher von WENZEL, BUCHOLZ und V. ROSE untersucht. Ersterer fand 18,27, die beiden andern 17.5 bezw. 17.75 $^0/_0$ „Salzsäure" (Cl_2—O). BERZELIUS erhielt anfangs 81.3 $^0/_0$ Silberoxyd, 18.7 $^0/_0$ Salzsäure [6]), später 80.965—80.934 bezw. 19.035—19.066 [7]), endlich 80.9034 bezw. 19,0966 $^0/_0$ [8]) (80.85, 19.15).

[1]) Afh. VI. 71 f.; SCHWEIGG. J. 23, 334 f.

[2]) Afh. III, 195; GILB. A. 37. 288. 1811. TROMMSD. J. Pharm. XX. 2 St., 333, 1811.

[3]) Afh. V. 106. GILB. A. 38, 165, 1811; TROMMSD. J. Pharm. XXI. 79, 1812. Gleichzeitig fanden GAY-LUSSAC und THENARD das Verhältnis 100 : 7.6 = 92.94 : 7.06. Recherches phys. chim. II, 120.

[4]) Afh. V, 388; TROMMSD. N. J. Pharm. II. 2 St.. 44. SCHWEIGG. J. 23, 106, 1818.

[5]) Afh. V. 106; GILB. A. 38. 165, 1811; TROMMSD. J. Pharm. XXI, 79. 1812.

[6]) Afh. III. 194· GILB. A. 37, 287, 1811; TROMMSD. J. Pharm. XX, 2 St.. 333, 1811.

[7]) Afh. V. 108; GILB. A. 38, 166; TROMMSD. J. Pharm. XXI. 80.

[8]) Afh. V. 389; SCHWEIGG. J. 23, 107. 1818; TROMMSD. N. J. Pharm. II. 2 St.. 44. 1818.

Silberfluorid. Das Verhältnis Fluorsilber : Chlorsilber wurde auf 100 : 112.587 und bei einem zweiten Versuch auf 100 : 112.57 bestimmt [1]) (100 : 112.96).

Silicium.

Kieselsäure. BERZELIUS' Versuche, durch Analysen von Kieselmetallen (Kieseleisen und Kieselkupfer) die Zusammensetzung der „Kieselerde" zu bestimmen, führten, wie er selbst ausdrücklich hervorhebt, zu keinen exakten Resultaten [2]). Auch STROMEYER, der kurz darauf dieselbe Methode befolgte, erhielt falsche Werte. Ein späterer Versuch BERZELIUS', durch Analyse sowohl künstlicher als natürlicher Silikate zum Ziele zu gelangen, fiel etwas besser aus, obwohl noch immer viel zu wünschen übrig blieb. Der gefundene Sauerstoffgehalt war 50.359 "„ gegenüber 49.5 im älteren Versuche und 55 nach STROMEYER [3]) (52.98). In der That dauerte es bis etwa zur Mitte des Jahrhunderts, bevor man von der quantitativen Zusammensetzung dieser wichtigen Säure genaue Kenntnis bekam.

Stickstoff.

Salpetrige Säure. Vorher von GAY-LUSSAC untersucht [4]), welcher darin 1 Vol. Sauerstoff + 3 Vol. „nitröses Gas" oder 100 T. Stickstoff auf 166.6 T. Sauerstoff fand. DALTON fand 32.7 T. Stickstoff auf 67.3 T. Sauerstoff [5]); DAVY giebt das Volumenverhältnis Stickstoff : Sauerstoff = 1 : 4 an [6]). BERZELIUS versuchte, die Zusammensetzung der salpetrigen Säure durch Analyse ihrer Salze, besonders der Bleisalze, zu finden und erhielt Nitricum : Sauerstoff = 15.88 : 84.12 [7]), oder — wenn 43.065 T. Nitricum und 56.935 T. Sauerstoff 100 T. Stickstoff bilden [8]) — Stickstoff : Sauerstoff = 36.87 : 63.13 [9]) (36.91 : 63.09). Wie schon früher erwähnt, schrieb BERZELIUS damals noch die salpetrige Säure NO_4 (N = Nitricum) [10]).

Salpetersäure: vorher von DALTON untersucht. Er fand

[1]) Afh. V. 450.
[2]) Afh. III. 117—128; GILB. A. 36, 89. 1810.
[3]) Afh. V. 504, SCHWEIGG. J. 23. 285, 1818.
[4]) Mém. de la Société d'Arcueil T. II, 239.
[5]) New System of Chemical Philosophy, T. II, 331.
[6]) Elements of Chemical Philosophy Part I, Vol. I. 265.
[7]) Afh. V. 183.
[8]) Ebenda S. 213.
[9]) oder 36.9 : 63.1. GILB. A. 42, 280. 1812.
[10]) Afh. V. 217 f.

auf 5 gr. Salpetersäure 2.25 gr. Sauerstoff $+$ 2.75 gr. nitröses Gas ($= 74.40\,^0/_0$ Sauerstoff). GAY-LUSSAC beobachtete statt dessen die Zahlen $1.735 + 3.265$ ($= 69.5\,^0/_0$ Sauerstoff). Diesen bemerkenswerten Widerspruch entschied BERZELIUS wesentlich zu Gunsten DALTON's, indem er fand, dass die Salpetersäure aus $11.71^0/_0$ Nitricum und $88.29\,^0/_0$ Sauerstoff, d. h. $26.425\,^0/_0$ Stickstoff und $73.575\,^0/_0$ Sauerstoff, zusammengesetzt sei [1] (25.98, 74.02).

Ammoniak; die Zusammensetzung wurde aus der Analyse des Salmiaks berechnet: $52.8\,^0/_0$ „Ammoniakbasis", $47.2\,^0/_0$ Sauerstoff [2]), später $53.1133\,^0/_0$ „Ammonium", $46.8867\,^0/_0$ Sauerstoff [3]). Zum Verständnis dieser Zahlen sei hier daran erinnert, dass BERZELIUS die Formel für Ammoniak damals $NH_6 + O$ schrieb, d. h. er fasste sein Radikal als aus „Nitricum" und Wasserstoff zusammengesetzt auf [4] (Ammonium : Sauerstoff $= (2NH_3 - O) : O = 53.135 : 46.865$).

Salmiak; „salzsaurer Ammoniak"; früher von V. ROSE untersucht. BERZELIUS fand ziemlich übereinstimmend mit seinem Vorgänger $31.75\,^0/_0$ Ammoniak, $49.46\,^0/_0$ Salzsäure, $18.79\,^0/_0$ Wasser [5] bezw. 31.95, 50,86, $17.19\,^0/_0$ [6]), woraus für das „wasserfreie" Salz die Werte $38.9446\,^0/_0$ Ammoniak, $61.0554\,^0/_0$ Salzsäure berechnet wurden [7] ($NH_3 : [Cl_2 - O] : H_2O = 31.89 : 51.28 : 16.83$).

Ammoniumnitrat; $67.625\,^0/_0$ Salpetersäure, $21.143\,^0/_0$ Ammoniak, $11.232\,^0/_0$ Wasser (67.45, 21.31, 11.24) oder $76.18\,^0/_0$ Salpetersäure, $23.82\,^0/_0$ Ammoniak [8]).

Ammoniumnitrit siehe Afh. V, 187.

Ammoniumsulfat; $22.6\,^0/_0$ Ammoniak, $53.1\,^0/_0$ Schwefelsäure, $24.3\,^0/_0$ Wasser [9]) (bezw. $2NH_3 : SO_3 : 2H_2O = 22.72 : 53.19 : 23.99$).

Später als die eben erwähnten Analysen ist die Bestimmung des specifischen Gewichts des Stickstoffgases, die BERZELIUS im Jahre 1820 in Gemeinschaft mit DULONG ausführte [10]), und woraus $N = 14.16$ folgte.

---

[1]) Afh. V, 130, 212 f.

[2]) Afh. III, 260.

[3]) Afh. V, 115; GILB. A. 38, 173. 1811; TROMMSD. J. Pharm. XXI, 2 St., 124, 1812; vgl. GILB. A. 37, 449. 1811.

[4]) Afh. V, 234.

[5]) Afh. III, 258; vgl. GILB. A. 37. 449.

[6]) Afh. V, 148; GILB. A. 40, 279. 1812.

[7]) Afh. V. 114; GILB. A. 38, 173; TROMMSD. XXI. 2 St., 124, 1812.

[8]) Afh. V. 130; GILB. A. 40, 169.

[9]) Afh. V, 148; GILB. A. 40, 282.

[10]) Ann. Chim. phys. 15. 386, 1820.

Tantal.

Tantalpentoxyd. Reduktion des Tantaloxyds zum „Metall"[1]). Mittelzahl aus 4 Versuchen 94.8 % „Tantalum", 5,2 % Sauerstoff ($Ta_2O_4 : O = 96.41 : 3.59$).

„Wasserhaltiges Tantaloxyd", durch Salzsäure gefällt: 88.93–89.5 % Oxyd, 11.07–10.5 % Wasser [1]).

Tellur.

Tellurige Säure. „Telluroxyd". Bei Oxydation des Tellurs mit Salpetersäure fand BERZELIUS, dass 100 T. Tellur 24.83 T. Sauerstoff aufnehmen, und dass demnach das Tellurdioxyd aus 80.11 % Tellur und 19.8 % Sauerstoff besteht[2]). (Aus $Te = 127$ folgt 79.87 bezw. 20.13 %.)

„Tellursaures Bleioxyd"; Telluroxyd : Bleioxyd = 0.844 : 1.156 [3]).

Tellurwasserstoff: 1.91 % Wasserstoff[4]) (1.57).

Thorium.

Die Bestimmung des Verbindungsgewichts dieses erst 1828 entdeckten Metalls fällt in eine spätere Periode (1829).

Uran.

Einer der frühesten Versuche, die Zusammensetzung der Uranverbindungen zu bestimmen, dürfte von SCHÖNBERG gemacht worden sein, wahrscheinlich in dem Laboratorium BERZELIUS'. Er untersuchte das „salzsaure Uranoxydul" und berechnete aus den dabei ermittelten Werten die Zusammensetzung des „Uranoxyduls" sowie — mittelbar — die des „Uranoxyds"[5]). Eigene Untersuchungen über das Atomgewicht des Urans stellte BERZELIUS erst im Jahre 1825 an.

Wasserstoff.

Nachdem man sich eine Reihe von Jahren mit den durch die Auktorität LAVOISIER's sanktionierten Werten für die Zusammen-

---

[1]) SCHWEIGG. J. 16, 439, 444, 1816. Was BERZELIUS und seine Mitarbeiter, GAHN und EGGERTZ, damals für das Metall hielten, hat sich später bekanntlich als das Tetroxyd des Tantals entpuppt.

[2]) K. Vet. Akad. Handl. 1813, 176; SCHWEIGG. J. 6, 311, 1812.

[3]) K. Vet. Akad. Handl. 1813, 178.

[4]) Ebenda S. 179; GILB. A. 42, 285, 1812; SCHWEIGG. J. 6, 317, 1812.

[5]) Försök ..... att grundlägga ett rent vetenskapligt system för mineralogien S. 86, Fussnote; SCHWEIGG. J. 15, 285, 1815.

setzung des Wassers[1]) begnügt hatte (Wasserstoff : Sauerstoff =
15 : 85), hatten BIOT und ARAGO durch Wägen der gasförmigen Komponente das wesentlich abweichende Verhältnis 11.7 : 88.3 gefunden[2]).
In der Absicht, die Richtigkeit der neuen Werte zu prüfen, stellte
BERZELIUS folgenden Versuch an: reines, destilliertes Zink wurde
in Schwefelsäure oder Salzsäure gelöst, der entbundene Wasserstoff
durch ein Chlorcalciumrohr geleitet und die entstandene Gewichtsabnahme bestimmt. Das Ergebnis, dessen nur annähernden Charakter
BERZELIUS selbst ausdrücklich hervorhebt, wurde 11.754 : 88.246,
somit eine Bestätigung der Angaben BIOT's und ARAGO's[3]). Bekanntlich hat BERZELIUS einige Jahre später, behufs exakter Bestimmung des Atomgewichts des Wasserstoffs, in Gemeinschaft mit
DULONG die Methode ausgearbeitet, welche seitdem bis auf unsere
Zeit seinen Nachfolgern auf demselben Gebiete als Muster gedient
hat und dabei als Resultat das Verhältnis H : O = 11.059 : 88.941
erhalten[4]).

Wismut.

Wismutnitrat. BERZELIUS erhielt durch Glühen des
Salzes: 48.8 °/₀ Wismutoxyd, 34.2 °/₀ Salpetersäure und 17 °/₀
Wasser; er bemerkt nachträglich, dass mechanisch anhaftende
Feuchtigkeit nicht vollständig entfernt werden konnte[5]) (Bi_2O_3 :
$3N_2O_5$: $9H_2O$ = 48.87 : 34.08 ; 17.05). Die Berechnungen sind
teilweise auf eine von LAGERHJELM[6]), einem Schüler BERZELIUS',
ausgeführte Analyse des Wismutoxyds gegründet, wonach dieses
89.87 °/₀ Metall und 10.13 °/₀ Sauerstoff enthält[7]) (89.68, 10.32).

Basisches Wismutsulfat (das neutrale Salz war schon
früher von dem eben genannten LAGERHJELM analysiert worden);
85.5 %/₀ Wismutoxyd, 14.5 °/₀ Schwefelsäure[8]) (Bi_2O_3 : SO_3 =
85.31 : 14.69).

Wolfram.

Wolframsäure; früher von BUCHOLZ analysiert, nach

[1]) Siehe z. B. Traité élém. II, 189.
[2]) Mém. Inst. VII, 1806.
[3]) Afh. III, 270 f.; GILB. A. 37, 461, 1811.
[4]) Sur le poids atomique de l'hydrogène etc. Ann. Chim. phys. 15,
386, 1820; SCHWEIGG. J. 29, 83, 1820. Siehe auch PONTIN, Samlade skrifter
I, 254.
[5]) Afh. V, 152; vgl. GILB. A. 40, 286, 1812.
[6]) P. LAGERHJELM, später Assessor im Bergkollegium, geb. 1787,
gest. 1856.
[7]) K. Vet. Akad. Handl. 1813, 224.
[8]) Afh. V, 161; GILB. A. 40, 30, 1812.

welchem 100 T. Wolfram 24—25 T. Sauerstoff aufnehmen, die Wolframsäure somit 80.65—80.00 %, Metall enthält. BERZELIUS' Methode bestand darin, dass er Schwefelwolfram (Disulfid) in Wolframsäure überführte. Er fand 80.1 % Wolfram, 19.9 % Sauerstoff [1]) (79.31, 20.68). Über eine mit den berechneten Werten besser übereinstimmende Angabe siehe unten.

Wolframdisulfid, durch Erhitzen von Ammoniumwolframat mit Schwefelquecksilber hergestellt, wurde mit Königswasser oxydiert, wonach die entstandene Schwefelsäure durch Chlorbaryum ausgefällt wurde: 74.891 % Wolfram, 25.109 % Schwefel [1]) (74.16, 25.84).

Ammoniumwolframat: 6.338 % Ammoniak, 87.000 % Wolframsäure, 6.662 % Wasser [1]).

Calciumwolframat, „Tungsten": 19.400 % Kalk, 80.417 % Wolframsäure [2]) (19.44, 80.56). Aus der Analyse der Wolframate berechnete BERZELIUS für die Wolframsäure einen Sauerstoffgehalt von 20.28 %: er spricht die Vermutung aus, dass diese Zahl vielleicht die richtigere sei [3]) (vergl. oben).

Yttrium.

Yttererde. 100 T. Sulfat gaben 145.4 bezw. 148.66 T. Baryumsulfat, „welche 49.87 bis 50 T. Schwefelsäure entsprechen, so dass 100 T. Schwefelsäure von 100 bis 100.5 T. Yttererde gesättigt werden: hieraus folgt, dass die Yttererde 19.88 bis 19.96 % Sauerstoff enthält" [4]) (21.24).

Yttriumkarbonat: 57.70 % Yttererde, 29.48 % Kohlensäure, 12.82 % Wasser [5]).

Yttriumsulfat: 48.177 % Yttererde, 51.823 % Schwefelsäure [5]). In Anbetracht der Schwierigkeiten, welche zu jener Zeit in noch höherem Grade als jetzt mit der Trennung der Yttererde von den übrigen, dieselbe begleitenden Erden verknüpft waren, ist der dieser Analyse anhaftende Fehler auffallend gering. (Aus dem Atomgewicht 89 lassen sich die Werte 48.48 und 51.52 berechnen.)

Zink.

Zinkoxyd: durch Überführen des Metalls in Oxyd: 80.39 % Zink, 19.61 % Sauerstoff [6]). Spätere Versuche französischer Che-

[1] Afh. V. 486 f.; SCHWEIGG. J. 23. 195 f., 1818.
[2] Afh. IV. 307; SCHWEIGG. J. 16. 488. 1816.
[3] Afh. V. 188.
[4] SCHWEIGG. J. 16. 422, 1816.
[5] THOMSON's Annals of Philosophy III, 359, 1814.
[6] Afh. III, 272; GILB. A. 37. 461. 1811.

miker (Jaquelin, Favre), die Genauigkeit dieser schon im Jahre 1810 — vielleicht noch früher sogar — ausgeführten Analyse anzufechten, haben nur dahin geführt, dass ihre Richtigkeit von mehreren Seiten bestätigt wurde. Die zahlreichen, im Laufe der achtziger Jahre bewerkstelligten Atomgewichtsbestimmungen (von Marignac, Baubigny, van der Plaats, Ramsay u. a. m.) ergaben 65.4 als wahrscheinlichsten Wert, woraus die Zusammensetzung des Zinkoxyds auf 80.34 % Zink, 19.66 % Sauerstoff berechnet wird.

Zinkkarbonat, basisches Salz; 73.15 % Zinkoxyd, 14.72 % Kohlensäure, 12.13 % Wasser [1]).

Zinksulfat; 32.585 % Zinkoxyd, 30.965 % Schwefelsäure, 36.45 % Wasser [2]) (32.36, 31.83, 35.81 entspr. $5H_2O$).

Zinn.

Zinnoxyd; beim Oxydieren des Metalls mit Salpetersäure fand Berzelius, dass 100 T. Zinn 27.2 T. Sauerstoff aufnehmen, oder dass das Zinnoxyd 78.62 % Zinn und 21.38 % Sauerstoff enthält [3]) (78.74, 21.26).

Zinnoxydul; 88.028 % Zinn, 11.972 % Sauerstoff [4]) (88.10, 11.90).

Zinnsesquioxyd; 83.13 % Zinn, 16.87 % Sauerstoff [4]) (83.16, 16.84).

Schwefelzinn, 1. Monosulfuret: 78.25 % Metall, 21.75 % Schwefel; durch Rechnung korrigiert: 78.6 bezw. 21.4 % (78.71, 21.29); 2. Sesquisulfuret 71.8 % Zinn, 28.2 % Schwefel (71.13, 28.87); 3. Bisulfid 65.66 % Zinn, 34.34 % Schwefel [4]) (64.89, 35.11).

Zirkonium.

Das Atomgewicht des Zirkoniums ist in der Atomgewichtstafel von 1818 nicht aufgeführt worden; es wurde von Berzelius erst einige Jahre später bestimmt (1825, durch Analyse des Sulfats).

[1]) Afh. VI, 37.

[2]) Afh. V, 151; Gilb. A. 40, 285, 1812.

[3]) Afh. V, 144; die in der ersten Kolumne angeführten, angeblich durch Rechnung erhaltenen Prozentzahlen, 79.16 bezw. 21.84, stimmen mit den beobachteten Werten der zweiten Kolumne nicht überein und sind wahrscheinlich auf einen Schreibfehler zurückzuführen; die Tabelle vom Jahre 1818 hat 78.67, 21.33 (S. 58); Gilb. A. 40, 272, 1812.

[4]) K. Vet. Akad. Handl. 1813, 43 f.; Schweigg. J. 6, 288 f., 1812.

Die chemischen Proportionen organischer Verbindungen.

Die Zusammensetzung organischer Substanzen war noch zur Zeit des ersten Auftretens Berzelius' ziemlich in Dunkel gehüllt. Nicht nur, dass die quantitativen Verbindungsverhältnisse in der Mehrzahl der Fälle ganz unbekannt waren; auch die Kenntnis von der qualitativen Zusammensetzung liess viel zu wünschen übrig. Nach Lavoisier, dem wir sonst so überaus wichtige Vorarbeiten gerade auf dem Gebiete der Elementaranalyse verdanken, waren z. B. die fetten Öle ausschliesslich aus Kohlenstoff und Wasserstoff zusammengesetzt; ihre Nichtflüchtigkeit sei dem Umstand zuzuschreiben, dass sie, im Vergleich mit den flüchtigen Ölen, einen Überschuss an Kohlenstoff enthielten. [1]) Ja, noch im Anfang des neunzehnten Jahrhunderts herrschte allgemein die Auffassung, dass sowohl die Fettarten wie auch Alkohol, Äther und andere derartige Körper sauerstofffrei seien. Auch nachdem Saussure den Sauerstoffgehalt des Alkohols festgestellt hatte, war die Kenntnis dieser Substanz so mangelhaft, dass sogar er selbst noch Stickstoff als einen Bestandteil derselben ansah. [2]) In der That war es nicht möglich, dieser Unsicherheit abzuhelfen, solange es noch an zuverlässlichen Analysenmethoden mangelte. Und nachdem Lavoisier's Tod seine auf diesem Gebiete mit so grossem Scharfsinn und Erfolg begonnenen Untersuchungen unterbrochen hatte, waren die hier zu verzeichnenden Fortschritte eine Zeit lang nur spärlich und von geringer Bedeutung.

---

[1]) „Lorsque l'hydrogène et le carbone s'unissent ensemble sans que l'hydrogène ait été porté à l'état de gaz par le calorique, il en résulte une combinaison particulière connue sous le nom d'huile, et cette huile est ou fixe ou volatile suivant les proportions de l'hydrogène et du carbone . . . . . les premières contiennent un excès de carbone qui s'en separe lorsqu'on les échauffe audelà du degré de l'eau bouillante; les huiles volatiles au contraire étant formées d'une plus juste proportion de carbone et d'hydrogène, ... passent dans la distillation." Traité élém. I. 119.

[2]) So sagt z. B. auch Cruickshank: „What I consider as the strongest argument in favour of this hypothesis (in Bezug auf die Quelle der galvanischen Erscheinungen) is that all fluids which do not contain oxygen, are incapable of transmitting the galvanic fluid, such as alcohol, aether, the fat and essential oils" Nicholson's Journ. IV, 258, 1800.

Auch hier war es BERZELIUS, der in erster Linie die abgerissene Kette der Entwickelung wieder aufnehmen sollte. Etwa zu derselben Zeit, als er sich der Erforschung der bestimmten Proportionen anorganischer Verbindungen zu widmen angefangen hatte, begann er auch, die Erzeugnisse der organischen Natur in den Kreis seiner Untersuchungen zu ziehen. Wir wissen dies aus seiner eigenen Aussage: „Schon kurz, nachdem ich durch RICHTER's „Neue Gegenstände" die ersten Vorstellungen von bestimmten Proportionen erhalten hatte, machte ich im Jahre 1807 einige vorläufige Versuche, einzelne Pflanzensäuren zu analysieren." [1]) Die Verbrennung wurde bei diesen ersten Versuchen durch Erhitzen des organischen Körpers mit Mennige ausgeführt. Die Resultate scheinen jedoch nicht besonders günstig ausgefallen zu sein, weshalb er die Arbeit bald abbrach und nichts darüber veröffentlichte.

Drei Jahre später (1810) nahm er die Studien wieder auf, jetzt mit etwas grösserem Erfolg. Die organische Säure, gewöhnlich in Form ihres Bleisalzes, wurde mit Bleisuperoxyd und — um die Heftigkeit der Zersetzung zu mindern — einer grösseren Menge gelben Bleioxyd gemischt. Dieses Gemisch wurde in einem an dem einen Ende zugeschmolzenen Glasrohr erhitzt und die Verbrennungsprodukte zuerst über Chlorcalcium, dann durch Kalkwasser geleitet. Man kann demnach sagen, dass die moderne Elementaranalyse in ihren Hauptzügen schon hier vorliegt. Einen wesentlichen Fortschritt bezeichnet insbesondere die direkte gewichtsanalytische Bestimmung des Wasserstoffs, die jetzt an Stelle der älteren indirekten, eudiometrischen Methode getreten ist. Einige dieser Analysen wurden in französischer Sprache publiziert. [2]) Es folgte nun eine zweite Unterbrechung, die zweifelsohne mit der ungemein lebhaften Thätigkeit im Zusammenhang steht, welche BERZELIUS während der Jahre 1811—1813 auf anderen Gebieten sowohl in theoretischer als experimenteller Hinsicht entwickelte. Erst im Herbst des letztgenannten Jahres fand er wiederum Musse für die

---

[1]) Afh. V. 546.
[2]) Annales de Chimie 81, 296 f., 1812.

organischen Arbeiten, welche diesmal nicht eher aufgegeben werden sollten, als bis sie zu endgültigen Ergebnissen geführt hatten.

Inzwischen waren die organischen Analysen von GAY-LUSSAC und THENARD erschienen.[1]) BERZELIUS bezeichnet selbst diese Untersuchungen als „die besten und zuverlässigsten aller bisherigen Versuche, die Zusammensetzung organischer Produkte zu ermitteln", und giebt ausserdem an, er habe hiervon die Idee bekommen, bei der Verbrennung salzsaures Kali als Oxydationsmittel zu benutzen.[2])

Die Hauptresultate seiner eigenen Arbeit auf dem Gebiete der organischen Analyse veröffentlichte BERZELIUS 1814 in seiner Schrift: „Versuche über die bestimmten Verhältnisse, nach denen die Elemente der organischen Natur mit einander verbunden sind."[3]) Als Gegenstand seiner Untersuchung hat er vorzugsweise organische Säuren sowie einige Kohlenhydrate gewählt. Die Methode wurde jetzt dahin modifiziert, dass „das ternäre Oxyd", d. h. die organische Substanz, „am liebsten mit Bleioxyd verbunden" mit 5—6 Teilen Kaliumchlorat und 10—12 Teilen Chlornatrium unter Einhaltung mehrerer genau

---

[1]) Recherches physico-chimiques T. II. 265, 1811. GAY-LUSSAC und THENARD führten ihre Verbrennungen derart aus, dass sie die Substanz mit einer genau abgewogenen Menge Kaliumchlorat mischten und aus dieser Mischung nach Zusatz von etwas Wasser Kügelchen formten, die dann getrocknet und schliesslich stärker erhitzt werden. Die entwickelte Kohlensäure sowie der Sauerstoff wurden über Quecksilber aufgefangen und volumetrisch bestimmt. Der Verlust wurde als Wasser betrachtet.

[2]) Afh. V, 542, 548.

[3]) THOMSON's Annals of Philos. IV, 323 f. 1814; Afh. V. 520—646. Besonders charakteristisch sind die Worte, welche diese Schrift einleiten. Nach einer kurzen Wiederholung der Gesetze, denen die anorganischen Körper unterworfen sind, äussert BERZELIUS wörtlich folgendes: „alle Produkte des Thier- und Pflanzenreichs enthalten Sauerstoff mit mehr als einem brennbaren Radikal verbunden". Afh. V, 525. Hier wird also die alles umfassende Herrschaft des Sauerstoffs von der anorganischen auch auf die organische Chemie ausgedehnt, und es ist nicht ohne Interesse zu beobachten, wie die Abweichung von den Ansichten LAVOISIER's, welche in dem eben citierten Satze ihren Ausdruck findet, in der That als äusserste Konsequenz der gerade von LAVOISIER selbst ausgesprochenen Prinzipien hervorgegangen ist.

beschriebener Vorsichtsmassregeln in einem Glasrohr gemischt wurde. Das offene Ende derselben wurde dann ausgezogen und mit einer kugelförmigen Vorlage sowie mit einem Chlorcalciumrohr verbunden, von wo aus das nunmehr trockene Gasgemisch in eine mit Quecksilber gefüllte gläserne Glocke gelangte. Die Absorption der Kohlensäure geschah vermittelst festen Kalihydrats, das in einer gewogenen und mit einer durchlässigen Membran überbundenen Glasbirne in die Glocke eingeführt wurde[1]. Die Genauigkeit der mittels dieser Methode erzielten Resultate ist aus nachstehender Übersicht ersichtlich. Des Vergleichs wegen sind nebenbei die von GAY-LUSSAC und THENARD kurz zuvor erhaltenen Werte angeführt. Die letzte Kolumne enthält die aus den jetzt angenommenen Formeln und unter Zugrundelegung der jetzt gebräuchlichen Atomgewichten berechneten Zahlen.

— —

Citronensäure[2], Hydrat — 1 Mol. Wasser.

| | BERZELIUS | | GAY-L. u. TH. | |
	Experiment	Berechn.		$(C_6H_6O_6)$
Kohlenstoff	41.69	41.399	33.811	41.37
Wasserstoff	3.84	3.646	6.33	3.48
Sauerstoff	54.47	54.955	59.859	55.15

Als wahrscheinlichste Formel der Citronensäure giebt BERZELIUS $4H + 4C + 4O = \bar{C}$ an.

Weinsäure[3], Hydrat — 1 Mol. Wasser.

---

[1] In Bezug auf die interessanten Einzelnheiten der Ausführung muss auf BERZELIUS' Originalabhandlung und die darin befindliche Abbildung des Apparates verwiesen werden. Siehe auch die während der Drucklegung dieser Arbeit erschienene Abhandlung DENNSTEDT's: Die Entwickelung der organischen Elementaranalyse, Stuttgart 1899. S. 11 (Sammlung chemischer und chemisch-technischer Vorträge IV. 1, 2).

[2] Afh. V, 562; vgl. SCHWEIGG. J. 11, 301, 1814, wo etwas abweichende Werte angeführt werden.

[3] Afh. V, 569; über eine Analyse des Kaliumtartrats siehe GILB. A. 40. 275, 1812.

	BERZELIUS		GAY-L. u. TH.	
	Experiment	Berechn.		$(C_4H_4O_5)$
Kohlenstoff	36.190	36.108	36.888 [1])	36.35
Wasserstoff	3.807	3.976	3.912	3.06
Sauerstoff	60.003	59.916	59.200	60.59

Aus der Analyse leitete BERZELIUS die Formel $5H + 4C + 5O$ her.

Oxalsäure [2]), wasserfrei.

	BERZELIUS		GAY-L. u. TH.	
	Experiment	Berechn.		(C_2O_3)
Kohlenstoff	32.16 [3])	33.349	33.215 [4])	33.33
Wasserstoff	0.23—0.24	0.244	0.495	—
Sauerstoff	(67.60—67.61)	66.407	66.290	66.67

Die von BERZELIUS berechneten Werte beziehen sich auf die Formel $H + 12C + 18O = O$. THOMSON und DALTON formulierten die Oxalsäure HC_2O_3; DULONG hingegen richtig: C_2O_3. Der Grund, weshalb sich BERZELIUS der letzteren Auffassung nicht anschloss. ist nach seiner eigenen Aussage darin zu suchen, dass es ihm niemals gelungen war, ein oxalsaures Salz zu bekommen, das nicht bei der trockenen Destillation ganz deutliche, wenn auch kleine Mengen „eines brenzlichen Öles" gegeben hatte, woraus er folgerte, dass der Wasserstoff ein wesentlicher Bestandteil der Oxalsäure sei.

Bernsteinsäure [5]): Hydrat — 1 Mol. Wasser.

	BERZELIUS		
	Experiment	Berechn.	$(C_4H_4O_3)$
Kohlenstoff	47.909	47.991	47.98
Wasserstoff	4.512	4.226	4.04
Sauerstoff	47.579	47.747	47.98

Die Formel wird von BERZELIUS $4H + 4C + 3O = \bar{S}u$ ge-

---

[1]) Nach einer von BERZELIUS angebrachten Korrektion, anlässlich des in dem von den genannten Autoren analysierten Calciumtartrat enthaltenen Wassers. Die Originalzahlen sind 24.050, 6.629, 69.321; Recherches phys. chim. II. 305.

[2]) Afh. V. 572; über eine Analyse des Ammoniumsalzes siehe GILB. A. 40. 283. Ältere Analysen der Citronen-, Wein- und „Sauerkleesäure" siehe GILB. A. 40. 246.

[3]) Diese Zahl wird von BERZELIUS selbst als zu niedrig angegeben.

[4]) Siehe Anmerkung 1); die von GAY-LUSSAC und THENARD selbst angegebenen Zahlen sind 26.566, 2.745. 70.689.

[5]) Afh. V, 580.

schrieben in völliger Übereinstimmung mit der für das Bernstein-
säureanhydrid noch immer gebräuchlichen.

Essigsäure [1]); 2 Mol. Hydrat — 1 Mol. Wasser.

	BERZELIUS	GAY-L. u. TH.[2])		
	Experiment	Berechn.		$(C_4H_6O_3)$
Kohlenstoff	47.147	47.000	50.222	47.03
Wasserstoff	6.350	6.208	5.629	5.94
Sauerstoff	46.503	46.792	44.147	47.03

BERZELIUS schrieb die Essigsäure $6H + 4C + 3O = \bar{A}$, also
in Übereinstimmung mit der jetzigen Formel des Essigsäureanhydrids.

„**Galläpfelsäure**" [3]). Die Substanz, welche BERZELIUS
unter diesem Namen beschreibt, ist, wie aus der Darstellungsweise
(Sublimieren der aus einem schimmeligen Galläpfelextrakte erhaltenen
Säure) sowie aus der Zusammensetzung hervorgeht, nicht mit der
Trioxybenzoësäure sondern mit dem Pyrogallol identisch.

	BERZELIUS		
	Experiment	Berechn.	$(C_6H_6O_3)$
Kohlenstoff	57	57.084	57.11
Wasserstoff	5	5.026	4.81
Sauerstoff	38	37.900	38.08

Die Zusammensetzung wird durch die Formel $6H + 6C + 3O$
$= \bar{G}$ ausgedrückt.

Ameisensäure [4]); 2 Mol. Hydrat — 1 Mol. Wasser.

	BERZELIUS		
	Experiment	Berechn.	$(C_2H_2O_3)$
Kohlenstoff	32.911	32.475	32.42
Wasserstoff	2.813	2.860	2.73
Sauerstoff	64.276	64.665	64.85

Formel $2H + 2C + 3O = \bar{\bar{F}}$.

Schleimsäure, „Milchzuckersäure" [5]); Hydrat.

	BERZELIUS	GAY-L. u. TH.		
	Experiment	Berechn.		$(C_6H_{10}O_8)$
Kohlenstoff	33.46	34.284	33.69	34.27
Wasserstoff	5.08	5.032	3.62	4.81
Sauerstoff	61.46	60.684	62.69	60.92

Formel $10H + 6C + 8O = \bar{M}u$.

---

[1]) Afh. V. 582; Analyse des Natrium- und Calciumacetats, siehe
GILB. A. 40, 278, 1812.

[2]) Nach einer Analyse des Baryumacetats.

[3]) Afh. V. 588.

[4]) Ebenda S. 593.

[5]) Ebenda S. 598.

Benzoësäure [1]); 2 Mol. Hydrat — 1 Mol. Wasser.

	BERZELIUS		
	Experiment	Berechn.	$(C_{14}H_{10}O_3)$
Kohlenstoff	74.66	74.851	74.30
Wasserstoff	5.24	5.275	4.47
Sauerstoff	20.10	19.874	21.23

Der zu hoch gefundene Wasserstoffgehalt führte zu der Formel $3O + 12H + 15C = B$, die sich somit durch einen Mehrgehalt von einer CH_2-Gruppe von der richtigen unterscheidet. Der gefundene Kohlenstoffgehalt stimmt, wie man sieht, fast ebenso gut mit dem richtigen wie mit dem von BERZELIUS berechneten Wert überein.

Gerbstoff aus Galläpfeln (Tannin) [2].

	BERZELIUS		
	Experiment	Berechn.	$(C_{14}H_{10}O_9)$
Kohlenstoff	52.190—51.969	50.77	52.16
Wasserstoff	4.186— 4.009	4.45	3.13
Sauerstoff	43.624—44.032	44.78	44.71

Auch hier ist der Wasserstoffgehalt um etwa $1^0/_0$ zu hoch ausgefallen. Der beobachtete Kohlenstoffgehalt stimmt viel besser mit der richtigen Formel als mit der von BERZELIUS hergeleiteten, $18H + 18C + 12O$, überein.

(Rohr)zucker [3], aus „Bleioxydsubsaccharat" durch Zerlegung mittels Kohlensäure dargestellt.

	BERZELIUS	GAY-L. u. TH.	
	Experiment		$(C_{12}H_{22}O_{11})$
Kohlenstoff	42.984	42.47	42.08
Wasserstoff	6.891	6.90	6.49
Sauerstoff	50.125	50.63	51.43

Aus dieser Analyse leitete BERZELIUS die Formel $44H + 24C + 21O$ her, welche somit ein halbes Sauerstoffatom weniger enthält als die jetzige. Dem mit Bleioxyd verbundenen Zucker gab er die um 1 Mol. Wasser ärmere Formel $21H + 12C + 10O$.

Milchzucker [4].

	BERZELIUS		GAY-L. u. TH.	
	Experiment	Berechn.		$(C_{12}H_{22}O_{11}+H_2O)$
Kohlenstoff	39.730	39.942	38.825	39.97
Wasserstoff	7.167	7.035	7.341	6.73
Sauerstoff	53.103	53.023	53.834	53.30

[1]) Afh. V. 602.
[2]) Ebenda S. 607.
[3]) Ebenda S. 620.
[4]) Ebenda S. 628.

Die von BERZELIUS berechneten Zahlen sind auf die Formel $2H + C + O$ bezogen. Infolge besonderer Versuche glaubte er indessen annehmen zu dürfen, dass $1/5$ des Sauerstoffs als Wasser gebunden sei, weshalb er den wasserfreien Milchzucker folgendermassen formulierte: $8H + 5C + 4O$.

Gummi arabicum[1]).

| | BERZELIUS | | GAY-L. u. TH. | |
	Experiment	Berechn.		$(C_6H_{10}O_5)$
Kohlenstoff	42.154—42.357	41.877	42.23	44.42
Wasserstoff	6.750— 6.788	6.808	6.93	6.23
Sauerstoff	51.096—50.855	51.315	50.84	49.35

Formel $24H + 13C + 12O$.

Kartoffelstärke[2]).

| | BERZELIUS | | GAY-L. u. TH. | |
	Experiment	Berechn.		$(C_6H_{10}O_5)$
Kohlenstoff	43.769	43.452	43.55	44.42
Wasserstoff	7.064	7.107	6.77	6.23
Sauerstoff	49.187	49.441	49.68	49.35

Formel $39H + 21C + 18O$.

Aus den hier angeführten Daten geht deutlich hervor, dass eine exakte, gewichtsanalytische Bestimmung des Kohlenstoffs und des Wasserstoffs in organischen Verbindungen durch BERZELIUS nicht nur ermöglicht, sondern auch verwirklicht wurde. Eine entgegengesetzte Ansicht wird allerdings nicht selten vertreten. So findet man z. B. in einer unlängst erschienenen LIEBIG-Biographie folgende Behauptung: „Erst im Jahre 1830 brachte die Erfindung des LIEBIG'schen Kaliapparates, die Möglichkeit, den Kohlenstoff gewichtsanalytisch zu bestimmen, eine derartige Vereinfachung der Elementaranalyse, dass sie ..... eine der leichtesten und elegantesten Operationen der Experimentalchemie geworden ist[3])." Um dieses Urteil als unzutreffend zu erkennen, genügt aber schon ein Blick auf obenstehende Zahlen, vor allem noch der Umstand,

---

[1]) Afh. V. 636.
[2]) Ebenda S. 640.
[3]) W. ROTH. JUSTUS v. LIEBIG. Ein Gedenkblatt, Stuttgart 1898, S. 173 (Samml. chemischer und chem.-technischer Vorträge. Bd. III, H. 5).

dass die atomistischen Formeln, welche BERZELIUS unmittelbar aus seinen Analysen für die organischen Säuren herleitete — die ersten Atomformeln, die wohl überhaupt jemals für organische Stoffe aufgestellt worden sind (wenn man von DALTON's unvollkommenen Versuchen nach dieser Richtung hin absieht) — mit wenigen Ausnahmen im grossen und ganzen völlig korrekt sind.

Hierdurch werden die ausserordentlich grossen Verdienste keineswegs verdunkelt, welche sich LIEBIG seinerseits um die organische Elementaranalyse erworben, indem er dieselbe zugänglicher und händlicher machte, so dass sie im Gegensatz zu früher, wo sie an die experimentelle Fertigkeit des Analytikers die grössten Anforderungen stellte, jetzt auch in der Hand eines mittelmässigen Experimentators brauchbare Resultate ergeben konnte. Allein dies geschah wesentlich durch die Entwicklung und Vereinfachung derselben Methode, welche BERZELIUS in ihren Prinzipien und Hauptzügen aufgestellt hatte. Sollte hierfür noch eine weitere Belegstelle von Nöten sein, so bietet sich eine solche in folgendem Passus eines Briefes von LIEBIG an BERZELIUS (der noch vor Eintritt der grossen Spaltung zwischen ihnen geschrieben wurde): „nachdem ich angefangen hatte, mich vorzugsweise mit der organischen Analyse zu beschäftigen, gewann ich sehr bald die Überzeugung, dass nur Ihre Methode, den Kohlenstoff durch das Gewicht der Kohlensäure zu bestimmen, ganz zuverlässige Resultate unter allen Umständen versprach und mein Bestreben ist nun dahin gerichtet gewesen, dieses Verfahren leichter zugänglich zu machen." [1])

Was beim Studium der BERZELIUS'schen Untersuchungen betreffend die chemischen Proportionen am meisten auffällt, ist ihre völlige Tendenzlosigkeit. Sie wurden vorgenommen, ohne dass der Forscher dabei von vornherein die Absicht hatte, irgend eine bestimmte Theorie zu befestigen oder umzustossen. Sie wurden begonnen in einer Zeit (1807), wo der Streit zwischen den Auffassungen BERTHOLLET's und PROUST's

[1]) Brief von LIEBIG an BERZELIUS 14. 9. 1833.

noch fortdauerte, und bevor noch die Atomtheorie DALTON's allgemeiner bekannt geworden war. Dass wenigstens BERZELIUS letztere damals noch nicht kannte, geht deutlich aus seiner eigenen Darstellung hervor. Sie scheint erst gegen Ende 1808 oder Anfang 1809 zu seiner Kenntnis gelangt zu sein und zwar durch die Versuche WOLLASTON's über saure Salze [1]), welche Versuche durch dieselbe Theorie veranlasst wurden. Dies wird noch dadurch bestätigt, dass die Atomtheorie im ersten Teil des Lehrbuchs (1808) garnicht erwähnt ist. Noch 1810 sagt er: „es ist mir unbekannt, wie DALTON seinen Satz entwickelt und durch welche Versuche er ihn begründet hat, demnach auch inwieweit dieser Satz durch meine Versuche in seinem ganzen Umfang bestätigt wird oder durch dieselben grössere oder kleinere Modifikationen erleidet" [2]). Gleichzeitig hebt er allerdings die grosse Tragweite der Hypothese hervor und bezeichnet sie als „den grössten Fortschritt, den die Chemie als Wissenschaft zu ihrer Vollendung je gethan habe".

In dem Grade aber, wie die Arbeiten BERZELIUS' über die bestimmten Proportionen fortschritten, wurde es sowohl ihm selbst als anderen klar, welche kräftige Stütze sie in der That der Atomtheorie boten. Durch ROSCOE's und HARDEN's kürzlich erschienene Schrift [3]) ist der Nachweis geliefert worden, dass DALTON's Hypothese, im Gegensatz zu der bisherigen allgemeinen Annahme, aus rein physikalischen Gründen [4]) aufgestellt wurde und nicht etwa aus den Ergebnissen der chemischen Analyse, d. h. aus dem empirisch gefundenen Gesetz von den multiplen Proportionen hervorging, dass sie mit anderen Worten ein auf spekulativem Wege entstandener Sprössling der NEWTON'schen Lehre von dem atomistischen Bau der Materie war, und dass wenigstens DALTON selbst durch die deduktiv hergeleitete Annahme kleinster Teilchen mit verschiedener Schwere zu der experimentellen Aufsuchung

---

[1]) NICHOLSON's Journal 1808, Nov.

[2]) Afh. III, 164, 1810.

[3]) A New View of the origin of DALTON's Atomic Theory, 1896. (Deutsch in KAHLBAUM's Monographien II, 1898.)

[4]) „From physical standpoint and from purely physical considerations." Ebenda S. VIII.

der vorerwähnten Gesetzmässigkeit v e r a n l a s s t wurde. Allein es war nicht gerade leicht, bei dem damaligen, wenig entwickelten Stande der Experimentalchemie, ein hinreichendes Beweismaterial herbeizuschaffen. Wie hoch man auch DALTON als Theoretiker oder als „philosophischen Chemiker“, wie der Ausdruck damals noch lautete, stellen mag: als Analytiker wird er sogar von mehreren seiner Vorgänger übertroffen, und obwohl er in deren Forschungen zu verschiedenen Malen eine Stütze suchte, so oft nämlich seine eigenen sich als unzureichend erwiesen, so konnten weder diese noch jene die erforderlichen Ansprüche erfüllen, sei es hinsichtlich der Genauigkeit oder des Umfangs, worüber die von DALTON wiederholt nach eigenen und anderen Untersuchungen zusammengestellten Atomgewichtstafeln ein nicht zu verkennendes Zeugnis ablegen. Erst durch BERZELIUS' gerade zur rechten Zeit vorgenommene Arbeiten erhielt DALTON's Theorie schon kurz nach ihrer Entstehung die breite Grundlage eines exakten Zahlenmaterials, und dadurch das Gepräge der Zuverlässigkeit, ohne welche ihre allgemeine Anerkennung und ihr befruchtender Einfluss auf die Wissenschaft sicherlich nicht unwesentlich aufgehalten worden wäre.

Trotz des unverkennbaren Zusammenhanges, der durch die Macht der Umstände zwischen den von Manchester aus verkündeten Lehren und den in Stockholm ausgeführten Experimentaluntersuchungen stattfand, behielten die Arbeiten BERZELIUS' über die chemischen Gewichtsverhältnisse in ihrem Äusseren noch lange den rein empirischen Charakter, den sie von Anfang an getragen. Das in der Einleitung zu der ersten der fraglichen Abhandlungen aufgestellte Programm, „bei der Darlegung der Versuche jedes Theoretisieren auszuschliessen“ [1]), wurde in der Regel auch bei den folgenden beobachtet, wenigstens gilt dies von den in schwedischer Sprache abgefassten Originalaufsätzen. Sie enthalten im allgemeinen nur eine Beschreibung der angewandten analytischen Methode, und eine Übersicht der gewonnenen Resultate, gewöhnlich, wo solche vorliegen, verglichen mit den früher von anderen Forschern

---

[1]) Afh. III, 166.

gefundenen Werten, so wie auch die Schlüsse, welche unmittelbar daraus gezogen werden konnten, oft in Form von gemeingültigen Erfahrungsregeln ausgedrückt. Aus diesem Grunde machen sie, trotz des bisweilen recht breiten Stils, einen eigentümlichen trocknen, aber gleichzeitig in hohem Grade exakten Eindruck.

Während DALTON schon 1803 [1]) — auf Grund des damals vorliegenden, ziemlich knappen Materials — anfing, seine Atomgewichtstabellen aufzustellen, die in der nächsten Zeit fast jährlich mehr oder weniger durchgreifenden Änderungen unterworfen wurden, scheint BERZELIUS die Frage von den Atomgewichten anfangs ganz bei Seite gelegt zu haben. Das Wort Atomgewicht kommt kaum in seinen experimentellen Arbeiten jener Periode vor [2]) — ebenso wenig wie in den beiden ersten Teilen des Lehrbuchs (1808—1812). Und als er endlich ungefähr sieben Jahre nach der Inangriffnahme der Untersuchungen daran ging, aus dem während dieser Zeit gesammelten umfangreichen Materiale die Gewichte der Atome zu berechnen, geschah dies, was die schwedischen Ausgaben betrifft, in einem ganz anderen Zusammenhange, nämlich in Anschluss an den theoretisch-systematischen Teil seiner Schriftstellerei.

Es unterliegt jedoch keinem Zweifel, dass gerade die Atomgewichtstabellen den bequemsten Weg bieten, mit geringer Mühe sich eine ungefähre Vorstellung von BERZELIUS' Leistungen auf diesem Gebiete zu machen und seine Zahlenwerte mit denjenigen zu vergleichen, welche aus einer acht Jahrzehnte hindurch fortgesetzten mühsamen Arbeit als die aller Wahrscheinlichkeit nach richtigsten hervorgegangen sind. Dieser Vergleich wird nicht unerheblich durch den Umstand erleichtert, dass der in der Atomtheorie erzogene Chemiker in der Regel mit den hypothetischen Atomgewichtskonstanten weit mehr

[1]) Siehe Monographien Bd. 2, S. 5.
[2]) Erst gegen Ende derselben ist die Bestimmung des Atomgewichts ausdrücklich als Ziel der Untersuchung angegeben, z. B. in der Abhandlung „Untersuchung der Zusammensetzung des Kupferoxyds, um daraus mit ziemlicher Sicherheit das Gewicht des Kupferatoms bestimmen zu können". Afh. VI, 1, 1818.

vertraut ist als mit den rein empirischen Proportionalitäts-
zahlen, welche für die Berechnung derselben den äussersten
Grund bilden. Man findet auch, dass die genannten Tabellen
von älteren nicht minder als von späteren Schriftstellern zu
jenem Zwecke angewandt worden sind. Hierbei darf jedoch
nicht ausser Acht gelassen werden, dass die in diesen Tabellen
angegebenen Werte nicht immer eine unmittelbare Umrechnung
der direkt beobachteten Zahlen bilden, sondern dass letztere
— wie man sich bei einem Vergleich zwischen beiden leicht
überzeugen kann — später in mehreren Fällen aus theoretischen Gründen einer zwar meistens unbedeutenden Korrektur
unterworfen wurden, weshalb eine Rückkehr zu den Observations-
zahlen unvermeidlich ist.

Nach Kopp rührt die erste Atomgewichtstabelle Berzelius'
vom Jahre 1815 her [1]). Richtiger scheint es jedoch, sie ins
Jahr 1814 zu verlegen, denn in diesem Jahre erschien sie
sowohl in schwedischem [2]) wie in englischem [3]) Text, in deutscher
Sprache allerdings erst etwas später [4]). Diese Tabelle hatte
indessen offenbar nur einen vorläufigen Charakter, da Berzelius
seine Untersuchungen über die Proportionen erst 1818 als in
der Hauptsache abgeschlossen betrachtete [5]). Im letztgenannten
Jahre gab er im Anschluss an den dritten Teil seines Lehrbuches auch eine grössere tabellarische Arbeit von end-
gültigerem Gepräge heraus, die nicht nur die Atomgewichte
der meisten damals bekannten Grundstoffe enthielt, sondern
auch die Formeln und die prozentuale Zusammensetzung einer
grossen Anzahl chemischer Verbindungen [6]).

In der dritten Beilage findet sich eine Zusammenstellung
der in den beiden genannten Tabellen angeführten Atom-

---

[1]) Geschichte der Chemie II, 383.

[2]) In „Försök att ..... grundlägga ett rent vettenskapligt System
för mineralogien. Stockholm 1814. S. 85 f.

[3]) Thomson's Annals of Philosophy III, 1814, S. 362. Zwischen den
Zahlen in der schwedischen Abhandlung und den der englischen bestehen
schon einige kleinere Differenzen.

[4]) Schweigger's Journ. 11, 193–233; 12, 17–62, 1814, mit Beilagen
(Atomgewichtstabelle) 15, 277 f., 1815.

[5]) Vgl. Berzelius, Lehrbuch der Chemie. 5. Aufl. 3, S. 1161.

[6]) Bihang till Tredje Delen af Lärboken i Kemien, Stockholm 1818.

gewichte, welche der Bequemlichkeit halber von dem in den Urtexten angegebenen Verhältnis: Sauerstoff = 100 in: Sauerstoff = 16 umgerechnet und die einerseits mit den DALTON'schen Atomgewichten von 1810, andererseits mit den jetzt gebräuchlichen [1]) verglichen worden sind.

Die grössten Differenzen zwischen den älteren BERZELIUSschen Atomgewichten und den jetzigen ergeben sich, wie man aus dieser Übersicht leicht ersehen kann, vorzugsweise für die in der Natur seltener oder nur spärlich vorkommenden Grundstoffe. Für die gewöhnlicheren Elemente dagegen, besonders für die, welche in analytischer Hinsicht von grösserer Bedeutung sind und darum in stöchiometrischer Hinsicht als grundlegend oder typisch angesehen werden können, wie Baryum, Blei, Silber, Kalium, Chlor, Schwefel u. a. m. sind die Verbindungsgewichte auch in diesen ältesten Tabellen mit einer Genauigkeit angegeben, die schon an und für sich geeignet ist, unsere lebhafteste Bewunderung zu erregen.

Um sich von der Sorgfalt, mit welcher BERZELIUS arbeitete, eine recht anschauliche Vorstellung zu machen, dürfte vielleicht ein Vergleich zwischen seinen Atomgewichten und den später von STAS ermittelten am besten geeignet sein, welch' letztere ja mit Recht als jetzt noch unübertroffene Muster peinlichster Genauigkeit angesehen werden, einer Genauigkeit, „welche in den exakten Wissenschaften sonst schwerlich erreicht, geschweige denn übertroffen wird" [2]). Aus beigefügter Tabelle geht zur Genüge die grosse Übereinstimmung beider hervor:

	BERZELIUS 1818	STAS 1865	Differenz
Blei	207.12	206.91	+ 0.21
Chlor	35.411	35.453	— 0.042
Jod	(128.2) [3])	126.86	(+ 1.34)
Kalium	39.19	39.14	+ 0.05

[1]) Nach dem Vorschlag der Kommission für die Festsetzung der Atomgewichte. Berichte der deutsch. ch. Ges. 1898. Bd. XXXI, 2761.

[2]) OSTWALD. Grundriss der allgemeinen Chemie 1889, S. 27.

[3]) Dieser Wert rührt offenbar nicht von BERZELIUS selbst her, da er erst im Jahre 1828 das Atomgewicht dieses Halogens und zwar zu 126.28 bestimmte.

	Berzelius 1818	Stas 1865	Differenz
Kohlenstoff	12.05 [1])	12.00	+ 0.05
Natrium	23.27	23.06	+ 0.21
Schwefel	32.185	32.06	+ 0.125
Silber	108.12	107.938	+ 0.182
Stickstoff [2])	14.05	14.041	+ 0.009

Bemerkenswert ist, dass beinahe alle Bestimmungen Berzelius' (mit Ausnahme der des Chlors) um ein unbedeutendes höher ausgefallen sind als die Stas'schen.

Die Bewunderung, welche Berzelius' Leistungen auf diesem Gebiete hervorrufen, muss noch erhöht werden, ja sogar in Staunen übergehen, wenn man bedenkt, dass diese Berechnungen der Atomgewichte von ungefähr fünfzig Grundstoffen und der Zusammensetzung nahezu 2000 ihrer verschiedenen Verbindungen zum überwiegenden Teil auf eigenhändig ausgeführten Analysen gegründet sind. [3]) Eine solche Riesenarbeit wäre in unserer Zeit wohl geeignet, ein ganzes Menschenalter ungeteilt in Anspruch zu nehmen, trotz unserer sorgfältig ausgearbeiteten Methoden, empfindlichen Instrumente und höchst vervollkommneten Laboratoriumstechnik, nicht zu reden von der Leichtigkeit, mit welcher alle erforderlichen Reagentien jetzt ohne Mühe und Zeitaufwand in dem für derartige subtile Untersuchungen erforderlichen äussersten Grade der Reinheit herbeizuschaffen sind. Diese Arbeit führte Berzelius während des kurzen Zeitraumes von etwas mehr als einem Decennium aus, trotzdem die Mehrzahl der angewandten analytischen Methoden bei Beginn der Untersuchungen eben noch nicht vorhanden war, jede vielmehr für den einzelnen Fall besonders ausgearbeitet werden musste, was eine vielfache Wieder-

---

[1]) Wohl nach Biot's Untersuchungen; der höhere, später so viel umstrittene Wert 12.24, gründet sich bekanntlich auf die von Berzelius 1820 in Gemeinschaft mit Dulong ausgeführten Untersuchungen.

[2]) Nitrogenium = 1 At. Nitricum + At. Sauerstoff; Nitricum : Sauerstoff = 75.63 : 100.

[3]) Die hierher gehörigen Untersuchungen, welche nicht von Berzelius persönlich, sondern von seinen Schülern, obwohl in seinem Laboratorium und unter seiner Leitung ausgeführt wurden, sind beinahe alle unter den Namen der betreffenden Mitarbeiter veröffentlicht worden, wie Lithium von Arfvedson, Wismut von Lagerhjelm etc.

holung der Versuche zur Folge hatte, bevor die Resultate als
annähernd genau betrachtet werden konnten [1]). Er bewältigte
diese Arbeit ohne jede Hilfe [2]) und in einem Laboratorium,
dessen ausserordentlich einfache Ausrüstung [3]) selbst bei zeitgenössischen Fachgelehrten grosse Verwunderung erregte, und
dessen entfernte Lage, besonders in anbetracht der wenig entwickelten Verkehrsverbindung der damaligen Zeit, die Be-
schaffung der erforderlichen chemischen Präparate und Uten-
silien aufs höchste erschwerte [4]).

Nun sollte man doch wenigstens meinen, dass dieses Werk
während der Periode, in welcher die Bestimmung der chemischen Proportionen hauptsächlich fällt, die Zeit und Kraft
des Forschers ausschliesslich in Anspruch genommen habe.
Dem ist aber nicht so. Abgesehen von seiner ordentlichen
Lehrwirksamkeit am Carolinischen Institut, übte er in derselben
Zeit eine umfassende theoretisch-schriftstellerische Thätigkeit
von so durchgreifender Bedeutung aus, dass sie von gewissen

---

[1]) BERZELIUS selbst schildert an einer Stelle, wie er mitunter 20 bis
30 Mal ein und denselben Versuch wiederholen musste. Afh. III, 240.

[2]) Erst gegen Ende seines Lebens konnte er sich den Luxus leisten,
einen Privatassistenten zu halten: der erste, welcher die beneidenswerte
Ehre hatte, ihm in dieser Eigenschaft zu assistieren, war CLEMENS ULLGREN
(später Professor der Chemie am technischen Institut Stockholm, geb. 1811,
gest. 1868). Brief von BERZELIUS an MITSCHERLICH 14. 2. 1837. Hand-
schriften-Sammlung der Akademie der Wissenschaften Stockholm.

[3]) Eine besonders anschauliche Schilderung von BERZELIUS' Laboratorium verdanken wir WÖHLER: Jugenderinnerungen eines Chemikers.
Berichte d. deutsch. chem. Ges., Bd. VIII (1875).

[4]) In welch' hohem Grade BERZELIUS auf sich selbst angewiesen war
und mit welchen von einem modernen Chemiker kaum geahnten und, wie
es uns scheinen will, höchst überflüssigen Zeitaufwand seine Experimente
verknüpft waren, geht vielleicht auf das schlagendste aus einem charakteristischen Beispiel hervor, das er selbst anführt. An einer Stelle seines
Lehrbuches erwähnt er nämlich, wie er stets gezwungen war, seinen ganzen
Bedarf an Salzsäure aus Kochsalz und Schwefelsäure selbst herzustellen,
da es ihm nicht gelang, dieselbe von den Fabrikanten in genügend reinem
Zustande zu beziehen! Lärbok i Kemien I, 2. Aufl., S. 469 (1817). Kaum
weniger bezeichnend ist folgender Passus aus einem Briefe an MITSCHER-
LICH (4. 7. 1823): „Durch KLEMMING bekam ich von HEINRICH (ROSE?)
3 Porzellantiegel, wovon einer zerbrochen war. Den zweiten musste ich
WACHTMEISTER geben, und habe jetzt nur noch e i n e n übrig.“

Seiten als die hervorragendste seiner sämtlichen wissenschaftlichen Leistungen hingestellt wurde. In dieselbe Zeit fielen
auch seine für die Chemie nicht weniger als für die Mineralogie
epochemachenden systematischen Arbeiten, woran sich die Ausbildung der chemischen Nomenklatur und die Neubildung der
chemischen Zeichensprache unmittelbar anschloss. Gleichsam
als ob das bisher Angeführte noch nicht hinreichend gewesen
wäre, um seine Arbeitskraft voll und ganz auszunützen, fand
er sogar noch Zeit und Gelegenheit, weitere etwa dreissig
grössere und kleinere Experimentaluntersuchungen sowohl rein
chemischen, wie auch agrikulturchemischen, physiologischen
(besonders tierchemischen), hygienischen, metallurgischen und
mineralogischen Inhalts auszuführen. Diese in der That staunen-
erregende, man wäre versucht zu sagen, ans Fabelhafte grenzende
Produktivität, die BERZELIUS während jener Zeit als Schriftsteller nicht weniger denn als Experimentator entfaltete, dürfte
in der Geschichte der Naturwissenschaften nur wenige Seiten-
stücke haben.

Als Experimentator war BERZELIUS weit mehr der Mann
des ruhigen, ausdauernden Forschens als der der kühnen,
glänzenden Entdeckungen, darin von seinem grossen Zeitgenossen HUMPHRY DAVY, wie von seinem nicht minder grossen
Vorgänger und Landsmann SCHEELE verschieden [1]). Nicht
etwa als ob ihm bei seiner ungewöhnlich reich ausgestatteten
Natur an Begabung auch nach dieser Richtung hin gefehlt
hätte. Die Entdeckung dreier neuer Grundstoffe (ausser den
beiden, die unter seiner Leitung von seinen Schülern gefunden
wurden), die des ersten bald zu Anfang seiner wissenschaftlichen Laufbahn, zeigt zur Genüge, dass er auch den Scharfblick des Entdeckers in hohem Grade besass. Allein er konnte
nicht umhin, einzusehen, dass in der Wissenschaft nicht nur
die Erschliessung neuer Gebiete erforderlich ist, sondern auch,

---

[1]) Interessant ist es übrigens, die unverkennbare Geistesverwandt-
schaft zwischen den beiden letztgenannten Forschern zu beobachten, die
u. a. zum Ausdruck kommt in DAVY's wiederholt ausgesprochener Bewunderung und Sympathie für SCHEELE, wogegen LAVOISIER DAVY ebenso
unberührt liess, wie er auf BERZELIUS anziehend wirkte. Vgl. KAHLBAUM,
Monographien I. 91 (1897).

zum wenigsten in demselben Masse, die Weiterentwicklung
solcher Gebiete, welche, obwohl nicht eigentlich unbekannt,
nicht destoweniger aus Mangel an Bearbeitung so gut wie
brach und ohne jeden Nutzen daliegen (wie es bei Beginn der
Wirksamkeit Berzelius' mit dem Gebiete der chemischen
Proportionen der Fall war). Gerade in dieser Wirkungssphäre
hatte die Stärke und vor allem die Originalität seiner viel-
seitigen Begabung Gelegenheit, sich zu voller Blüte zu entfalten. Jeder, der sich der Mühe unterziehen will, sich mit
Berzelius in dessen eigenen Schriften, nicht etwa in den Aus-
legungen seiner Epigonen, vertraut zu machen, wird, selbst
wenn die theoretische Anschauungsweise an vielen Stellen ver-
altet und der jetzigen Auffassung fremd erscheint (was bei der
ausserordentlich schnellen Entwicklung der Chemie während
der letzten 50 Jahre nicht allzu sehr auffallen kann), dennoch
nicht verhindern können, dass ihm die Experimentaluntersuchungen eine mit jeder Seite an Stärke zunehmende Bewunderung einflössen. Nur weiss man nicht, was man am
höchsten schätzen soll, die tiefe und zielbewusste Planmässig-
keit in der ganzen Anlage der Untersuchungen, den, man
möchte sagen, unerschöpflichen Scharfsinn und erfinderischen
Geist in der Anordnung der Versuche oder die unermüdliche
Energie, die das Ziel selten verfehlende Genauigkeit in der
Durchführung derselben.

Betrachtet man jede dieser Untersuchungen für sich, so
können sie — und das gilt nicht zum wenigsten von denjenigen,
welche die bestimmten chemischen Gewichtsverhältnisse behandeln — ziemlich unansehnlich erscheinen; sie bieten dem
flüchtigen Beobachter nur wenig Aufsehen erregendes. Mit ihrem
streng sachlichen Inhalt verbinden sie eine entsprechende bescheidene Form. Es sind ganz einfach analytische „Versuche",
in einer nüchternen prosaischen Sprache dargestellt, die bisweilen etwas in die Länge gezogen, immer aber klar, logisch
und natürlich ist, so dass sie mit Recht als Muster für die
wissenschaftliche Prosa hingestellt werden kann. In dieser
Weise — eine Abhandlung nach der andern, zerstreut in einer
grossen Zahl von Zeitschriften und in verschiedenen Sprachen,
kamen sie zur Kenntnis der Zeitgenossen. Berzelius fasste

sie niemals in einem Sammelwerke zusammen; die einzigen
Stellen, wo man ohne allzu grosse Mühe einen, wenn auch bei
weitem nicht vollständigen Überblick über die darin niedergelegte
Arbeit erhalten konnte, waren die vorerwähnten Atomgewichts-
tafeln, die jedoch keinen Aufschluss darüber geben, in welcher
Ausdehnung die ihnen zu Grunde liegenden Untersuchungen
wirklich von BERZELIUS selbst ausgeführt worden sind. Die
Idee, welche das einigende Band zwischen allen diesen zerstreuten Specialarbeiten bildet, tritt erst dann in ihrer ganzen
Klarheit hervor, wenn man dieselben in eine gemeinsame
Übersicht zusammenfasst, ebenso wie ihre Bedeutung für die
Wissenschaft besonders dann in ihrer vollen Ausdehnung offenbar wird, wenn man die gewonnenen Resultate einerseits mit
den schon vorher vorhandenen, anderseits mit den später
erreichten vergleicht. Dieses enorme Versuchsmaterial, von
welchem jede Einzelheit ziemlich unansehnlich erscheint, war
nötig, um für das mehr geahnte als exakt bewiesene Gesetz
der bestimmten Proportionen eine zuverlässige und im einzelnen mit gehöriger Genauigkeit ausgebaute Grundlage zu
schaffen, die gleichzeitig auch als fester Stützpunkt für die
noch schwankende Atomtheorie dienen konnte. Unter gewöhnlichen Verhältnissen hätte dieses Material nur von
mehreren Forschern innerhalb eines grösseren Zeitraumes zu-
sammengetragen werden können. Nur der Riesenfleiss und
eiserne Wille eines BERZELIUS' konnte das Werk allein vollbringen und das in einer verhältnismässig kurzen Zeit von
etwas mehr als zehn Jahren, wovon die Wissenschaft einen
doppelten Gewinn erntete, nämlich, ausser der nicht unerheb-
lichen Zeitersparnis, auch den Vorteil, der in einer grösseren
Homogenität der Arbeit liegt, und der gerade hier um so
wünschenswerter erschien, als diese Untersuchung schwerlich
von einem klareren Kopfe angelegt oder von einer geschickteren
Hand ausgeführt werden konnte. Jene Zeitersparnis dürfte
gleich schwer — vielleicht noch schwerer sogar — ins Gewicht
fallen als der Zeitverlust, welcher der Wissenschaft hinsichtlich
ihrer Entwicklung durch den Anschluss BERZELIUS' an die
LAVOISIER'sche Oxydtheorie verursacht wurde. Die Nachwelt,
für welche das theoretische Lehrgebäude BERZELIUS' nicht

mehr dasselbe aktuelle Interesse hat wie für seine Zeitgenossen, hat darum nur um so grössere Veranlassung, ihre Anerkennung demjenigen Teile der Leistungen BERZELIUS' zu zollen, der in weit höherem Grade als die andern alle Voraussetzungen besitzt, der Vergänglichkeit widerstehen und den Wechsel der Theorien überleben zu können. Und selbst wenn die Atomtheorie in ihrer jetzigen Form früher oder später einmal demselben Schicksal wie die LAVOISIER-BERZELIUS'sche Sauerstofftheorie verfiele, kann dennoch wohl kein Zweifel darüber obwalten, dass sowohl ihr nächster Erbe wie auch alle späteren allgemeinchemischen Theorien in der einen oder andern Form mit dem Ergebnis der Arbeit BERZELIUS' über die fundamentalen Konstanten der Chemie werden rechnen müssen als einem Grundfaktor ihres Bestehens. Die genaue Unterscheidung zwischen den experimentellen Daten und der Anwendung derselben im Dienste der Theorien, die umsichtige Ausmerzung aller hypothetischen Bestandteile aus den Schriften, in welchen jene Daten zuerst bekannt gemacht wurden, hatte zur Folge, dass die Abhandlungen BERZELIUS' über die bestimmten Proportionen auch in ihrer rein äusseren Form das Gepräge des für alle Zeiten bleibenden tragen. Ebenso wie sie unabhängig von der Atomtheorie entstanden sind, werden sie ihren Wert auch nach deren Fall unvermindert beibehalten, sogar ohne dass dabei eine einzige Silbe in ihrem Wortlaut verändert zu werden braucht. Sie bilden den ihren Hauptzügen nach unveränderlichen Grund, auf dem voraussichtlich die zahlenmässige Behandlung der Chemie stets ruhen wird. Von diesem Gesichtspunkte aus mag es wohl berechtigt erscheinen, vorzugsweise auf diese Arbeit den Schwerpunkt der wissenschaftlichen Grösse BERZELIUS' zu verlegen. Keines seiner übrigen Werke trägt in demselben Grade den Stempel, für die Nachwelt geschaffen zu sein, als wie gerade dieses.

V.

Die chemische Sprache.

Nicht weniger gross als die Verdienste, welche sich BER-ZELIUS um die zahlenmässige Präcisierung des faktischen Lehr-inhalts der Chemie erworben, ist seine Bedeutung auf dem Gebiete der formellen Behandlung der Wissenschaft; seine diesbezügliche Arbeit dürfte auch diejenige seiner Grossthaten sein, worüber die Meinungen der wissenschaftlichen Kritik am wenigsten auseinander gegangen sind. Aber gerade dieser Umstand hat zur Folge gehabt, dass seine Thätigkeit für die Entwicklung der chemischen Sprache in der historisch-chemischen Litteratur meistens ziemlich kurz behandelt worden ist, weshalb einige ergänzende Notizen nach dieser Richtung hin nicht ganz ohne Interesse sein dürften.

BERZELIUS' Arbeiten auf dem in Frage kommenden Ge-biete reichen zeitlich weit zurück und stehen zweifelsohne mit seinem früh begonnenen Auftreten als Verfasser von Lehr-büchern der Chemie in engem Zusammenhang; ein andrer mit-wirkender Umstand ist sicher auch in der durch seine An-stellung an einer medizinischen Hochschule bedingten Teil-nahme an der Umarbeitung der schwedischen Pharmakopöe [1] zu suchen. Jedes dieser Vorhaben war derartig, dass es den Mangel einer völlig rationell durchgeführten Nomenklatur be-

---

[1] Siehe S. 17.

sonders fühlbar machte, namentlich einem Manne von BERZELIUS'
nach Klarheit und systematischer Deutlichkeit ringendem Geiste.

Hierbei kam es allerdings weniger auf die Einführung einer
ganz neuen Bezeichnungsweise als auf die Erweiterung der
bereits vorhandenen an. Bedeutende Vorarbeiten nach dieser
Richtung hin hatte die antiphlogistische Schule schon bei ihrem
ersten Auftreten ausgeführt. Kaum stand „die neue Chemie"
in ihren Hauptzügen fertig da, als sie auch durch den bekannten,
von LAVOISIER, GUYTON DE MORVEAU, BERTHOLLET und
FOURCROY ausgearbeiteten Vorschlag von 1787 [1]) eine neue
Sprache erhielt, das während eines Zeitraumes von mehr als
einem Jahrhundert wenig modifizierte Gerüst der noch jetzt
gebräuchlichen. Nichts kann auf den ersten Blick verschiedener
erscheinen als diese antiphlogistische Nomenklatur und die
früher angewandte phlogistische Bezeichnungsweise, und doch
fällt es nicht schwer, nachzuweisen, dass jene gerade in den
Bestrebungen der Spätphlogistiker ihre Wurzeln hatte, ein
interessantes Beispiel dafür, wie unauflöslich in Wirklichkeit
stets der Zusammenhang ist, der zwischen einem Entwicklungs-
stadium und dem unmittelbar vorhergehenden besteht, und
wieviel Gemeinsames sie beide haben, mag die Kluft noch so
unüberbrückbar und der Gegensatz noch so schroff erscheinen.

Zweifellos war es ausser LAVOISIER selbst, in erster Linie
GUYTON DE MORVEAU, der zur Ausarbeitung der neuen Nomenklatur am wirksamsten beitrug. Wir wissen nämlich, dass
diese teilweise aus demjenigen Entwurfe hervorging, welcher
schon im Jahre 1782 von demselben MORVEAU, damals noch
Phlogistiker, dargelegt wurde. Es ist ferner keinem Zweifel
unterworfen, dass MORVEAU seinerseits starke Anregung von
einem der hervorragendsten und einflussreichsten Forscher
der späteren Phlogistonperiode — und zwar von TORBERN
BERGMAN — erhielt. Dieser hatte selbst einen Plan zu
einer neuen chemischen Nomenklatur aufgestellt, der indessen
niemals folgerichtig ausgeführt wurde, selbst nicht von seinem
Urheber, der übrigens bald durch immer mehr zunehmende
Gebrechlichkeit — der Vorbote seines 1784 eingetretenen

---

[1]) Méthode de nomenclature chimique. Paris 1787.

Todes — an der Vollendung seines Werkes gehindert wurde.
Es ist indessen bekannt, dass BERGMAN gerade in seinen letzten
Jahren mit MORVEAU in regem Briefwechsel stand[1]) und es
geht besonders aus der Darstellung LAVOISIER's hervor, dass
MORVEAU bei mehreren Gelegenheiten Ratschläge und Anwei-
sungen von dem sich für das Fortschreiten seiner Arbeit stets
lebhaft interessierenden schwedischen Forscher erhielt[2]).

Jedenfalls ist das Prinzip der neuen Bezeichnungsweise
auf BERGMAN zurückzuführen, nach welchem die Benennungen
womöglich entweder die Zusammensetzung der Verbindungen
oder deren wesentlichen bezw. am meisten hervortretenden
Eigenschaften ausdrücken sollten, im Gegensatz zu den alten
Trivialnamen, welche oft nur an den zufälligen Entdecker er-
innerten, wo sie nicht sogar „geradezu irrige Vorstellungen
von der Natur der Stoffe hervorriefen". Besonders in seinen
Meditationes de Systemate fossilium naturali[3]) hat BERGMAN
seine diesbezüglichen Grundsätze dargelegt, welche später in
LAVOISIER's Werken beinahe Wort für Wort, teilweise sogar
mit denselben Beispielen, wiedergegeben wurden[4]). Ebenso
kann BERGMAN als Urheber der in das antiphlogistische System
aufgenommenen Methode angesehen werden, nach welcher die
Salze mit einem vom Namen der Säure hergeleiteten Sub-
stantiv zu bezeichnen sind, woran sich derjenige der Base
als Epitheton anschliesst[5]). Als Beispiele dieser älteren ratio-

---

[1]) Vgl. KOPP. Geschichte der Chemie II, 415.

[2]) Oeuvres I, 12.

[3]) Sectio posterior, De fossilibus denominandis: „nomina absurda, et
vanam redolentia ostentationem, omnino tollenda puto. Talia sunt: sal
mirabile Glauberi, sal secretum Glauberi, sal polychrestum Glaseri, arcanum
corallinum, arcanum duplicatum, sal de duobus, cetera ..... Falsa simi-
liter eradicanda sunt. Hujus frugis sunt sequentia, quae erroneas sugge-
runt ideas: oleum vitrioli, spiritus vitrioli ..... butyrum antimonii .....
Quae nomina optima sint? Nomina quae compositionum vel proprietatem
quamdam essentialem indicant, omnium optima sunt". Opuscula phys. et
chem. IV, 257.

[4]) Oeuvres I, 11. 12.

[5]) Oder, wie er sich selbst ausdrückt: „copulando acidum cum ad-
jectivo basis". Opuscula IV, 264.

nellen Salznomenklatur seien angeführt: muriaticum ammonia-
catum (Chlorammonium), nitrosum natratum (Natriumnitrat),
acetum potassinatum (Kaliumacetat) u. s. w.

Es dürfte hier überflüssig sein, auf die von Lavoisier befolgte Bezeichnungsweise näher einzugehen. Es sei nur daran
erinnert, wie er die einfachen Stoffe in vier Gruppen einteilte,
nämlich 1. substances simples qui appartiennent aux trois règnes
et qu'on peut regarder comme les élémens des corps (lumière,
calorique, oxygène, azote, hydrogène), 2. substances simples
non métalliques oxidables et acidifiables (soufre, phosphore,
carbone, radical muriatique. r. fluorique, r. boracique), 3. substances simples métalliques und 4. substances simples salifiables
terreuses (chaux, magnésie, baryte. alumine. silice); wie ferner
die Sauerstoffverbindungen, welche im System den bei weitem
grössten Platz einnehmen, in acides und o x y d e s eingeteilt
wurden; wie überall dort, wo ein und dasselbe Radikal mehrere
Oxydationsstufen hatte, die Verschiedenheit der letzteren bei
den Säuren durch verschiedene E n d u n g e n (acide sulfureux
und sulfurique) bei den Basen durch verschiedene B e i w ö r t e r
(oxide noir bezw. oxide rouge de fer) ausgedrückt wurde; wie
Verbindungen von brennbaren Körpern untereinander mit der
Endung - u r e bezeichnet (hydrure, sulfure, carbure), und wie
endlich gerade damals die wohlbekannten Salznamen auf - a t e s
und - i t e s zum ersten Male konsequent durchgeführt wurden [1]).
Was den positiven Bestandteil des Salzes betrifft, so wurde er
gerade so wie jetzt noch mit dem Namen des Metalls bezeichnet,
sobald dieses in freiem Zustande bekannt war, also sulfate de
cuivre, muriate de fer, aber nitrate de chaux, tartrite de
potasse. Gab eine Base mehrere Salze mit ein und derselben
Säure, dann wurde bisweilen dieselbe Bezeichnungsweise gewählt wie bei den Oxyden, z. B. muriate de mercure doux, de
mercure corrosif etc.

Wäre dem genialen Verfasser des „De indagando vero"
ein längeres Leben beschieden gewesen, so hätte wahrscheinlich
sowohl „die neue Chemie" wie auch die damit eng verknüpfte

---

[1]) Zwar kamen diese schon in Morveau's Entwurf vor, z. B. a r s é -
n i a t e s, c i t r a t e s, jedoch abwechselnd mit andern wie v i t r i o l s, n i t r e s.

Nomenklatur im Vaterland BERZELIUS' weit schneller Eingang
gefunden, als in Wirklichkeit geschehen ist [1]). Es ist oben
gezeigt worden, dass BERZELIUS selbst der erste schwedische
Chemiker von Bedeutung war, welcher das neue Nomenklatur-
prinzip in etwas grösserem Umfange wirklich angewandt hat.
In der That dauerte es bis 1795, bevor die antiphlogistische
Nomenklatur überhaupt in der wissenschaftlichen Litteratur
Schwedens beachtet wurde. In dem genannten Jahre erschien
nämlich die früher [2]) erwähnte, von EKEBERG und P. AFZELIUS
anonym herausgegebene Schrift, Versuch einer schwedischen
Nomenklatur der Chemie etc. [3]), ein kleines Oktavheft von
31 Seiten. Die Broschüre schliesst sich in der Hauptsache der
LAVOISIER'schen Nomenklatur an, jedoch unter Hinzusetzung
gewisser von LAVOISIER's Nachfolgern herrührenden Änderungen,
die nicht immer Verbesserungen sind, z. B. wenn Zinnober
„rotes schwefelhaltiges oxydiertes Quecksilber" genannt wird [4]).

Es ist übrigens interessant zu beobachten, wie die Verfasser bei der Übertragung der gallischen Terminologie in eine
germanische Sprache zu Werke gegangen sind, umso mehr
als eine Menge ihrer Benennungen später in die BERZELIUS'sche
Nomenklatur überging oder wenigstens auf dieselbe einen unverkennbaren Einfluss ausübte. Wenn auch nicht ausdrücklich
angegeben, ist es doch wahrscheinlich, dass sich EKEBERG und
AFZELIUS ihrerseits in gewissem Grade von der einige Jahre
früher von GIRTANNER[5]), J. A. SCHERER[6]) u. a. durchgeführten
Verdeutschung der neuen Nomenklatur haben beeinflussen
lassen. Eine allerdings nicht sehr wesentliche Abweichung
von LAVOISIER liegt schon in der Einteilung. Die Verfasser
zählen zu den einfachen Körpern nur die Imponderabilien

---

[1]) BERGMAN zeigte sich im voraus dem MORVEAU'schen Vorschlag sehr
geneigt: „Quivis igitur cordatus chimicus proposito Domini MORVEAU
felices optare debet successus". Opuscula IV, 256.

[2]) Seite 70.

[3]) Försök till svensk nomenklatur för Chemien etc. Stockholm und
Upsala 1795.

[4]) Von LAVOISIER „sulfure de mercure" genannt. Oeuvres I, 155.

[5]) Neue chemische Nomenklatur. Berlin 1791.

[6]) Versuch einer neuen Nomenklatur für deutsche Chemisten. Wien
1792.

und die nicht metallischen Grundstoffe, wogegen alle Metalle
und Erden, die „Kieselerde" mit eingeschlossen, unter der Benennung „nicht dekomponierte Körper" aufgeführt werden.
Unter den ungewöhnlicheren Bezeichnungen für einzelne Metalle
seien nebenbei „spetsglans" (= Spiessglanz) für Antimon und
Uranit für Uran erwähnt. Für oxygène, hydrogène und azote
werden jetzt zum ersten Male die glücklich gewählten Namen
„syre" (= Sauerstoff), „väte" (= Wasserstoff), „kväfve" (= Stickstoff) eingeführt, welche sich der Bedeutung der französischen
Vorbilde getreulich anpassen und vor ihnen sogar noch den
Vorzug der Kürze haben. Die verschiedenen Oxydationsstufen
werden bei den Säuren durch „syra" (= Säure) und „syrlighet"
(= -ige Säure), bei den Basen auf gleiche Weise wie bei
Lavoisier angegeben, der Terminus „oxide" ist indessen nicht
aufgenommen worden, sondern mit dem etwas schleppenden
Ausdruck „syrsatt kropp" (= oxydierter Körper) verschwedischt
worden. Die Sauerstoffverbindungen des Eisens werden demnach schwarzes oxydiertes Eisen und rotes oxydiertes Eisen
genannt. Ebenso wenig wurden die französischen Salznamen
beibehalten, sondern vielmehr derart umgebildet, dass die Base
das Grundwort, die Säure adjektivisch ausgedrückt wurde,
also statt sulfate de baryte schwefelsaure „Schwererde", statt
sulfate d'alumine schwefelsaure Thonerde, statt sulfate de fer
schwefelsaures Eisen u. s. w. In analoger Weise sind auch die
Bezeichnungen für die Verbindungen der brennbaren Körper
untereinander umschrieben worden, also „kolbundet" bezw.
„svafvelbundet järn" (= mit Kohlenstoff bezw. Schwefel ver-
bundenes Eisen) anstatt carbure de fer, sulfure de fer u. s. w.

Diese Nomenklatur wurde von Berzelius der Hauptsache
nach in seinen ersten Schriften angewandt, und zwar bis 1811,
in welchem Jahre seine eigene Nomenklaturabhandlung zum
ersten Male erschien. Sie führt den Titel „Versuch einer
chemischen Nomenklatur" und ist in französischer Sprache im
Journal de physique[1]), auf schwedisch in den Akten der
Stockholmer Akademie der Wissenschaften[2]) und auf deutsch

---

[1]) Essai sur la nomenclature chimique, Journ. de Phys. 73, 253—286.
1811.

[2]) K. Vet. Akad. Handlingar 1812, 28—74.

in GILBERT's Annalen der Physik [1]) veröffentlicht worden. Die
Benennungen selbst sind in dieser Schrift lateinisch abgefasst,
was BERZELIUS folgendermassen glaubte motivieren zu müssen:
„Ich wünsche gewiss nicht, dass die Zeit zurückkehre, wo die
Gelehrten sich in ihren Schriften ausnahmslos der lateinischen
Sprache bedienten. . . . Die Wissenschaften nützen dem Menschen-
geschlechte nur in dem Masse als ihre Resultate allgemein
fasslich und auf eine der Menge begreifliche Weise ausgedrückt
werden; selbst die Gelehrten aber brauchen in jeder Wissenschaft gewisse allgemein bekannte Benennungen, auf welche
die wissenschaftlichen Ausdrücke der verschiedenen Sprachen
sich zurückführen lassen und für solche allgemeine Benennungen
ist keine Sprache geeigneter als die lateinische: ohne eine
derartige allgemeine Nomenklatur werden alle Ausdrücke bald
unbestimmt, unsicher und von verschiedenen Autoren in verschiedenem Sinne angewandt" [2]).

Die Körper werden von BERZELIUS eingeteilt in Imponderabilien (enthaltend die „fünf problematischen Stoffe":
electricitas positiva et negativa, lux, caloricum et magnetismus)
und Ponderabilien, welch' letztere wiederum in Simplicia (mit
den Unterabteilungen Oxigenium, Metalloida und Metalla) und
in Composita (mit den Unterabteilungen Composita inorganica
und organica) zerfallen. Wie man sieht, ist diese Aufstellung
logischer als die seiner Vorgänger. Die schon vorher betonte
Tendenz, den Sauerstoff von den übrigen Elementen zu trennen
und ihm einen ganz besonderen Platz anzuweisen, ist für die
Anschauung BERZELIUS' besonders kennzeichnend. Als Benennung für die übrigen nicht metallischen Grundstoffe begegnen
wir hier zum ersten Male dem Ausdruck „Metalloide", eine
contradictio in adjecto, die trotz ihrer wenig zutreffenden Bedeutung eine ungewöhnliche Lebenskraft an den Tag gelegt
hat. Dieser Ausdruck wurde ursprünglich von ERMAN [3]) zur
Bezeichnung der Radikale der Alkalien und Erden vorgeschlagen
und nach ihm anfänglich, u. a. von BERZELIUS selbst [4]), in

[1]) Bd. 42, 37—89, 1812.
[2]) K. Vet. Akad. Handlingar 1812, 28, 29.
[3]) Siehe KOPP, Geschichte der Chemie II, 96.
[4]) Lärbok i Kemien II, 6 (1812) vgl. Vorrede S. III. Dieser Teil

diesem Sinne angewandt. Den Grund, aus welchem BERZELIUS demselben später eine fast entgegengesetzte Bedeutung gab, führt er mit folgenden Worten an: „der metallische Charakter dieser Körper (d. h. der Alkali- und Erdalkalimetalle) scheint ein so entschiedener zu sein, dass kein Grund vorliegt, sie aus der Reihe der Metalle auszuschliessen. Ich meine hier mit Metalloiden eine andere Art brennbarer Körper. die neben den Metallen stehen und deren hauptsächlichen Charakter sie teilen. ohne dabei alle Eigenschaften derselben zu besitzen" [1]). Unter der Rubrik Metalloide werden demgemäss die sechs „einfachen, nicht metallischen Stoffe" LAVOISIER's aufgeführt, nämlich Sulphuricum, Phosphoricum[2]), Muriaticum[3]), Fluoricum, Boracicum, Carbonicum [4]).

Zu den Metallen zählt BERZELIUS u. a. auch das Ammonium und das Silicium, letzteres im Anschluss an LAVOISIER, welcher die Kieselsäure als Erde auffasst. Die Benennungen der Metalle sind im allgemeinen dieselben, wie sie sich bis auf den heutigen Tag erhalten haben, nur dass die Radikale der alkalischen Erden Calcarium und Barytium genannt werden, ersteres zweifelsohne ein von BERGMAN herrührendes Lehnwort[5]). Im übrigen ist an Stelle der LAVOISIER'schen tungstène Wolf-

---

des Lehrbuches ist augenscheinlich schon 1811. die Vorrede desselben aber erst im folgenden Jahre abgefasst worden.

[1]) K. Vet. Akad. Handl. 1812.

[2]) Die Tabelle vom Jahre 1818 hat statt dessen schon Phosphorus bezw. Sulphur, behält aber doch Carbonicum bei. Der Zweck jener Endungen war. die reinen Grundstoffe von den entsprechenden Substanzen in ihrem gewöhnlichen, mehr oder weniger verunreinigten Zustand zu unterscheiden. Ebenda S. 64.

[3]) Dieser Ausdruck, welcher in BERGMAN's Nomenklatur — „subintellecto acido" — Salzsäure bedeutete, wurde also von BERZELIUS gebraucht, um das hypothetische Radikal dieser Säure zu bezeichnen.

[4]) Wasserstoff und Stickstoff werden, in Übereinstimmung mit der damaligen Auffassung BERZELIUS', überhaupt nicht unter die Grundstoffe aufgenommen. Im Lehrbuch von 1817 hingegen sind sie als einfache, brennbare Körper angeführt worden.

[5]) BERGMAN schreibt Calcareum. Opuscula IV. 261. Schon in der Abhandlung „Versuch .... ein wissenschaftliches System der Mineralogie zu gründen" (1814) hat indessen BERZELIUS diesen Namen gegen Calcium vertauscht.

ramium gesetzt worden, obgleich auch dies „zweifellos ein wenig
geeigneter Name". Im Anschluss hieran tritt BERZELIUS gegen
den für dieses Metall ebenfalls vorgeschlagenen Namen Scheelium
missbilligend auf und geisselt überhaupt mit spöttischem Humor
die von gewisser Seite geäusserte Tendenz, die Grundstoffe nach
Personen zu benennen, mögen diese auch so berühmt sein. Er
schreibt z. B.: „verschiedene deutsche Autoren haben diesem
Metalle den Namen Scheelium gegeben, ebenso wie der Yttria
den Namen Gadolinia (Gadolinerde). Es ist allerdings ehren-
voll für mein Vaterland, die Namen zweier seiner Gelehrten
in so glänzender Weise der Nachwelt überliefert zu sehen.
Abgesehen jedoch davon, dass es durchaus überflüssig ist, diese
Namen in den Annalen der Wissenschaft (besonders) zu ver-
ewigen, ist es immer zu verwerfen, mit Eigennamen die wenigen
Stoffe zu bezeichnen, welche wir nach dem jetzigen Stande der
Wissenschaft als die Elemente der Natur betrachten. So lange
das Andenken der Männer, deren Namen wir leihen, noch
frisch ist, liegt stets etwas lächerliches in den Zusammen-
setzungen, denen chemische Benennungen oft unterworfen
werden müssen, z. B. in scheelsaure Gadolinerde. . . . Wie sollte
man z. B. künftighin die Namen Klaprothium oder Vauque-
linium aufnehmen?" [1])

---

[1]) K. Vet. Akad. Handl. 1812. 66. — Genau dasselbe Prinzip verfocht BERZELIUS später in der Mineralogie, wie u. a. aus seinem Schreiben
an HEINRICH ROSE anlässlich des Vorschlags desselben, nach seinem
Freunde und Lehrer ein neues Mineral zu benennen, hervorgeht: „Was
die Benennung einer derselben (Selenverbindungen) mit Berzelit anbetrifft,
so bin ich zwar von Herzen dankbar für die freundschaftlichen Gefühle,
welche diese Idee zeitigten, und ich habe von diesem Gesichtspunkte aus
dagegen nichts einzuwenden; ich möchte jedoch gleichzeitig bemerken,
dass ich, angesichts des verwerflichen Missbrauchs, welcher damit in Eng-
land getrieben wird, ein geschworner Feind der Gepflogenheit geworden
bin, Mineralien nach Personen zu benennen. Jeder Mineralog führt seine
Bekannten in die Mineralogie ein, wodurch die dümmsten und verwickeltsten
Namen entstehen, und die Sucht, recht vielen ihrer Freunde diese Aufmerksamkeit zu erweisen, führt sie dahin, auch den schon vorher benannten
Mineralien neue Namen zu geben; diese Krankheit der Mineralogen kann
nur dadurch kuriert werden, dass man die Benennung nach Personen
durchaus abschafft und an deren Stelle eine ordentliche, vernünftige und
wohllautende Nomenklatur setzt. Giebt es wohl etwas Abscheulicheres

Ferner ist im Interesse der Kürze Stibium anstatt Antimonium wieder aufgenommen, dann Manganium statt des älteren Manganesium (manganèse, LAVOISIER) gesetzt worden. Für das Radikal der Magnesia hat BERZELIUS den Namen Magnesium an Stelle des von DAVY angewandten Magnium eingeführt. Cerium ist beibehalten worden anstatt des längeren, aus etymologischen Gründen vorgeschlagenen Cererium. Endlich wurden die Benennungen Kalium und Natrium statt der von Franzosen und Engländern bevorzugten Potassium und Sodium angenommen, ebenso wie für die Alkalien die früher z. B. von EKEBERG und AFZELIUS angewandten Bezeichnungen Pottasche und Soda in Kali und Natron vertauscht.

Die zusammengesetzten anorganischen Körper werden in fünf Gruppen eingeteilt: 1. combinationes combustibilium cum oxigenio, 2. combinationes combustibilium, 3. combinationes oxidorum cum acidis = salia, 4. combinationes combustibilium cum oxidis, 5. combinationes oxidorum cum oxidis. Die erste dieser Gruppen, die Sauerstoffverbindungen, zerfallen in Suboxida, Oxida, Acida, Superoxida; man hat also hier mit einer von späteren Entdeckungen bedingten Erweiterung des LAVOISIER'schen Systems zu thun. Eine entschiedene Verbesserung bedeutet die Unterscheidung zwischen verschiedenen Oxyden ein und desselben Radikals durch verschiedene Endungen, eine Anwendung desselben Prinzips, wie für die Säuren von LAVOISIER selbst eingeführt wurde, also oxydum ferrosum und ferricum (in der schwedischen Darstellung o x i d u l und o x i d) statt oxyde noir et rouge de fer. Diese Bezeichnungsweise wird, ausser für die Säuren, auch bei den Superoxyden angewandt, z. B. superoxidum muriatosum und muriaticum, und ausserdem noch auf verschiedene Salze ausgedehnt (siehe unten).

Körper, die der zweiten Gruppe angehören, werden

als z. B. folgende Namen: Brookite, Levyine, Brewsterite, Cleavelandite, Vauquelinite u. s. w. Sie sehen, Herr Professor, dass ich auch solche Namen nicht verschone, die ich selbst gegeben habe. Jemand machte den Vorschlag, dass wir ein schwedisches Mineral nach dem Bischof BRASK Braskit benennen sollten" (ein schwedisches Wortspiel, das nicht wiedergegeben werden kann). Brief von BERZELIUS an H. ROSE 4. 2. 1825. Handschr.-Samml. d. schwed. Akad. d. Wissenschaften.

durch die Endung -etum gekennzeichnet, die in -et abgekürzt
später in die Nomenklatur der lebenden Sprache Eingang gefunden und sich dort neben der Endung auf -ur erhalten hat,
z. B. sulfuretum cupri (subsulfuretum, supersulfuretum) carbu-
retum ferri. BERZELIUS zog, wie er selbst bemerkt, diese
Namen den ebenfalls vorgeschlagenen cuprum sulfuratum u. s. w.
vor [1]. Im schwedischen Text wandte er indessen noch immer
die von EKEBERG und AFZELIUS überkommenen Umschreibungen
„svafvelbunden koppar,“ „kolbundet järn“ u. s. w. an [2]).

Die dritte Gruppe umfasst a) neutrale Salze, salia
neutra, z. B. murias hydrargyrosus und hydrargyricus; b) saure
Salze, salia acida, seu acido supersaturata, z. B. superoxalas
kalicus, superoxalas kalicus supremus: c) basische Salze, salia
basica, seu basi supersaturata, z. B. subnitris plumbicus, subnitris
plumbicus infimus; d) Doppelsalze, salia duplicia, z. B. tartras
kalico-natricus: e) komplexe Säuren, combinationes acidorum
cum acidis, z. B. acidum fluorico-boracicum; f) Hydrate und
Verbindungen, die Krystallwasser enthalten, combinationes aquae
l. oxidi hydrogenici cum acidis, oxidis et salibus. Es verdient
hervorgehoben zu werden, dass BERZELIUS den Namen Hydrat
für „die Verbindungen des Wassers mit Basen“ vorbehält,
also hydras kalicus, während unsere Säurenhydrate nach Analogie der Salze benannt werden, also sulphas hydricus = kon-
zentrierte Schwefelsäure, murias hydricus = gasförmige Salzsäure u. s. w. Was endlich die wasserhaltigen Salze betrifft,
so äussert er: „Ich glaube, es ist besser, gerade heraus zu
sagen, dass ein Salz Krystallwasser enthält, als eine neue Benennung zu erfinden, die dies ausdrückt“ [3]). — Während nun
die lateinische Nomenklatur der Salze sich der französischen
von LAVOISIER ziemlich eng anschliesst, wurde hingegen in der
schwedischen (und deutschen) Terminologie eine wichtige Veränderung von prinzipieller Bedeutung vorgenommen, die mit der
theoretischen Anschauung BERZELIUS' in engem Zusammenhange
steht. Wenn LAVOISIER sulfate de baryte zum Unterschied

---

[1]) K. Vet. Akad. Handl. 1812, 44.
[2]) Siehe Seite 199.
[3]) K. Vet. Akad. Handl. 1812, 49.

von sulfate de cuivre etc. schrieb, so geschah dies offenbar nur
aus dem Grunde, weil die Zersetzung des Baryts, obwohl
von weitsehenden Chemikern wie BERGMAN und LAVOISIER
selbst vorhergesagt, noch nicht faktisch ausgeführt war. Als
hingegen BERZELIUS seine Nomenklatur abfasste, war dieser
Grund schon lange hinfällig geworden, und zwar durch DAVY's
glänzende, von BERZELIUS' eigenen Versuchen ergänzte Entdeckung. Es lag daher für ihn nichts im Wege, nunmehr
schwefelsaures Baryum zu schreiben, ebenso wie er bisher stets
schwefelsaures Eisen geschrieben hatte [1]). Nichtsdestoweniger
behielt er auch fürderhin für die Salze der Alkalien und Erden
die Bezeichnungsweise bei, welche eingeführt worden war, als
diese Basen noch als einfache Körper aufgefasst wurden. Ja,
er ging noch weiter: er änderte in Übereinstimmung damit
auch die Terminologie für die Salze der Schwermetalle und
schrieb von dieser Zeit an schwefelsaures Eisenoxyd, salzsaures
Quecksilberoxyd u. s. w. Diese Massregel war von seinem Gesichtspunkte aus nicht nur berechtigt, sondern auch in hohem
Grade erwünscht. Sie bedeutete eine erweiterte Anwendung
desjenigen Prinzips, welches BERGMAN aufgestellt, LAVOISIER
durchgeführt und er selbst angenommen hatte, dass nämlich
die Zusammensetzung der Verbindungen durch die denselben
erteilten Namen womöglich wiedergegeben werden sollte. Erst
mit dieser Reform erhielt die LAVOISIER-BERZELIUS'sche Salztheorie auch hinsichtlich ihrer rein äusseren Form einen mit
voller Konsequenz durchgeführten Ausdruck. Die Macht der
Sprache über den Gedanken hat sogar bewirkt, dass diese
Terminologie die Theorie, aus welcher sie hervorgegangen war,
noch lange überdauerte.

Unter der vierten Gruppe der zusammengesetzten Körper
fasste BERZELIUS „die Verbindungen einiger Metalloide mit

---

[1]) Dass BERZELIUS sich überhaupt derartiger Umschreibungen bediente
an Stelle des näher liegenden und bequemeren „Eisensulfats", dürfte dem
Einfluss der EKEBERG-AFZELIUS'schen Nomenklatur und einer von seiner
frühesten schriftstellerischen Thätigkeit herrührenden Gewohnheit zuzuschreiben sein (obwohl er anderseits wiederum kein Bedenken trug, das
EKEBERG'sche „syrsatt järn" (= oxydiertes Eisen) in Eisenoxyd umzu-
ändern).

Alkalien, alkalischen Erden und einigen Metalloxyden" zusammen,
sowie auch „die Verbindungen von Sulfureta, Tellureta und
Boreta hydrogenii mit solchen Salzbasen, die zum Sauerstoff
eine grössere Affinität haben als der Wasserstoff und das
Metalloid, womit jener verbunden ist", z. B. Hydrotelluretum
kalicum, Hydrosulfuretum stibiosum (= Kermes mineralis) u. s. w.

Zur fünften Gruppe endlich rechnet er alle Silikate,
auch Aluminate, Zinkate, Stannate u. s. w.

Die Chemie der organischen Körper war in der damaligen
Zeit zu wenig bekannt und bearbeitet, um die Aufstellung
eines streng wissenschaftlichen Systems oder einer rationellen
Nomenklatur zu gestatten. BERZELIUS beschränkte sich auch
bis auf weiteres darauf, einen von WAHLENBERG [1]) ausgearbeiteten Vorschlag zu einer systematischen Aufstellung der
Pflanzenstoffe mitzuteilen. Vom chemischen Standpunkt aus
bietet dieser Vorschlag indessen wenig Interesse, um so weniger
als darin fast ausschliesslich diejenigen Stoffe berücksichtigt
werden, „welche auf diese oder jene Weise Gegenstand der
Medizin und Pharmacie sein können" [2]).

Wie man sieht, bedeutet die Nomenklatur BERZELIUS' der
Hauptsache nach einen Anschluss an die ältere antiphlogistische;
wo Änderungen infolge der Fortschritte der Wissenschaft für
nötig erachtet wurden, da führte er sie mit pietätvoller Hand
aus und gewöhnlich in völliger Übereinstimmung mit den
Grundsätzen des LAVOISIER'schen Systems, welche in gewissen
Fällen sogar konsequenter durchgeführt worden sind als selbst
von ihrem Urheber und dessen nächsten Mitarbeitern. Von
einem Einfluss der abweichenden Prinzipien, die von anderer
Seite proklamiert wurden, ist wenig zu verspüren. Besonders
kann dies hinsichtlich des DAVY'schen Systems gesagt werden,
welches im Gegensatz zum LAVOISIER'schen die Berechtigung
der Trivialnamen verfocht und in weit grösserem Masse als
dieses die wechselnden Bestandteile der Körper durch eine

---

[1]) GEORG WAHLENBERG, später Professor der Medizin und Botanik
an der Universität Upsala, geb. 1780, gest. 1851.

[2]) K. Vet. Akad. Handl. 1812, 52.

grosse Anzahl beliebig gewählter und an und für sich bedeutungsloser Endsilben auszudrücken suchte [1]).

Die Veränderungen, welche BERZELIUS selbst im Laufe der Jahre in seiner Nomenklatur vornahm, waren weder zahlreich noch bedeutend. So unterscheidet sich die Bezeichnungsweise der Tabelle vom Jahre 1818 von der von 1811—1812 nur in Bezug auf einige unwesentliche Endungen in den Namen der Grundstoffe sowie durch eine weitere Entwickelung der Nomenklatur der Salze, speciell was die sauren und basischen Salze anbetrifft. Man findet hier solche Namen wie sesquiphosphas calcicus; se-, bi-, tri-, quadrisilicias; sulphas sesquiberyllicus, tribismuthicus, dodekaferricus u. s. w.[2]). Die basischen Salze sind bisweilen mit h y d r o - bezeichnet z. B. hydrocarbonas magnesicus für magnesia alba. Verschiedene Stufen des Schwefelgehalts werden durch Zahlwörter bezeichnet, wie bi-, tri-, sesquisulfuretum, da sich die Präfixe sub- und super- offenbar auch hier als unzureichend erwiesen hatten.

Es liegt übrigens in der Natur der Sache, dass, nachdem BERZELIUS Anfang der zwanziger Jahre zu der lange bekämpften chloristischen Auffassung übergegangen war, dies auch eine entsprechende Reform in der Nomenklatur der Haloidsalze zur Folge hatte; dieselbe wurde in engster Übereinstimmung mit der für die Oxyde bereits geltenden Bezeichnungsweise durchgeführt. Statt von salzsaurem Eisenoxyd bezw. Oxydul ist somit von da ab von Eisenchlorid bezw. Eisenchlorür die Rede, welche beide mit dem gemeinsamen „Chloreisen" bezeichnet werden u. s. w.

Wenn die reformatorische Thätigkeit BERZELIUS' in Bezug auf die chemische Nomenklatur durch die umfassenden Lei-

---

[1]) Nach diesem System, das sich nie einer grösseren Verbreitung zu erfreuen hatte, wurde z. B. metallisches Blei mit Plumbum, Bleioxyd mit Plumba, Bleichlorid mit Plumbana, Bleifluorid mit Plumbala, Bleijodid mit Plumbama etc. bezeichnet.

[2]) Bereits in der Schrift „Versuch ... ein wissenschaftliches System der Mineralogie zu gründen" (1814) kann ein dem entsprechender Anfang beobachtet werden.

stungen seiner Vorgänger wesentlich erleichtert, gleichzeitig aber auch begrenzt wurde, so lässt sich hinsichtlich der chemischen Zeichensprache das Entgegengesetzte sagen. Nicht etwa, dass es früher an Anläufen auf diesem Gebiete gefehlt hätte. Im Gegenteil: gerade das Ende des achtzehnten und der Anfang des neunzehnten Jahrhunderts hatte nach dieser Richtung hin mehrere Vorschläge hervorgebracht. Es möge hier nur an diejenigen BERGMAN's, DALTON's, HASSENFRATZ' und ADET's [1]) erinnert werden. Alle diese Systeme hatten jedoch sowohl unter einander wie auch mit dem alten GEOFFROY'schen das gemeinsam, dass sie auf der Anwendung von geometrischen Symbolen beruhten, wie Triangeln, Kreisen und andern Bogenlinien, Kreuzen u. s. w. mit oder ohne Hinzusetzung von Buchstaben. Sie waren aus diesem Grunde zu unbequem, als dass sie allgemein gebräuchlich werden konnten, sei es in handschriftlicher oder in typographischer Darstellung, am allerwenigsten, wenn es galt, Verbindungen mit komplizierter Zusammensetzung auszudrücken. Die Symbole waren ausserdem in der Regel beliebig gewählt und gaben deshalb dem Gedächtnis oder der Vorstellung keinen oder doch nur geringen Anhalt. BERZELIUS war der erste, welcher einsah, dass man, falls die chemische Zeichensprache irgend welche praktische Bedeutung erlangen und ein Mittel werden sollte, um die wissenschaftliche Darstellung faktisch zu erleichtern, von einem ganz andern Prinzip ausgehen und zunächst von den beim Schreiben lästigen und zeitraubenden geometrischen Figuren ablassen müsse, um sich ausschliesslich der Hilfsmittel der gewöhnlichen Schrift, der Buchstaben und Ziffern zu bedienen. Nicht minder glücklich war die Idee, die Bedeutung der Buchstabenzeichen nicht auf eine bloss qualitative Wiedergabe der Namen für die betreffenden einfachen oder zusammengesetzten Stoffe, welche sie bezeichnen

---

[1]) Das System von HASSENFRATZ und ADET scheint während der Periode, die dem Auftreten BERZELIUS' unmittelbar voranging, in Schweden ziemlich allgemein angewandt worden zu sein, nach verschiedenen aus jener Zeit stammenden Aufzeichnungen (Randglossen in chemischen Arbeiten etc.) zu beurteilen. Die Kenntnis desselben wurde besonders durch eine von A. SPARRMAN bewerkstelligte Übersetzung von FOURCROY's Philosophie Chimique (1795) verbreitet.

sollten, zu beschränken, sondern in diese Symbole auch die wichtigsten chemischen Konstanten derselben hineinzulegen. Im Anschluss hieran sei daran erinnert, dass auch DALTON seinen Zeichen eine quantitative Bedeutung beigelegt hatte, und zwar in Bezug auf das Gewicht. BERZELIUS nahm bekanntlich auch auf das Volumenverhältnis Rücksicht.

In der Einleitung derjenigen Arbeit[1]). in welcher BERZELIUS seinen bahnbrechenden Vorschlag zum ersten Male der Öffentlichkeit vorlegt, äussert er über die Gesichtspunkte, die ihn bei der Aufstellung desselben leiteten, folgendes :

„When we endeavour to express chemical proportions, we find the necessity of chemical signs. Chemistry has always[2]) possessed them. though hitherto they have been of very little utility. The fellow labourers in the antiphlogistic revolution published new signs founded on a reasonable principle, the object of which was, that the signs, like the new names should be definitions of the composition of the substances themselves. But, though we must acknowledge that these signs were very well contrived, and very ingenious, they were of no use; because it is easier to write an abbreviated word than to draw a figure, which has but little analogy with letters, and which, to be legible. must be made of a larger size than our ordinary writing . . . I must observe here, that the object of the new signs is not that, like the old ones, they should be employed to label vessels in the laboratory: they are destined solely to facilitate the expression of chemical proportions, and to enable us to indicate, without long periphrases, the relative number of volumes of the different constituents contained in each compound body. By determining the weight of the elementary volumes, these figures will enable us to express the numeric result of an analysis as simply, and in a manner as easily remembered, as the algebraic formulas in mechanical philosophy. The chemical signs ought to be letters, for the greater facility of writing,

---

[1]) On the Chemical Signs. and the Method of employing them to express Chemical proportions. THOMSON's Annals of Philosophy. Bd. III (Jan.) 1814, S. 51.

[2]) Offenbar in Hinblick auf die uralten planetarischen Symbole der von alters her bekannten sieben Metalle.

and not to disfigure a printed book. Though this last circum-
stance may not appear of any great importance, it ought to
be avoided whenever it can be done. I shall take therefore,
for the chemical sign, the initial letter of the Latin
name of each elementary substance. The chemical
signs express always one volume of the substance ... When
we express the compound volumes of the first order, we throw
away the $+$ and place the number of volumes above the letter:
for example $CuO + SO^3 =$ sulphate of copper.“

Bemerkenswert ist die Unentschiedenheit, die BERZELIUS
anfänglich hegte, inwieweit die neue Zeichensprache auch auf
die organische Chemie angewandt werden könne: „As to the
organic volumes, it is at present very uncertain, how far figures
can be successfully employed to express their composition“.
Offenbar hängt dieser, wie sich in der Folge ergab, keineswegs
gerechtfertigte Zweifel mit dem Umstande zusammen, dass die
quantitative Zusammensetzung der organischen Körper noch
sehr wenig erforscht war und dass über die Anwendbarkeit
der Proportionalitätsgesetze auch auf dieselben noch ziemlich
grosse Ungewissheit herrschte.

Ausser in THOMSON's Annalen wurde die Formelsprache
bald darauf in der Abhandlung von einem neuen System der
Mineralogie [1]) auf schwedisch veröffentlicht und auf deutsch
ein Jahr später in SCHWEIGGER's Journal für Chemie und Physik [2]).

Schon von Anfang an stellte BERZELIUS zwei von einander
unabhängige Formelsysteme auf, das eine für die Mineralchemie,
das andere für die allgemeine Chemie bestimmt.

Die mineralogischen Zeichen waren — in der Reihenfolge, in welcher BERZELIUS selbst sie angeführt — folgende:

$$S = \text{Kieselerde}$$
$$A = \text{Thonerde}$$
$$Z = \text{Zirkonerde}$$
$$G = \text{Beryllerde}$$

---

[1]) Försök, att .... grundlägga ett rent vetenskapligt System för
Mineralogien. Stockholm 1814. Anhang Nr. 3, S. 90.

[2]) Bd. 13, 240 f., 1815. Vermutlich hat KOPP (Geschichte d. Chemie
II. 426) und auch FRANZ v. KOBELL (Geschichte der Mineralogie S. 314) auf
diesem Grunde die Formeln aus dem Jahre 1815 datiert.

Y = Yttererde
M = Talkerde
C = Kalk
St = Strontian
B = Baryt
N = Natron
K = Kali
F = Oxidum ferricum
f = Oxidum ferrosum
Ff = Oxidum ferrosoferricum
Zi = Zinkoxyd
Mg = Manganoxyd
mg = Manganoxydul
Aq = Wasser
Fl = Flussspatsäure [1]).

Um einer Verwechslung vorzubeugen, schrieb BERZELIUS vor, dass diese mineralogischen Symbole stets mit Kursivschrift verzeichnet werden sollten, was um so notwendiger war, als gewisse Zeichen wie z. B. S, M, C, B, N, F, Mg u. a. beiden Systemen gemeinsam waren und innerhalb jedes einzelnen eine besondere Bedeutung hatten. Diese Vorsichtsmassregel wurde jedoch nicht immer beobachtet, nicht einmal in BERZELIUS' eigenen Schriften [2]).

Bei Anwendung dieser Zeichen wurde demnach die Formel (nach BERZELIUS) z. B. für Nephelin AS, für Wollastonit CS^2, für Ichtyophtalm $KS^3 + 5CS^3$, für Kalifeldspat $KS^3 + 3AS^3$, für Byssolith $MS + CS + MgS + F^2S$, für Beryll $GS^1 + 2AS^2$, für Laumontit $CS^2 + 4AS^2 + 6Aq$ u. s. w.

Gewissermassen als Vorläufer dieser mineralogischen Formelsprache ist, wenn man will, eine von TH. THOMSON angewandte Bezeichnungsweise [3]) aufzufassen, nach welcher die Zusammensetzung der Minerale durch die Anfangsbuchstaben der darin enthaltenen Oxyde angegeben wurde; die Mengenverhältnisse wurden hier indessen nicht durch exakte Zahlen, sondern durch die Reihenfolge ausgedrückt, so dass d e r Bestandteil, welcher in

---

[1]) Försök .... att grundlägga ett vetenskapligt system för mineralogien S. 67.
[2]) Siehe z. B. Tabelle von 1818 S. 91.
[3]) THOMSON's Annals of Philosophy II, 32 f., 1813.

14*

dem Mineral mit der grössten Menge vertreten war, an erster
Stelle geschrieben wurde und die andern je nach ihrem ab-
nehmenden Prozentgehalt.

BERZELIUS selbst scheint die mineralogischen Formeln,
seiner oben citierten Abhandlung nach zu urteilen [1]), nur als
vorläufige betrachtet zu haben: „Ich kann jedoch noch nicht mit
diesen (chemischen) Formeln die mineralogischen ersetzen, da
unsere Kenntnis von der Anzahl der Sauerstoffpartikeln in
mehreren Oxyden nicht als sicher angesehen werden kann, und
die mineralogischen Formeln den grossen Vorzug haben, dass
sie ebensogut ohne diese Kenntnis angewandt werden können.‟

Die mineralogische Zeichensprache BERZELIUS' dürfte jetzt
nur noch wenig bekannt sein, da ihre Anwendung ziemlich früh
aufhörte, bis auf das Zeichen für das Wasser, das bekanntlich
jetzt noch von vielen Schriftstellern benutzt wird. Schon 1864
konnte v. KOBELL von den beiden Systemen sagen: „nur hat
man, um nicht deren zweierlei anzuwenden, die sogenannten
mineralogischen (Formeln) in der letzten Zeit aufgegeben und
nur die chemischen gebraucht‟ [2]).

In Wirklichkeit zeigte es sich bald, dass die Anwendbarkeit
der chemischen Zeichen weitgehend genug war, um nicht nur
den Anforderungen der Chemie, sondern auch denen der
Schwesterwissenschaft zu genügen und alle anderen rivalisierenden
Systeme überflüssig zu machen.

Für das Studium der berzelianischen Originallitteratur und
besonders der Handschriften ist indessen die Kenntnis der
mineralogischen Zeichen von grosser Bedeutung, da sie hier
durchweg zur Anwendung kommen.

Was die chemischen Zeichen anbetrifft, so findet man
sie in den ältesten Abhandlungen von 1814—1815 nur unter
gleichzeitiger Angabe der numerischen Bedeutung (Atomgewichtstabelle) und unter Anführung einer kleineren Anzahl von Beispielen für die Art ihrer Anwendung aufgeführt. Erst in der
grossen Tabelle von 1818 kamen sie auf dem ganzen chemischen
Lehrgebiete in Anwendung.

[1]) Försök . . . . . att grundlägga etc., S. 91.
[2]) Geschichte der Mineralogie S. 316.

Von den Zeichen in der Tabelle von 1814 weichen folgende von den jetzt gebräuchlichen ab: M bezeichnet Muriaticum = das hypothetische Radikal der Salzsäure, d. h. Salzsäure weniger Sauerstoff: F bezeichnet in ähnlicher Weise nicht das, was wir jetzt unter Fluor verstehen, sondern Fluoricum, d. h. Flusssäure weniger Sauerstoff; N ist nicht das Zeichen für Stickstoff, sondern für Nitricum = Stickstoff — Sauerstoff; Chrom wird Ch geschrieben, Iridium I, Rhodium R, Palladium Pl und Magnesium Ms.

Um die Verbindung zweier Grundstoffe auszudrücken, wurden ihre Zeichen nicht zusammengeschrieben, wie es jetzt gebräuchlich ist, sondern durch ein $+$ getrennt, also $S + 3O =$ Schwefelsäure, $Fe + 4S =$ Schwefelkies. Bei der Formulierung der Salze liess man diese Pluszeichen fort und schrieb die Zahlen rechts oben, „ebenso wie einen algebraischen Exponenten"[1] z. B $SO^3 + CuO =$ schwefelsaures Kupferoxydul; $2SO^3 + CuO^2 =$ schwefelsaures Kupferoxyd. Neben diesen vollständig ausgeschriebenen Formeln wandte BERZELIUS schon früh mit Vorliebe die abgekürzten an, bei welchen eine gewisse Anzahl Punkte über dem Zeichen des Radikals besagte, „dass die Verbindung ein Oxyd sei und so und so viel Volumen Sauerstoff enthalte"[2] z. B. anstatt der zuletzt angeführten Formel des Kupfersulfats $\ddot{S}^2\ddot{C}u$, und ferner $\ddot{K}S^2 + 3\ddot{A}lS^3 + 24H^2O =$ Alaun.

Dagegen kam die analoge Bezeichnungsweise der Sulfide, nach welcher die Schwefelatome durch eine entsprechende Anzahl Kommata angegeben wurden, noch nicht vor — sie dürfte im Druck kaum vor 1830 benutzt worden sein — ebenso wenig wie die später allbekannten und viel umstrittenen durchstrichenen Symbolen, welche erst im Jahresbericht von 1827 zur Anwendung kamen. So wurde anfänglich noch stets H^2O, H^2S, CS^2, AuS^3 geschrieben.

In der Tabelle von 1818 wurde das früher für das Iridium

---

[1] Gerade diese Ähnlichkeit mit den algebraischen Exponenten veranlasste später LIEBIG und POGGENDORFF, die jetzt gebräuchliche Schreibart mit den Ziffern unten einzuführen.

[2] Försök .... att grundlägga etc. S. 91.

bestimmte Zeichen I dem Jod (= Jodicum) zugeteilt, das unterdessen allgemeiner bekannt geworden war, während das Iridium
nunmehr durch Ir wie jetzt noch bezeichnet wurde. Das neu-
entdeckte Lithium wurde anfänglich L geschrieben. Die Bezeichnung des Fluor(icum)s schwankte (wie übrigens noch heute)
zwischen F und Fl; Magnesium vertauschte sein ursprüngliches
Zeichen gegen das endgültige Mg; sonst ist die Bezeichnung
wie sie in der ersten Tabelle von 1814 angegeben wurde, unverändert geblieben.

Trotz den, wie man sieht, im grossen und ganzen nicht
sehr weitgehenden Veränderungen, denen die chemischen Zeichen
an und für sich im Laufe der seitdem verflossenen achtzig
Jahre unterworfen worden sind, kann dennoch nicht bestritten
werden, dass die ältesten berzelianischen Formeln auf einen
jetzigen Chemiker zum Teil einen ziemlich befremdlichen Eindruck machen, und das aus mehrfachen Gründen. Einer derselben ist schon vorher erwähnt worden, nämlich die häufige
Anwendung der abgekürzten Punktformeln, an die unser Auge
jetzt nicht mehr gewöhnt ist. Dasselbe gilt, wenn auch vielleicht in kleinerem Masse, von den ebenfalls abgekürzten
Zeichen für eine Anzahl allgemein vorkommender organischer
Säuren [1]) und für die Salze derselben, z. B. $\ddot{C}aO^2$ = Calcium-
oxalat, $\ddot{K}\bar{P}^2$ = Cyankalium u. s. w.

Da ferner BERZELIUS die Atomgewichte für die Mehrzahl
der Metalle anfänglich doppelt, in gewissen Fällen sogar vier
Mal so gross annahm als jetzt geschieht, hatte dies zur Folge,
dass viele der betreffenden Formeln ein für uns fremdes Aus-
sehen bekamen. BaO^2 bezeichnet z. B. Baryt, nicht Baryum-
superoxyd; ChO^3 (= CrO^3) Chromoxyd, nicht Chromsäure;
CuO Kupferoxydul, nicht Kupferoxyd; KO^2 Kali, nicht Ka-
liumsuperoxyd u. s. w.

Und — last but not least — was der älteren BERZELIUS-

---

[1]) $\bar{A}$ = Essigsäure $\bar{M}u$ = Schleimsäure
     $\bar{B}$ = Benzoësäure $\bar{O}$ = Oxalsäure
     $\bar{C}$ = Citronensäure $\bar{P}$ = Blausäure
     $\bar{F}$ = Ameisensäure $\bar{S}u$ = Bernsteinsäure
     $\bar{G}$ = Gallussäure $\bar{T}$ = Weinsäure.

schen Zeichensprache ein eigentümliches archaistisches Gepräge verlieh, war der Umstand, dass so wichtige und häufig vorkommende Stoffe wie die Halogene und der Stickstoff nicht als Elemente, sondern als Oxyde aufgefasst und demgemäss als solche bezeichnet wurden.

Von M, dem Zeichen für Muriaticum, das hypothetische Radikal der Salzsäure, ausgehend, erhielt man sonach für die Chlorverbindungen folgende Formeln:

MO^2 = acidum muriaticum, Salzsäure.

MO^3 = superoxidum muriatosum, Chlor.

MO^4 = superoxidum muriaticum, DAVY's Euchlorine.

MO^6 = acidum oxymuriatosum, die von STADION und H. DAVY entdeckte Unterchlorsäure (oxydierte „salzige Säure", BERZELIUS 1817 [1]).

MO^8 = acidum oxymuriaticum, Chlorsäure.

$KO^2 + 2MO^3$ = oxymurias kalicus, Kaliumchlorat.

$BaO^2 + 2MO^2 + 4Aq$ = murias baryticus cum aqua, krystallisiertes Chlorbaryum und analog:

FO^2 = acidum fluoricum, Flusssäure.

$NaO^2 + FO^2$ = fluas natricus, Fluornatrium.

IO^2 = acidum iodicum, Jodwasserstoffsäure.

IO^3 = superoxidum iodicum, freies Jod.

IO^8 = acidum oxyiodicum, Jodsäure.

$AgO^2 + 2IO^2$ = iodas argenticus, Jodsilber.

$NaO^2 + 2IO^8$ = oxiodas natricus, Natriumjodat.

Auf der anderen Seite erhielt man für die Stickstoffverbindungen, indem man von N = Nitricum ausging, folgende Zeichen:

NO = nitrogenium, suboxidum nitricum, freier Stickstoff.

NO^2 = oxidum nitrosum, Lustgas.

NO^3 = oxidum nitricum, gas nitrosum, Stickoxyd.

NO^4 = acidum nitrosum, salpetrige Säure.

NO^6 = acidum nitricum, Salpetersäure.

$NH^6 + O$ = Ammoniak.

$\overset{\cdot}{N}H^6 + \overset{\cdot}{N}$ = Ammoniumnitrat.

$NO + 2C$ = nitretum carbonici, Cyan.

$C^2\overset{\cdot}{N}H^2(\bar{P})$ = acidum prussiacum, Blausäure.

---

[1] Lärbok i Kemien I, 2. Aufl., S. 486.

Endlich sei erwähnt. dass BERZELIUS in dieser Periode sämtliche Hydrate nach Analogie der Krystallwasserverbindungen bezeichnete, d. h. unter Zuhilfenahme des abgekürzten Wasserzeichens Aq, also:

$$Aq\overset{...}{N} = \text{nitras hydricus, Salpetersäurehydrat.}$$
$$\overset{...}{K} + 2Aq = \text{hydras kalicus.}$$
$$2Fe + 3Aq = \text{hydras ferricus etc.}$$

Allein dies sind im Grunde lauter Einzelheiten, so auffallend sie auch manchmal vorkommen mögen. Abgesehen von denselben, hat sich das Formelsystem BERZELIUS' im grossen und ganzen und vor allem in seinen prinzipiellen Hauptzügen unverändert beibehalten in der Gestalt, wie es von BERZELIUS ausging.

Es ist eigentümlich zu beobachten, in wie geringem Masse BERZELIUS während der ersten Jahre nach der Einführung der neuen Zeichensprache sich in der That derselben bediente. Ein Vergleich seiner Schriften z. B. aus der Periode 1815—1826 mit den chemischen Arbeiten unserer Zeit, legt dafür hinreichend Zeugnis ab. Es scheint beinahe, als ob er selbst erst allmählich sich an das neue, von ihm selbst geschaffene Ausdrucksmittel gewöhnen konnte und als ob ihm die ganze Tragweite derselben erst nach und nach klar wurde. Dasselbe dürfte auch bei seinen Zeitgenossen mehr oder weniger der Fall gewesen sein. Offenbar hat es einer gewissen Zeit bedurft, ehe die Gewohnheit, chemische Vorgänge in Worten und Sätzen auszudrücken, und die davon herrührende umständliche Schreibweise überwunden werden konnte.

Von einer eigentlichen Opposition gegen die chemische Zeichensprache BERZELIUS' dagegen dürfte wohl kaum die Rede gewesen sein. Einige wenig bedeutende Versuche nach dieser Richtung hin machten sich zwar bemerkbar gerade in dem Lande, in dessen Sprache die Abhandlung über die chemischen Zeichen zuerst veröffentlicht wurde. Indessen zeugten dieselben mehr von einer individuellen Abgeneigtheit gegen die neue Bezeichnungsweise als von dem Vermögen, deren irgend welche wirklichen Mängel aufzudecken, geschweige denn denselben abzu-

helfen. Sie scheinen auch, trotz der Schärfe, mit welcher sie
ausgesprochen wurden, keinen besonders grossen Eindruck gemacht zu haben, jedenfalls nicht über Englands Grenzen hinaus,
und BERZELIUS nahm sie mit charakteristischer Ruhe auf. So
schreibt er z. B. an ROSE: „CHILDREN [1]) hat in der von ihm an-
gefertigten Übersetzung des Löthrohrbuches [2]) in Form von
Fussnoten eine Menge Sarkasmen angebracht . . . . . Er hat
alle Formeln ausgelassen und durch Wörter ersetzt, sie aber
an vielen Stellen missverstanden . . . . . BRANDE [3]) hat diese
Übersetzung in seinem Journal [4]) recensiert und um Gelegenheit
zur Befriedigung seiner Schmähsucht zu haben, mit dem Mineral-
system begonnen. Er meint, man sei CHILDREN Dank schuldig,
weil er „the abominable formulas" fortgelassen hat, und noch
mehr wäre ihm der Leser verbunden gewesen, wenn er auch
„the whimsical ideas about isomorphismus" ausgemerzt hätte.
Es ist sonderbar zu sagen, dass man sich über Schmähworte
nicht ärgert; was aber BRANDE und CHILDREN sagen, hat mich
sogar amüsiert" [5]).

Von diesen geringfügigen Ausfällen abgesehen, hat das
Zeichensystem BERZELIUS' bei Mit- und Nachwelt ungeteilten
Beifall gefunden, der allerdings weniger durch Worte als durch
weitgehende Anwendung zum Ausdruck kam. Und in der That
— so viel rühmliches sich auch über die ausserordentliche
Zeit- und Raumersparnis, die unschätzbare Genauigkeit, Deutlichkeit und Übersichtlichkeit sagen lässt, welche die Annahme
der BERZELIUS'schen Symbole mit sich brachte — das alles wird
am Ende von dem jedem Chemiker einleuchtenden Faktum in den
Schatten gestellt: dass sie einfach nicht mehr entbehrt werden

---

[1]) JOHN GEORGE CHILDREN, geb. 1778, gest. 1852. Sekretär der Royal
Society.

[2]) The use of the blowpipe in chemical Analysis, and in the exami-
nation of minerals. London 1822.

[3]) WILLIAM THOMAS BRANDE, geb. 1788, gest. 1866. Professor der
Chemie an der Royal Institution London.

[4]) Quarterly Journal of Science.

[5]) Brief von BERZELIUS an HEINRICH ROSE 18. 10. 1822. Handschr.-
Sammlung der Akademie d. Wissenschaften. Stockholm.

können. Trotz ihrer rein formellen Natur dürfte es nicht zweifelhaft sein, dass sie durch Beseitigung unzähliger mit Zeitverlust, Umständlichkeit und Verworrenheit verknüpfter Übelstände für die chemische Forschung ein mächtiger Hebel wurden und dass BERZELIUS durch sie die Klarheit und Anschaulichkeit seiner Wissenschaft förderte wie keiner vor oder nach ihm.

BERZELIUS' Stammtafel.

Håkan, lebte gegen Ende des 16. und Anfang des 17. Jahrhunderts.

Jöns Håkansson, geb. 1612 in Medevi, Bauer; verheiratet mit Lucia Bengtsdotter, geb. 1610.

Bengt Jönsson (Berzelius), geb. in Bergsäter, Landprediger in Landeryd, später Hospitalprediger in Linköping. gest. 1710; verheiratet mit Gertrud Wiger.

Jöns (Joannes Benedicti), geb. 1698 in Landeryd, Pfarrer in Rök und Heda. gest. 1773; verheiratet mit Anna Christina Lithzenia, geb. 1709, gest. 1776.

Samuel, geb. 1743 in Skärkind, Prediger, Supremus Collega scholae in Linköping. gest. 1783; verheiratet 1778 mit Elisabeth Dorothea Sjösteen. geb. 1747, gest. 1787.

Florentina (Flora) Christina, geb. 1781, gest. 1839; verheiratet 1818 mit Johan Peter Noréelli, Pfarrer in Grebo.

JÖNS JACOB, geb. 20. 8. 1779) in Wäfversunda; gest. 7. 8. 1848 in Stockholm: verheiratet 19. 12. 1835 mit Johanna Elisabeth (Betty) Poppius (Tochter des damaligen Ministers (G. Poppius) geb. 1811, gest. 1884.

1) Taufattest: „Am 20. August 1779 geboren und am 22. getauft wurde der Sohn des Schullehrers in Linköping Mag. Berzelius und seiner Ehefrau Elisabeth Sjösteen, Jöns Jacob. Von Rechts wegen Auszug aus dem Kirchenbuch der Wäfversundaer Gemeinde bescheinigt den 29. Juni 1850.

A. P. Widegren,
Unterpfarrer."

Brief von HUMPHRY DAVY an BERZELIUS.

London July 10th 1808

Sir.

Be pleased to receive my thanks for the interesting letter which you were so good as to address to me & for the very important & curious communication by which it was accompanied.

Some months are passed since I had effected the decomposition of the Earths, but it is only within the last fortnight that I have been able to procure their bases in a pure form.

My first methods were by bringing iron wire negatively electrified in contact with the moistened earths. Fusion takes place, & the point of the wire is found to consist of an alloy of iron & basis. Similar effects are produced when mixtures of metallic oxides & earths are exposed in the Voltaic circuit. The common metals & the metallic bases of the earths appear at the same time in combination at the negative surface. — This process answers best with Barytes, Strontites & Lime, moistened & mixed with red precipitate, or with minium, or oxide of silver. —

In this way I had obtained alloys & amalgams of the Bases of alkaline & the common Earths; but in such small quantities that all attempts to separate them by distillation failed.

Since I have been favoured with your papers I have however made new & more successful attempts, & by combining

---

[1] Handschriftensammlung der k. Akademie der Wissenschaften Stockholm.

your ingenious mode of operating with those that I before employed I have succeeded in obtaining sufficient quantities of amalgams for distillation.

At the red heat the quicksilver rises from the amalgams & the bases remain free. The metals of Strontites, Barytes & Magnesia are all that I have yet experimented upon in this way; but I doubt not the other earths will afford similar results.

I have been able to obtain the bases of the Earths in your method from the neutral salts containing them, as well as from the moistened earths. Thus a globule of quicksilver placed upon moist muriate of barytes soon contains the metal of Barytes & so on for the other neutral earthy compounds.

I have read two papers on the decomposition of the Earths & the nature of their bases to the Royal Society; they are printing & I shall have the pleasure of transmitting you copies.

Your discovery of the amalgamation of the basis of ammonia has afforded me the highest degree of pleasure. The fact is not less new & unexpected than extraordinary & important. I have repeated your experiments with entire success: & I find that by placing the mercury upon moistened carbonate or muriate of Ammonia the result is obtained with great facility.

May not hydrogene and nitrogene be metals in the state of elastic vapour? Should this not be the case & your brilliant hypothesis of the composition of metals be true we may hope at some period for a rational Alchemy.

I trust you will pursue these most valuable researches.

It will always afford me the highest satisfaction to communicate with you on these new objects of Science.

I consider this letter as adressed in common to you & your worthy fellow labourer, Dr Poxtix, to whom I must beg you to present my compliments.

I have the honour to be
with the highest respect
Sir, your obliged & ob^t serv^t

Humphry Davy.

For prof^r Berzelius.

Die älteren Atomgewichte Berzelius', verglichen mit denjenigen Dalton's sowie mit den jetzt angenommenen.

	Dalton 1810[1])		Berzelius 1814[2])		Berzelius 1818[3])		Atomgewichts-kommission 1898[4])
	Original	Umgerechnet[5])	Original	Umgerechnet[5])	Original	Umgerechnet[5])	
	$O = 7$	$O = 16$	$O = 100$	$O = 16$	$O = 100$	$O = 16$	$O = 16$
Aluminium	—	—	343	27.44	342.33	27.38	27.1
Antimon	40	139.1	1613	129.05	1612.9	129.03	120
Arsen	42?	72	839.9	134.4	940.77	75.25	75
Baryum	—	—	1709.1	136.7	1713.86	137.1	137.4
Beryllium	—	—	68.33[6])	10.93	66.256	10.6	9.1
Blei	95	217.1	2597.4	207.78	2589	207.12	206.9
Bor	—	—	73.27	11.71	69.655	11.145[7])	11
Calcium	—	—	510.2	40.81	512.06	40.96	40
Cerium	45	{ 102.8 } { 154.2 }	1148.8[8])	137.8	1149.44[8])	137.9	140
Chlor[9])	—	—	439.56	35.16	442.65	35.411	35.45
Chrom	—	—	708.05	56.6	703.64	56.29	52.1
Eisen	50	57.1	693.64	55.5	678.43	54.27	56

[1]) New System of Chemical philosophy, Part. II (1810) S. 546.

[2]) Försök att ...... grundlägga ett rent vettenskapligt system för mineralogien (1814), S. 85.

[3]) Bihang till tredje delen af Lärbok i Kemien. Tabell etc. (1818).

[4]) Berichte d. deutsch. Chem. Ges., Bd. 31 (1898), S. 2762.

[5]) Und. erforderlichen Falls, den jetzt angenommenen Formeln angepasst.

[6]) Im Original steht unrichtig 683.3.

[7]) Spätere Untersuchungen von Berzelius (1824) ergaben B = 11.01.

[8]) Das Ceroxyd (Oxidum cerosum) wurde CeO[2] geschrieben.

[9]) Von Berzelius damals noch MO[3] formuliert. M(uriaticum) = 139.56 bezw. 142.65.

	Dalton 1810		Berzelius 1814		Berzelius 1818		Kommission 1898
	O = 7	O = 16	O = 100	O = 16	O = 100	O = 16	O = 16
Fluor	—	—	(60)[1]	18.4[2]	(75.03)[1]	19[2]	19
Gold	140?	160	2483.8	198.7	2486	198.8	197.2
Jod	—	—	—	—	1566.7	128.2[3]	126.85
Kalium	—	—	978	39.12	979.83	39.19	39.15
Kobalt	55?	62.8	732.61	58.6	738	59.04	59
Kohlenstoff	5.4	12.3	74.91	11.98	75.33	12.05[4]	12
Kupfer	56	64	806.45	64.51	791.39	63.31	63.6
Lithium	—	—	—	—	255.63	10.25[5]	7.03
Magnesium	—	—	315.46	25.17	316.72	25.33	24.36
Mangan	40?	91.4	711.57	56.92	711.57	56.92	55
Molybdän	—	—	601.56	96.25	596.8	95.49	96
Natrium	—	—	579.32	23.17	581.84	23.27	23.05
Nickel	25	57.14	733.8	58.7	739.51	59.16	58.7
Palladium	—	—	1418	113.4	1407.5	112.6[6]	106
Phosphor	9	{ 25.7[7] / 27 }	167.512	26.8	392.3	31.38	31
Platin	100?	228.5	1206.7	193.07	1215.23	194.4	194.8

[1] Atomgewicht des hypothetischen Fluoricums.

[2] Nach der Gleichung: $2x - 16 = \dfrac{200 + A}{2} \cdot \dfrac{16}{100}$, wo x = Fluor und A = Fluoricum; vgl. Seite 156.

[3] Siehe Seite 157. Berzelius' eigene Bestimmungen ergaben (1828) J = 126.28.

[4] Nach Berzelius und Dulong (1820) C = 12.24.

[5] Nach den Untersuchungen Arfvedson's.

[6] Spätere Versuche (1828) ergaben im Mittel Pd = 105.9.

[7] Siehe Roscoe und Harden, Dalton's Atomic Theory S. 83.

	Dalton 1810		Berzelius 1814		Berzelius 1818		Kommission 1898
	O=7	O = 16	O = 100	O = 16	O = 100	O = 16	O=16
Quecksilber	167	190.8	2531.6	202.5	2531.6	202.5[1]	200.3
Rhodium	—	—	1490.3	103.2[2]	1500.1	104[2]	103
Sauerstoff	7	16	100	16	100	16	16
Schwefel	13	29.7	201	32.16	201.16	32.185	32.06
Selen	—	—	—	—	495.91	79.34	79.1
Silber	100	114.3	2688.17	107.52	2703.21	108.12	107.93
Silicium	—	—	304.35[3]	32.46	296.42[3]	31.62	28.4
Stickstoff	5	{ 11.4[4] / 15 }	179.54[5]	14.36	175.63[5]	14.05	14.04
Strontium	—	—	1118.14[6]	89.4	1094.6	87.52	87.6
Tantal	—	—	—	—	(3646.16)[7]	—	183
Tellur	—	—	806.48	129.03	806.45	129.03	127
Uran	60?	—	3141.4[8]	—	3146.86[8]	—	239.5
Wasserstoff	1	1.14	6.636	1.0617	6.6338	1.0614	1.01
Wismut	68?	155.4	1774[9]	212.88	1773.8[9]	212.85	208.5
Wolfram	56?	128	2424.24	193.94	1207.69	193.2	184
Yttrium	—	—	(881.66)	—	(805.14)	—	89
Zink	56	64	806.45	64.51	806.45	64.51	65.4
Zinn	50	114.3	1470.59	117.6	1470.58	117.6	118.5

[1] Nach Analysen von Sefström.

[2] Das Rhodiumsesquioxyd wurde von Berzelius RO formuliert (Oxidum rhodosum).

[3] Kieselsäure = SiO^3. Später (1826) fand Berzelius das Atomgewicht des Siliciums zu 277.5, woraus, wenn Kieselsäure = SiO^2 und O = 16, Si = 29.6 folgt.

[4] Siehe Roscoe und Harden. Dalton's Atomic Theory, S. 83.

[5] Den Stickstoff (Nitrogenium) fasste Berzelius damals als Suboxidum nitricum, NO, auf, d. h. als aus 1 Atom Nitricum = N = 79.54 bezw. 75.63 und 1 Atom Sauerstoff bestehend.

[6] Im Original steht durch einen Druckfehler 1418.14.

[7] Bekanntlich hielt Berzelius das Tantaltetraoxyd für das Metall.

[8] Das Uranoxydul, UO^2, fasste Berzelius als metallisches Uran auf

[9] Wismutoxyd = BiO^2.

Namenregister.

Lippert & Co. (G Patz'sche Buchdr.), Naumburg a. S.